Programación en Python

Más allá del código

Madrid, 2025

Javier Gómez Delgado

Jesús García García-Doncel

Programación en Python

Más allá del código

ESIC Editorial

Septiembre, *2025*

Programación en Python: Más allá del código
Javier Gómez Delgado y Jesús García García-Doncel

Avda. de Valdenigriales, s/n
28223 Pozuelo de Alarcón (Madrid)
Tel.: 91 452 41 00
www.esic.edu/editorial
@EsicEditorial

ISBN: 978-84-1192-187-9
Depósito Legal: M-16605-2025

Diseño de cubierta: Zita Moreno Puig
Maquetación: Balloon Comunicación
Lectura: Balloon Comunicación
Impresión: Gráficas Dehon

Un libro de

Impreso en España – *Printed in Spain*

Este libro ha sido impreso con tinta ecológica y papel sostenible.

Índice

Introducción y entorno

1

Objetivos de aprendizaje:

- Familiarizarse con los objetivos del lenguaje
- Conocer diferentes entornos de programación
- Poder elegir el IDE más adecuado

Palabras clave: IDLE, Visual Studio Code, PyCharm, Anaconda, Jupyter

1.1 Introducción

Podemos definir Python como un lenguaje de programación de alto nivel, interpretado, orientado a objetos, con semántica dinámica y de propósito general.

Su nombre viene por la afición de su creador (Guido van Rossum) por el grupo de humor británico Monty Python.

Este lenguaje nació a principios de los 90 con los siguientes objetivos:

- Debe ser fácil e intuitivo.
- De código abierto.
- Código comprensible como el inglés.
- Adecuado para cualquier tarea, permitiendo también desarrollos pequeños.

Hoy se considera ya un lenguaje maduro, con conceptos muy modernos, que ha recogido todas las ventajas de otros lenguajes anteriores.

Donde no llega Python es en la programación de bajo nivel, para la creación de controladores o motores gráficos, en donde se necesitan otros lenguajes capaces de comunicarse con dispositivos electrónicos.

Por ahora tampoco ha llegado a los dispositivos móviles, pero esto, posiblemente, se verá algún día.

Existen dos versiones principales de Python, llamadas Python 2 y Python 3. Son versiones incompatibles entre sí, por eso aún siguen existiendo ambas, ya que no es sencillo pasar una gran aplicación de Python 2 a Python 3. Para los nuevos proyectos siempre se debe de utilizar la última versión, Python 3.

¿Por qué utilizar Python?

Python es un lenguaje que tiene una sintaxis clara y cercana al lenguaje humano que permite utilizarse a través de varios paradigmas de programación, como orientación a objetos, programación funcional o programación procedural.

La comunidad de desarrolladores que hay detrás es muy activa, proporcionando gran cantidad de tutoriales y recursos. A su vez, proporcionan varias bibliotecas y *frameworks* utilizados para gran cantidad de necesidades.

También Python se puede utilizar en los tres sistemas operativos más extendidos (Windows, macOS y Linux) gracias a que es un lenguaje interpretado y con tipado dinámico.

Gracias a esa sintaxis sencilla, permite a los desarrolladores crear prototipos de forma rápida, siendo mucho más productivos, ya que se escriben menos líneas de código. A su vez, es fácilmente integrable con otros lenguajes como C, C++ o Java.

Por último, Python destaca por sus bibliotecas como PySpark y Dask para trabajar con grandes volúmenes de datos (*big data*) y otras que ayudan para el desarrollo en inteligencia artificial, ciencia de datos, automatización o desarrollo web.

Por otro lado, los puntos débiles son:

- Rendimiento: al ser interpretado, es más lento que lenguajes compilados como C++.
- Uso de memoria: consume más memoria que lenguajes como C.
- Móvil: hoy en día no hay buenas opciones para desarrollo en móviles.

1.2 Instalación

Python funciona en cualquier sistema operativo. En Linux es muy probable que ya esté instalado. Para comprobarlo, es tan sencillo como abrir una consola y escribir el comando `python`. El resultado será entrar en el `shell` de Python, en donde te permitirá escribir directamente las sentencias.

www.python.org
Página oficial de
Python

En la página oficial de Python (`python.org`), en la sección de `downloads`, se puede descargar la última versión de Python. El navegador ya conoce el sistema operativo y te redirige a la versión adecuada.

Un usuario de Windows se descargará el archivo `.exe` y ejecutará una instalación personalizada dejando todas las opciones por defecto, excepto la casilla de **Agregar Python 3.x a PATH**, que se tiene que seleccionar.

En macOS se debe descargar e instalar el archivo `.pkg` y, al igual que en Windows, realizar una instalación personalizada dejando todas las opciones por defecto.

Una vez que tenemos instalado Python, se va a necesitar una aplicación que nos permita editar, ejecutar y depurar los desarrollos realizados.

1.3 Editores y entornos de Python

IDLE

`IDLE (Integrated Development and Learning Environment)` es un sencillo editor que se instala junto con la versión de Python, y que nos va a permitir escribir pequeños programas. El acceso a esta aplicación se encuentra entre las aplicaciones que tenemos instaladas en el sistema.

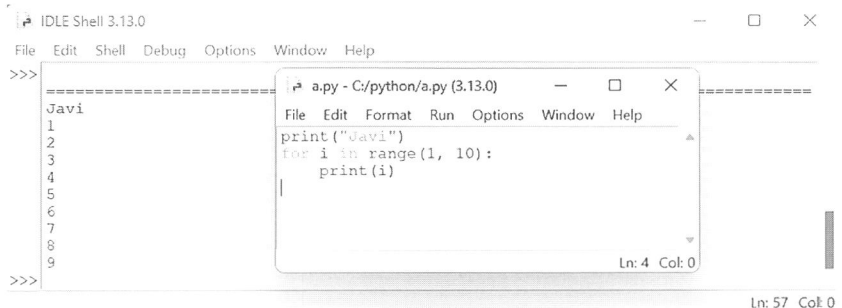

Figura 1.1
IDLE

Lo primero que vemos es la consola. En la opción de **File**, podemos crear un nuevo archivo y ejecutarlo. El resultado de la ejecución lo veremos sobre la consola.

Google Colab

Colaboratory de Google o más conocido como **Google Colab** (https://colab.research.google.com/) es un entorno gratuito de trabajo separado en cuadernos, siendo cada uno de ellos un programa diferente. Para trabajar con esta herramienta es necesario estar registrado en Google, y no hace falta tener instalado Python en nuestro ordenador. El código que nosotros colocamos sobre nuestro cuaderno se ejecutará sobre servidores de Google, a los cuales tenemos que conectarnos pulsando sobre el botón **Conectar** que aparece en la parte superior derecha de la web. Una vez conectado aparece el uso de la RAM y el disco del servidor al que estamos conectados.

En este momento ya podemos escribir código Python y ejecutarlo, y debajo veremos el resultado. Acercando el ratón debajo de la última ejecución se podrá añadir más código o texto, creando nuevas ejecuciones.

Todo este código se va a poder guardar como una copia en Drive o en GitHub para poder distribuirlo o reutilizarlo.

Al tener un servidor a nuestra disposición, también podemos guardar archivos en este para poder utilizarlos en nuestros programas. Para ello se pulsa sobre la carpeta en la barra de iconos de la izquierda.

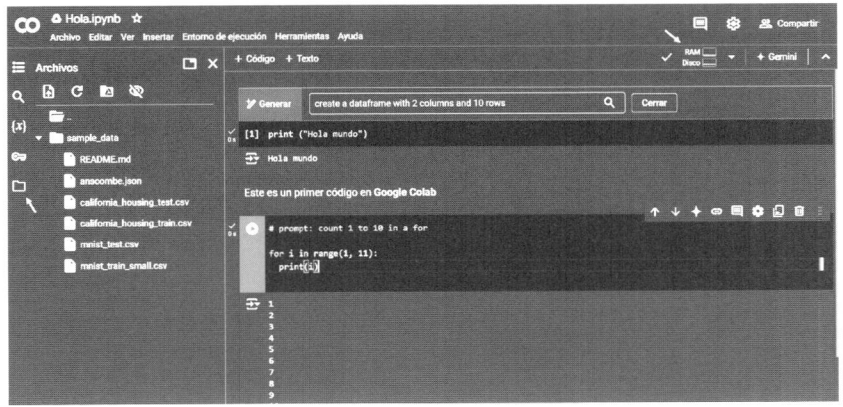

Figura 1.2
Google Colab

Visual Studio Code

Este editor de código e IDE (entorno de desarrollo integrado) creado por Microsoft es el más extendido y utilizado por gran número de desarrolladores para diferentes lenguajes. Se puede descargar desde su página principal (https://code.visualstudio.com/download) para Windows, Linux y Mac.

Existe una extensión de Python para `Visual Studio Code` que proporciona indicaciones visuales, como código por colores y la función autocompletar, junto con herramientas de depuración que ayudarán a escribir código de Python mejor y más rápido.

Para instalarla, en `Visual Studio Code`, en la barra de menús, seleccionar Ver/Extensiones para abrir la vista Extensiones.

En esta vista se verán las extensiones instaladas y las extensiones recomendadas.

Escribir Python en el cuadro de búsqueda situado en la parte superior de la vista Extensiones y seleccionar la extensión Python publicada por Microsoft, descrita como `Python language suport…`, normalmente es la primera de la lista. Los detalles sobre esa extensión aparecen en un panel con pestañas a la derecha.

En el panel Extensiones o en el panel principal, seleccionar `Install`.

En este momento ya se podrá crear un nuevo archivo con extensión `.py` y ejecutarlo dentro de este entorno.

También podemos ejecutarlo desde la consola poniendo el comando:

```
py a.py
```

Figura 1.3
Visual Studio Code

Sobre Visual Studio podemos trabajar con `Jupyter`. Esta es otra extensión que va a permitir trabajar con cuadernos (al igual que se hace con `Google Colab`).

Para trabajar con cuadernos, creamos un nuevo archivo con extensión `.ipynb`

Se verá que cambia la visualización y podremos añadir código y ejecutarlo, y a su vez también podemos añadir texto `(markdown)`.

Cuando ejecutamos por primera vez, nos puede preguntar qué versión de Python utilizamos, si tenemos varias instaladas, y pide permiso para instalar un paquete que necesita para sus ejecuciones.

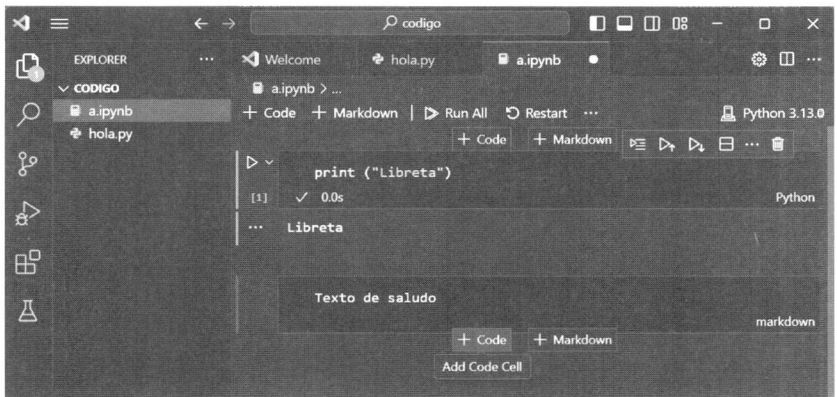

Figura 1.4
Visual Studio con
Jupyter

PyCharm

PyCharm es un entorno de desarrollo integrado (IDE) de Python, desarrollado por JetBrains, que ofrece una amplia gama de herramientas para desarrolladores de Python, todas ellas integradas en el entorno y adaptadas para la creación de programas en Python, web y ciencia de datos. Tiene integración con distintas bases de datos, Jupyter, Git, Conda, TensorFlow y algunos más para el manejo de datos. También se integra con Django, Flask para las webs. Algunas de estas integraciones solo están disponibles en la versión de pago.

Se puede instalar la versión gratuita Pycharm Community descargándola de la siguiente dirección: https://www.jetbrains.com/pycharm/download/

Una vez instalada, se ejecuta y se selecciona la opción de crear un nuevo proyecto. En la siguiente pantalla se introduce el nombre del proyecto y se selecciona el intérprete de Python que utilizar, que puede ser el que tengamos ya instalado o cualquier otro para utilizar en este proyecto. En este último caso, lo descargará antes de abrir el nuevo proyecto.

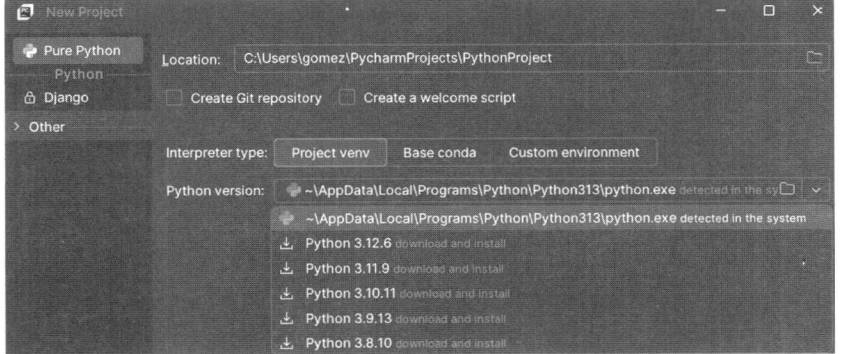

Figura 1.5
Nuevo proyecto en
PyCharm

Una vez creado el proyecto, se puede crear un archivo Python. Para esto, se da clic derecho en el nombre del proyecto. Esto desplegará un menú contextual, se escoge New y Python File.

Por último, solicita el nombre del archivo y, a continuación, ya está disponible para escribir el código.

Dar clic en el icono de ejecución (triángulo verde en la parte superior); el resultado de esta ejecución se mostrará en una sección de **Pycharm** que se abre en la parte inferior de la pantalla.

Figura 1.6
PyCharm

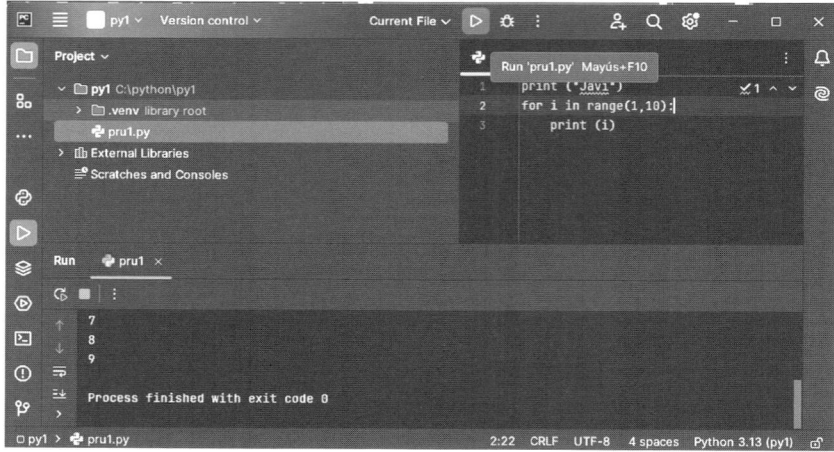

Cuando queremos trabajar con librerías que no vienen por defecto en el entorno, como **pandas** para el trabajo datos, se tendrá que instalar. Para ello, desde la consola se utiliza el comando **pip** y el nombre de la librería que se quiere instalar para luego utilizarla.

```
pip install pandas
```

Anaconda

Anaconda es una distribución de Python (no es necesario realizar una instalación previa de Python) que viene con las principales herramientas *open source* para realizar trabajos de *data scientist*.

Accediendo a la dirección https://www.anaconda.com/download se puede descargar e instalar Anaconda después de registrarse. Hay versiones para Windows, Mac y Linux.

Anaconda tiene incorporadas dos herramientas importantes, **Jupyter Notebook** como herramienta de *notebooks* y **Spyder** como IDE de programación.

El Notebook es una herramienta muy habitual en la ciencia de datos. **Jupyter Notebook** es una interfaz web de código abierto que permite la inclusión de texto, vídeo, audio, imágenes, así como la ejecución de código a través del navegador.

Esa capacidad de incluir código junto con imágenes y texto es lo que lo hace adecuado para el análisis de datos, pues permite llevar un hilo argumental a medida que se va llevando a cabo el estudio, la creación de modelos, la extracción de métricas, etc.

Sin embargo, los *notebooks* tienen una limitación: no permiten de modo fácil la puesta en producción de los programas. Para esto es mejor recurrir a un IDE como **Spyder**, más potente para la parte de desarrollo y menos para el análisis.

Los entornos en Anaconda, como también hace **PyCharm**, permiten tener diferentes proyectos con diferentes versiones de Python y librerías distintas. Lo ideal es tener un proyecto básico y, a partir de ahí, ir añadiendo las librerías necesarias al entorno.

Anaconda también incorpora **Conda**. Este es un gestor de paquetes que permite la creación de entornos y la instalación y actualización de las librerías.

Cuando se ejecuta Anaconda, lo primero que se ve es **Anaconda Navigator**. Aquí es en donde se ven todas las herramientas integradas con la plataforma.

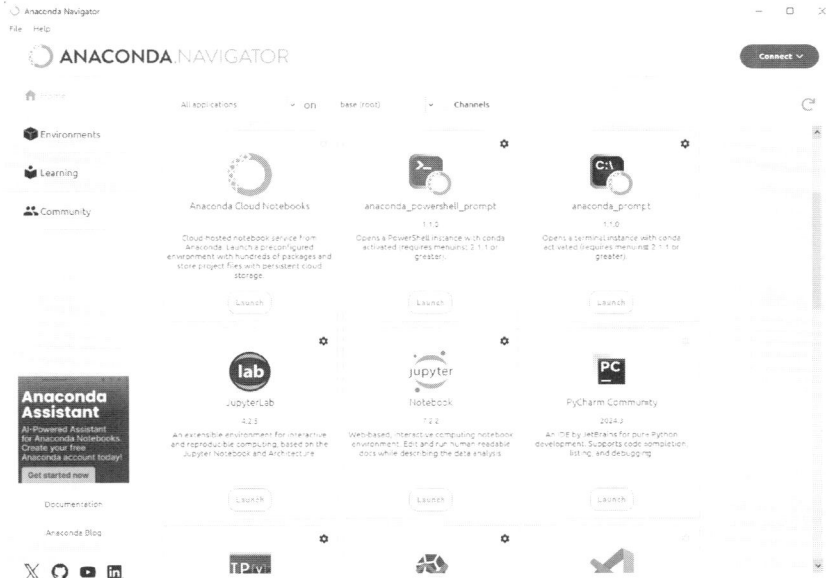

Figura 1.7
Anaconda Navigator

Para crear un entorno es necesario ir a la pestaña **Environments**, y hacer clic en **Create**. A continuación, instalar o actualizar los paquetes que se necesiten.

Una vez creado el entorno, se puede pulsar en el triángulo de la derecha y seleccionar la opción Open Terminal. De esta manera se accede a un terminal en donde si se escribe el comando **Python**, tenemos un modo de ejecución de lenguaje.

Para empezar a programar, se vuelve a la página de inicio y se lanza la ventana de **Jupyter Notebook**. Puede ser necesario instalarlo en el entorno, pulsando sobre la Home el botón **Install** dentro de **Jupyter Notebook**; a continuación, aparecerá el botón **Launch**.

Cuando arranca abre el navegador con nuestro sistema de ficheros posicionado en nuestro directorio personal. Con **new/folder** podemos crear una carpeta para meter el código. A su vez, se puede crear un nuevo archivo que creará un fichero con extensión **.ipynb**, propio de los cuadernos.

Una vez creado el documento, aparece lo que se denomina una celda, en donde se puede escribir código Python, guardándose ese código y su resultado dentro del cuaderno.

Figura 1.8
Jupyter Notebook

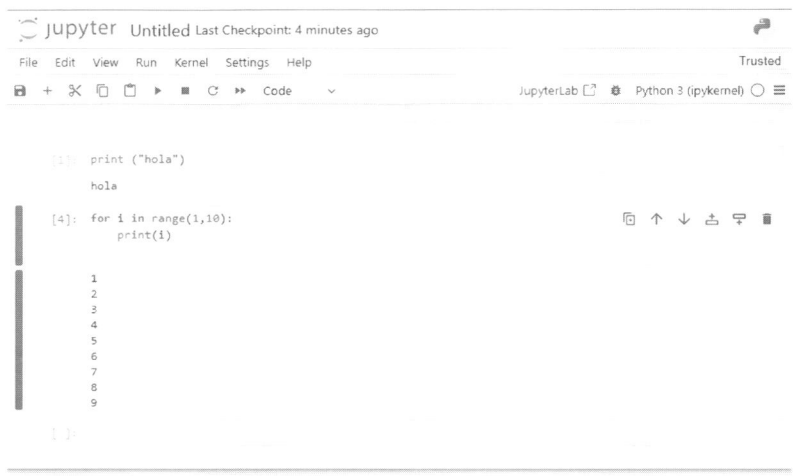

Spyder es un IDE de código abierto que tiene integradas herramientas para el tratamiento de datos.

Para crear un nuevo programa se realiza sobre el menú Archivo/Nuevo archivo. En la parte de la izquierda se escriben las instrucciones del programa y al ejecutarlo (F5) el resultado se visualiza en la consola, y encima de ella los valores de las variables utilizadas.

Figura 1.9
Spyder

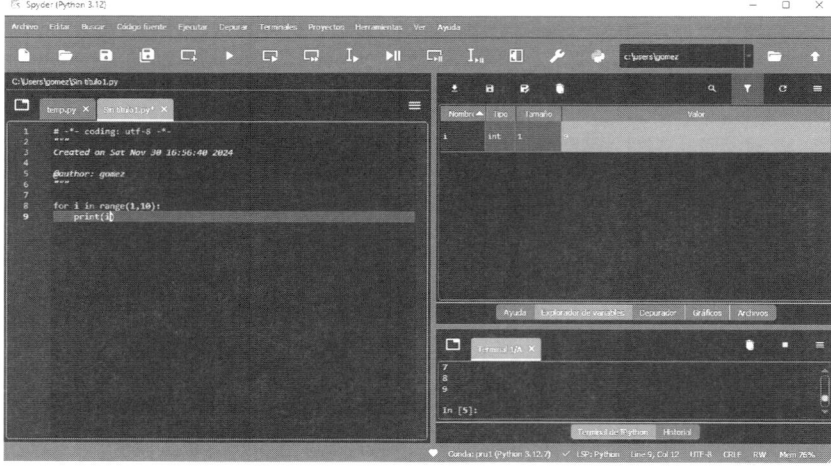

La elección del entorno de desarrollo va a depender de las necesidades que tengamos para nuestro proyecto. Para un proyecto de **Data Analytics** en donde se quiera un entorno gratuito, Anaconda puede ser la mejor solución. En un entorno compacto y ligero para hacer un desarrollo de propósito general se puede optar por la versión gratuita de **PyCharm**. Si estamos acostumbrados en otros lenguajes a utilizar **Visual Studio Code**, esta puede ser la mejor solución.

Lo importante es que el programador se sienta cómodo con el entorno y se adapte bien a sus necesidades.

Variables, operadores y sentencias input y print

2

Objetivos de aprendizaje:

- Familiarizarse con los tipos de variables en Python
- Conocer las operaciones aritméticas, lógicas y de bit
- Pedir información por teclado
- Utilizar las opciones existentes para mostrar información a través `print()`

Palabras clave: operador `cast`, `NaN`, `f-string`

2.1 Comentarios

Los comentarios en un lenguaje de programación son fragmentos del texto en el código que no son ejecutados. Su intención es explicar el código para hacerlo más legible y proporcionar una ayuda a otros programadores.

Comentario de una línea

Es el más habitual y empieza por el símbolo almohadilla "#". Se utiliza para breves explicaciones. Puede estar después del código escrito con intención de aclarar esa línea

```
#Declara una variable
X=5 #Asigna el valor 5
```

Código 2.1
Comentarios una linea

Comentarios de varias líneas

No hay un símbolo específico en Python para comentar varias líneas, y se suele utilizar # varias veces. Se puede utilizar **docstrings** (triples comillas) para comentar varias líneas, aunque esto está pensado para generar automáticamente documentación de las funciones, clases y métodos, más que para hacer comentarios.

```
'''
Función calcula
Esta función realiza un cálculo
Recibe los parámetros
x:Operador 1
y:Operador 2
'''
def calcula(x,y):
    print (x+y)
```

Código 2.2
Comentarios
multilinea

2.2 Variables

¿Qué nos ofrecen las variables y sus operaciones?

Si tenemos que gestionar una tienda a través de un programa informático, será necesario registrar cierta información de cada producto, como un código, un precio de coste, un precio de venta, saber si está o no en promoción o un nombre de producto. A su vez, también necesitaremos calcular el margen de ganancia (precio de venta – precio de coste), y si está en promoción aplicaremos un descuento del 10%, y si el margen es menor del 20%, se alerta con un mensaje. Además, se querrá que cuando se visualice el total, solo aparezca con dos decimales. Toda esta información se tendrá que almacenar en el ordenador, realizar las operaciones necesarias y mostrarla de la forma más adecuada.

Variables

Las variables son contenedores que residen en memoria y son utilizados para almacenar valores de datos. Los tipos de datos que se almacenan pueden ser números (enteros, reales o complejos), cadenas de texto, booleanos (True o False), o colecciones de información (listas, tuplas, sets y diccionarios). Estos tipos de datos pueden aumentar por la utilización de diferentes módulos o librerías que implementan nuevos tipos, como nuevas clases de colecciones, o campos específicos para almacenamiento de fecha y hora.

En Python no es necesario definir el tipo, ya que asumirá el tipo de dato inferido por su contenido.

Las variables se crean cuando se les asigna un valor por primera vez. El nombre de una variable debe ser una palabra alfanumérica que comienza con una letra o un guion bajo "_". Las variables son *case-sensitive*, lo que significa que "nombre" y "NOMBRE" son dos variables diferentes.

Aquí hay un ejemplo de cómo crear una variable en Python:

```
nombre = "Lara"
edad = 30
```

En este ejemplo, a la variable **nombre** se ha asignado la cadena "Lara" y a la variable **edad** se ha asignado el valor 30.

Se pueden realizar asignaciones múltiples de la siguiente manera.

```
x,y=10,4
m=n=15
```

Aquí hay un ejemplo de cómo usar una variable en Python para mostrarla por pantalla:

```
print("El nombre del usuario es", nombre)
```

Este código imprimirá la cadena **"El nombre del usuario es Lara"** en la pantalla.

Las variables en Python pueden cambiar de tipo dinámicamente, dependiendo del valor que se le asigne.

```
#Cambio dinámico del tipo de variable
miVariable = "Hola"
print(miVariable)
miVariable = 10
print(miVariable)
```

Como se ha mencionado, una variable es una zona de memoria en donde se almacena la información. A través del método id() podremos conocer esa dirección de memoria.

```
x=3
print(id(x)) # Se muestra: 140723738371048
```

Aunque no sea necesario realizar una definición del tipo de una variable, Python sí maneja los tipos. Podemos ver el tipo de dato con el método **type().** Los tipos que vamos a poder ver son los siguientes:

int: números enteros positivos y negativos.

float: números con decimales positivos y negativos.

str: secuencia de caracteres.

bool: solo puede contener el valor True o False.

tuple: secuencia inmutable de elementos (1,2,3).

list: secuencia mutable de elementos [1,2,3].

dict: mapa del tipo clave-valor.

set: colección desordenada de objetos únicos.

```
x=3
print(type(x)) #se muestra <class 'int'>
y="Carlos"
print(type(y)) #se muestra <class 'str'>
z=True
print(type(z)) #se muestra <class 'bool'>
```

Conversión de tipos

Puede ser necesario que se necesite cambiar de tipo una variable para poder hacer alguna operación especifica. Para ello utilizamos el operador **cast**. El operador **cast** en Python, como en todos los lenguajes, cambia de tipo una variable, siempre que pueda. Es una función que tiene el mismo nombre que el tipo de datos al se quiere convertir. Se puede utilizar para convertir en numérico una cadena o para quitar decimales de otro número.

```
print(int("1"))      #1
print(int(56.34))    #56
print(str(1)+str(2))#12
print(float(3))      #3.0
```

2.3 Tipos de datos

Tipo int

Este tipo de dato representa números enteros, tanto positivos como negativos. No tienen un límite fijo de tamaño, siempre y cuando haya memoria disponible.

Si se trabaja con números largos, difíciles de entender visualmente, se puede utilizar el guion bajo para separar entre grupo de tres dígitos.

```
num=5_258_256
print(num) #5258256
```

Tenemos dos métodos para convertir un número con decimales en un entero.

```
round():  redondea el número
math.trunc():  quita la parte decimal
```

Sistemas numéricos

En Python se puede trabajar con diferentes sistemas numéricos, hablamos del sistema decimal (base 10), binario (base 2), octal (base 8) y hexadecimal (base 16).

El **sistema decimal** es el sistema numérico predeterminado en Python y se utiliza para representar números cotidianos. No se necesita hacer nada especial para trabajar con números en este sistema.

```
# Ejemplo de sistema decimal
num_decimal = 42

print(num_decimal)  # Salida: 42
```

El **sistema binario** utiliza solo dos dígitos (0 y 1) para representar números. En Python, se puede representar números binarios utilizando el prefijo **'0b'**.

```
# Ejemplo de sistema binario
num_binario = 0b1010
print(num_binario)  # Salida: 10 (en decimal)
```

El **sistema octal** utiliza ocho dígitos (0 al 7) para representar números. En Python, se representan números octales utilizando el prefijo **'0o'**.

```
# Ejemplo de sistema octal
num_octal = 0o52
print(num_octal)  # Salida: 42 (en decimal)
```

El **sistema hexadecimal** utiliza dieciséis dígitos (0 al 9 y A al F) para representar números. En Python, se utiliza el prefijo **'0x'** para representar números hexadecimales.

```
# Ejemplo de sistema hexadecimal
num_hexadecimal = 0x2A
print(num_hexadecimal)  # Salida: 42 (en decimal)
```

La representación habitual de estos números es en base 10, pero podemos realizar una representación de estos números en otras bases a través de los siguientes métodos:

- `bin(x):` representación binaria.
- `oct(x):` representación octal.
- `hex(x):` representación hexadecimal.
- `int(x,base):` convierte el número de la base especificada en decimal.

```
num_decimal = 42
print(bin(num_decimal))  # Salida: '0b101010'
print(oct(num_decimal))  # Salida: '0o52'
print(hex(num_decimal))  # Salida: '0x2a'

num_binario = '0b1010'
print(int(num_binario, 2))  # Salida: 10 (en decimal)

num_hexadecimal = '0x2A'
print(int(num_hexadecimal, 16))  # Salida: 42 (en decimal)
# Convertir un tipo entero, incluyendo base
print("Decimal", int('23', 10)) #Decimal 23
print("Binario", int('10111', 2)) #Binario 23
print("Octal", int('27', 8)) #Octal 23
print("Hexadecimal", int('17', 16)) #Hexadecimal 23
print("Base 5:", int('344', 5)) #Base 5: 99
```

Código 2.6
Sistemas numéricos

Tipo `float`

Se utiliza para representar números de coma flotante, es decir, números con decimales tanto positivos como negativos. Generalmente son de 64 bits, llegando a 17 dígitos decimales.

Los números **float** se pueden escribir en notación científica.

```
x=10.4
y=15.0
z=1.32e3 #equivalente a 1320
```

También a través del método **round()** podemos ajustar la cantidad de decimales.

```
round(3.14159, 2) # 3.14
```

Es posible convertir a **float** una variable **str** a través del operador **cast**.

```
float_num = float("2.718") # 2.718
```

Se puede comparar números **float** con los operadores lógicos <,>,==,!=, pero si se maneja gran cantidad de decimales y debido a errores de redondeo, es mejor usar el método **math.isclose()**.

Código 2.7
Comparando float

```
import math
a = 0.1 + 0.2
b = 0.3
print(a==b) #false
print(math.isclose(a, b)) #true
```

Tipo str

El tipo **str** es el que permite almacenar un conjunto de caracteres (cadenas). Python nos ofrece el operador + para realizar una concatenación de cadenas.

```
cadena="Javi"
print("Hola " + cadena) #Hola Javi
```

También nos ofrece el operador * para realizar una repetición de una cadena.

```
z="eco.."
print(z*3) #eco..eco..eco..
```

Si se quiere que una cadena con el operador + o el operador * realice una suma o una multiplicación, en vez de una concatenación o duplicación, se necesita utilizar el operador **cast** para convertir la variable a un tipo numérico antes de aplicar la operación.

Código 2.8
Operador cast con cadenas

```
cad1="1"
num1=int(cad1)
cad2="2"
num2=int(cad2)
print (cad1+cad2) #12
print (num1+num2) #3
```

En el caso que en un operador + o * tengamos tipos diferentes, aparecerá un error de ejecución.

Figura 2.1
Error de ejecución

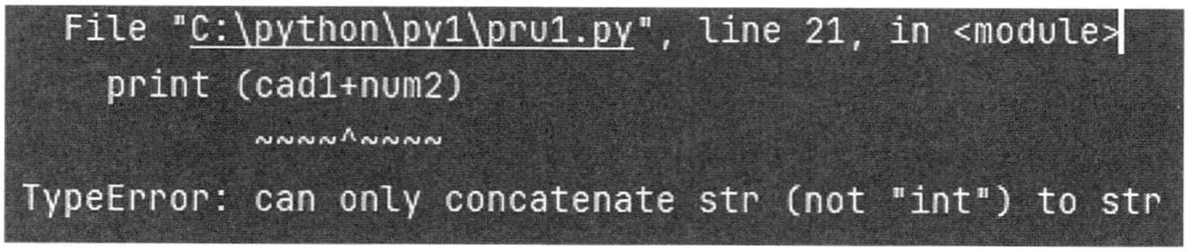

```
File "C:\python\py1\pru1.py", line 21, in <module>
    print (cad1+num2)
           ~~~~^~~~~
TypeError: can only concatenate str (not "int") to str
```

Tipo bool

El tipo booleano puede tomar solo dos valores True o False. Se utiliza para representar valores lógicos y está presente en todas las condiciones y bucles.

Código 2.9
Operaciones con boolean

```
x=10
y=15
print (x>y) #False
print (y>x) #True
```

Un valor entero 0 se puede convertir a través de un operador `cast` a `boolean` como False, mientras que el resto de los valores, serán True.

```
x=10
print(bool(x)) #True
x=0
print(bool(x)) #False
```

2.4 Constantes

En Python, a diferencia de otros lenguajes, no existe la definición de constante en donde se puede declarar e inicializar un valor que luego no pueda ser modificado. Lo que sí se hace en Python es que aquellas variables que se quieran considerar como constantes, denominarlas en mayúsculas, y en el caso de que sean varias palabras, separarlas con guiones bajos. Esto no evita su modificación, pero indica al programador que está tratando con un valor que debe ser constante.

```
PI = 3.14159
GRAVEDAD = 9.8
VELOCIDAD_DE_LA_LUZ = 299792458
```

Código 2.10
Constantes

2.5 Valores infinitos

Se pueden representar los valores infinitos utilizando el constructor `float()`, pasando como argumento la cadena "`inf`" para infinito positivo y "-`inf`" para infinito negativo.

Los resultados de las operaciones con el valor infinito siguen las reglas matemáticas, y pueden producir valores especiales como **"NaN"** (Not a Number).

```
infinito_positivo = float("inf")
print(infinito_positivo)  #  inf
print(float("-inf")) #-inf

# Ejemplo de operaciones con infinito utilizando float()
x = 10
y = float("inf")

print(x / y)      # Salida: 0.0
print(-x / y)     # Salida: -0.0
print(y + y)      # Salida: inf
print(y * 2)      # Salida: inf
print(y / y)      # Salida: NaN (Not a Number)
```

Código 2.11
Operaciones con
infinitos

También se pueden representar valores infinitos utilizando la librería `math` o el módulo `decimal`.

```
import math
# Infinito positivo con math.inf
```

Código 2.12
Utilizando el módulo
math

```
infinito_positivo_math = math.inf
print(infinito_positivo_math)  # Salida: inf
# Infinito negativo con -math.inf
infinito_negativo_math = -math.inf
print(infinito_negativo_math)  # Salida: -inf
```

Código 2.13
Utilizando el módulo
decimal

```
from decimal import Decimal
# Infinito positivo con Decimal('Infinity')
infinito_positivo_decimal = Decimal('Infinity')
print(infinito_positivo_decimal)  # Salida: Infinity
# Infinito negativo con Decimal('-Infinity')
infinito_negativo_decimal = Decimal('-Infinity')
print(infinito_negativo_decimal)  # Salida: -Infinity
```

Es importante mencionar que el módulo decimal proporciona un control más preciso sobre la aritmética de punto fijo, lo que puede ser útil cuando se necesita alta precisión en cálculos. Sin embargo, en situaciones normales de cálculos matemáticos, el módulo **math** suele ser suficiente.

2.6 Tipo NaN (Not a Number)

Las formas de representar un NaN se realizan a través de la librería **math** o el módulo **decimal**.

Código 2.14
Tipo NaN

```
import math
# Obtener NaN con math.nan
nan_value_math = math.nan
print(nan_value_math)  # Salida: nan

from decimal import Decimal
# Obtener NaN con Decimal('NaN')
nan_value_decimal = Decimal('NaN')
print(nan_value_decimal)  # Salida: NaN
```

NaN es utilizado para representar resultados indefinidos o no válidos en operaciones matemáticas. Se pueden utilizar funciones como **math.isnan()** o **Decimal.is_nan()** para verificar si un valor es **NaN** antes de realizar operaciones con él.

Código 2.15
Math.isnan()

```
import math
from decimal import Decimal
nan_value_math = math.nan
nan_value_decimal = Decimal('NaN')
print(math.isnan(nan_value_math))        # Salida: True
print(nan_value_decimal.is_nan())        # Salida: True
print(math.isnan(42))                    # Salida: False
print(Decimal(42).is_nan())              # Salida: False
```

2.7 Operaciones aritméticas

Las operaciones aritméticas existentes en Python son las siguientes:

Suma: +

```
r= 5 + 3 # 8
```
Resta: -

```
r=5 - 3 # 2
```
Multiplicación: *

```
r=5 * 4 # 20
```
División: /

```
r= 15 / 2 # 7.5
```
División entera: //

```
r= 15 // 2 # 7
```
Módulo (resto de una división): %

```
r=15%2 # 1
```
Potencia: **

```
r= 2 ** 3 # 8
```

2.8 Operaciones de asignación

Hay varios operadores de asignación que se pueden utilizar.

- `Operador de asignación de un valor: =`
- `Operador para incrementar: +=`
- `Operador para decrementar: -=`
- `Operador multiplicador: *=`
- `Operador divisor: /=`

```
miVar=10
print (miVar) #10
miVar = miVar + 1
print (miVar) #11
miVar += 1
print (miVar) #12
miVar -= 2
print (miVar) #10 miVar=miVar-2
miVar *= 3
print (miVar) #30 miVar=miVar*3
miVar /= 2
print (miVar) #15 miVar=miVar/2
```

Código 2.16
Operadores de
asignación

2.9 Operaciones de comparación

Son aquellos operadores que se utilizan para devolver un valor booleano. Son las operaciones que se utilizan en condiciones o bucles.

- **Menor que (<):** devuelve True si el primer valor es menor que el segundo valor.
- **Menor o igual que (<=):** devuelve True si el primer valor es menor o igual que el segundo valor.
- **Mayor que (>):** devuelve True si el primer valor es mayor que el segundo valor.
- **Mayor o igual que (>=):** devuelve True si el primer valor es mayor o igual que el segundo valor.
- **Igual a (==):** devuelve True si los dos valores son iguales.
- **Distinto de (!=):** devuelve True si los dos valores son diferentes.
- **In:** está en la lista.

Código 2.17
Operadores de comparación

```
a=4
b=6
print(a==b) #False
print(a!=b) #True
print(a>b) #False
print(a>=b) #False
print(a<b) #True
print(a<=b) #True
```

Aparte de los operadores tradicionales también contamos con el operador **in**, el cual devuelve **True** si el valor de la variable está en la lista expresada entre corchetes. De la misma forma, pero al contrario, funciona el operador **not in**.

```
print(1 in [1,2,3]) #True
print(1 not in [1,2,3]) #False
```

2.10 Operaciones lógicas

Estos operadores se utilizan para combinar dos o más condiciones y devolver un valor booleano.

Los operadores lógicos son los siguientes:

- **and:** devuelve True si ambas condiciones son verdaderas.
- **or:** devuelve True si al menos una de las condiciones es verdadera.
- **not:** devuelve True si la condición es falsa y al revés.

Código 2.18
Operadores lógicos

```
a=True
b = True
print (a and b) #True
b = False
print (a or b) #True
print (not a) #False
```

Sintaxis simplificada del operador and

Cuando estamos analizando un rango, el operador **and** permite una simplificación, pudiendo omitir este operador si se coloca el valor a consultar en medio de la condición.

`(a>=20 and a<30)` se puede simplificar en `(20<=a<30)`

2.11 Operaciones de bit

Los operadores de bit permiten manipular los bits de las variables de manera individual. Corresponden a las operaciones lógicas de **and**, **or**, **not** y **xor**.

Como ya se ha mencionado anteriormente, para expresar un valor en binario, esta debe empezar con **0b**.

`&` `(ampersand)` - conjunción a nivel de bits.

`|` `(barra vertical)` - disyunción a nivel de bits.

`~` `(virgulilla)` - negación a nivel de bits (Windows: `AltGr + 4` Mac: `Alt/ Option + ñ`).

`^` `(acento circunflejo)` - o exclusivo a nivel de bits **(xor)**.

Operaciones de bits (&, |, ^, ~)					
A	**B**	**A & B**	**A | B**	**A ^ B**	**~A**
0	0	0	0	0	1
0	1	0	1	1	1
1	0	0	1	1	0
1	1	1	1	0	0

```
a=2
b=0b110
print(b) #6
print (bin(a)) #0b10
print (bin(b)) #0b110
print ("and:" , bin(a&b)) # and: 0b10
print ("or: " , bin(a|b)) # or:  0b110
print ("xor:" , bin(a^b)) # xor: 0b100
print ("not:", bin(~a)) # not: -0b11
```

Código 2.19
Operadores de bits

El operador **xor** es utilizado en claves de encriptación, ya que permite realizar una encriptación simétrica de un valor con una misma llave. Operando dos veces una misma variable con el operador **xor** y una llave, se obtiene el valor original.

2.12 Operaciones de otros módulos

Módulo math

Podemos utilizar operaciones definidas por el lenguaje pero que no están presentes por defecto, sino que es necesario importarlas de las librerías donde están definidas. Un ejemplo de esto es el módulo **math**, que posee todas las operaciones matemáticas avanzadas.

Para importar este módulo se debe colocar en la primera línea de código la palabra clave **from** seguida del archivo donde están las funciones, y a continuación **import** y el nombre de la función a utilizar. Si se van a utilizar varias, se puede colocar asterisco (*) después del **import** y esto significa que se puede utilizar cualquier función de ese módulo, o sencillamente solo poner **import math**.

En el módulo **math** contamos con las siguientes operaciones:

Código 2.20
Operaciones de math

```python
import math

# Constantes
print(math.pi)# 3.1415926535
print(math.e)# 2.71828182845
print(math.inf)    # Infinito
print(math.nan)# Not a Number

# Funciones trigonométricas
math.sin(x)      # Seno
math.cos(x)      # Coseno
math.tan(x)      # Tangente
math.asin(x)     # Arcoseno
math.acos(x)     # Arcocoseno
math.atan(x)     # Arcotangente

# Funciones de redondeo
math.ceil(x) # Redondea hacia
arriba
math.floor(x)# Redondea hacia
abajo
math.trunc(x)# Trunca decimal
math.round(x) # Redondea al
entero más cercano

# Potencias y logaritmos
math.sqrt(x)  # Raíz cuadrada
math.pow(x, y)# x elevado a y
math.exp(x)    # e elevado a x
math.log(x) # Logaritmo natural
math.log10(x)#Logaritmo base 10
math.log2(x)# Logaritmo base 2

# Funciones hiperbólicas
math.sinh(x) # Seno hiperbólico
math.cosh(x)#Coseno hiperbólico
math.tanh(x)#Tangente
hiperbólica

# Funciones útiles
math.fabs(x)    # Valor absoluto
math.factorial(n) # Factorial
de n
math.gcd(a, b)    # Máximo común
divisor
math.degrees(x)    # Convierte
radianes a grados
math.radians(x)    # Convierte
grados a radianes
math.dist(p, q)    # Distancia
euclidiana entre dos puntos
```

Módulo random

El módulo **random** provee de los métodos para determinar valores aleatorios.

.random():número flotante entre 0 y 1.

.uniform(a, b): número decimal aleatorio entre a y b.

`.randint(a, b)`: número entero aleatorio entre a y b (inclusive).

`.randrange(start, stop, step)`: número aleatorio en el rango establecido y siguiendo la secuencia de **step**.

`.choice(secuencia)`: elige un elemento aleatorio de una secuencia.

`.choices(secuencia, k=n)`: k elementos aleatorios con posible repetición.

`.sample(secuencia, k=n)`: k elementos aleatorios sin repetición.

`.shuffle(lista)`: mezcla los elementos de una lista.

```
import random

# Números aleatorios
print(random.random())       # 0.1437
print(random.uniform(1, 10)) # 4.98
print(random.randint(1, 6))  # Tirada de un dado
print(random.randrange(10))  # Número aleatorio entre 0 y 9
print(random.randrange(1, 10))# Número aleatorio entre 1 y 9
print(random.randrange(0, 10, 2))# Número par aleatorio entre
0 y 8

# Trabajar con listas
colores = ['rojo', 'verde', 'azul', 'amarillo']
print(random.choice(colores))          # Un color aleatorio
print(random.sample(colores, k=2))     # Dos colores
diferentes
print(random.choices(colores, k=3))    # Tres colores (se
pueden repetir)

# Mezclar una lista
numeros = [1, 2, 3, 4, 5]
random.shuffle(numeros)
print(numeros)  # Lista en orden aleatorio
```

Código 2.21
Operaciones de random

Módulo string

Esta librería contiene una colección de constantes relacionadas con cadenas de texto. Los más importantes son:

`string.ascii_letters`: contiene todas las letras ASCII, tanto mayúsculas como minúsculas. (`'abcdefghijklm….TUVWXYZ'`)

`string.ascii_lowercase`: contiene todas las letras ASCII minúsculas. (`'abcdefghijklmnopqrstuvwxyz'`)

`string.ascii_uppercase`: contiene todas las letras ASCII mayúsculas. (`'ABCDEFGHIJKLMNOPQRSTUVWXYZ'`)

`string.digits`: contiene todos los dígitos decimales. (`'0123456789'`)

`string.punctuation`: contiene los caracteres de puntuación ASCII. (`'!"#$%&\'()*+,-./:;<=>?@[\$$^_{|}~'`` `)

Módulo `platform`

Este módulo se utiliza para obtener información del sistema

`.system():` sistema operativo ('Windows', 'Linux', 'Darwin' para Mac).

`.release():` versión del sistema operativo.

`.version():` versión detallada del sistema operativo.

`.platform():` información completa de la plataforma.

`.processor():` tipo de procesador.

`.machine():` arquitectura de la máquina (x86_64, AMD64, etc.).

`.architecture`(): arquitectura y bits ('64bit', '32bit').

`.python_version():` versión completa de Python.

`.python_implementation():` implementación de Python (CPython, PyPy, etc).

`.node():` nombre de la computadora en la red.

Código 2.22
Funciones de platform

```python
import platform

print(f"Sistema Operativo: {platform.system()}")
print(f"Versión: {platform.release()}")
print(f"Versión Python: {platform.python_version()}")
print(f"Arquitectura: {platform.architecture()}")
print(f"Procesador: {platform.processor()}")
print(f"Nombre del equipo: {platform.node()}")
```

2.13 Entrada de datos por teclado

A través de la función **input()** podemos recoger datos por teclado para ser tratados en el programa. Todo ello a través de la consola.

```python
var=input("Mensaje")
```

El usuario verá el mensaje en pantalla y a continuación podrá escribir la información. El valor de entrada siempre es de tipo **str**.

El siguiente código pide un nombre y lo muestra por pantalla:

Código 2.23
Input()

```python
nombre = input("¿Cuál es tu nombre? ")
print("Hola", nombre)
```

Si se necesitan realizar operaciones matemáticas con los datos de entrada, se debe convertir a un tipo numérico.

Código 2.24
Conversión de tipos

```python
x=input("Escribe el primer número: ") #se introduce un 5
y=input("Escribe el segundo número: ") #se introduce un 8
resultado = x + y
print ("Resultado:", resultado)  #aparece 58
resultado=int(x)+ int(y)
print ("Resultado:", resultado) #aparece 13
```

2.14 Función `print`

Como ya se ha visto, esta función permite mostrar información por la consola.

La sintaxis completa de esta sentencia es la siguiente:

```
print(elementos, sep=" ", end="\n", file=None, flush=False)
```

- **elementos:** representa cualquier cantidad de argumentos que se quieran mostrar, separados por coma. Pueden ser cadenas de texto, variables, números o expresiones.
- **sep (opcional):** especifica el separador entre los objetos que se imprimen. Por defecto, es un espacio (" ").
- **end (opcional):** indica la cadena que se imprimirá al final. Por defecto, es un salto de línea ("\n"); se puede establecer como una cadena vacía ("") para imprimir sin saltar de línea.
- **file (opcional):** este argumento permite redirigir la salida a un archivo. Por defecto, imprime en la consola.
- **flush (opcional):** este argumento controla si el búfer de salida se vacía antes de que la función retorne. No es común usar esta opción.

```
a="Hola"
b="Lara"
print (a,b,sep=" * ") #Hola * Lara
print("Sin salto de línea ", end="")
print("aquí")  # Salida: Sin salto de línea aquí
```

Código 2.25
Opciones del print()

A su vez, a través del método **f-string** se pueden expresar variables dentro de los literales. Esto se hace encerrando estas variables entre llaves y colocando una f antes de mostrar el literal.

```
resultado = 2 + 3
print(f"La suma es {resultado}")  # La suma es 5
```

Código 2.26
f-string

Si se necesita imprimir varias líneas de texto, con el comando **print()** se puede hacer directamente a través del uso de la triple comilla.

Poniendo triples comillas permite incluir saltos de línea dentro de la cadena de texto, sin necesidad de incluir el carácter de escape **\n**. También tiene el comportamiento de las **f-string**.

```
a="María"
print ("""Esto es la primera línea
y esto la segunda""")

print(f"""Esto es un
mensaje para {a}""")
```

Código 2.27
print() multilínea

Para imprimir una cantidad determinada de decimales de un número de tipo **float**, se puede utilizar **f-string**.

Para indicar esta cantidad de decimales, dentro de las llaves donde se expresa la variable se pondrán dos puntos junto con un punto y la cantidad de decimales que se desea, y a continuación la letra f.

```
# Ejemplo utilizando f-string
num = 3.141592653589793
decimales_deseados = 3
# Si queremos 3 decimales, por lo que usamos {:.3f}.
resultado_formateado = f"{num:.{decimales_deseados}f}"
print(resultado_formateado)  #3.142
print(f"R:{num:.2f}") #R:3.14
```

Operadores < y > en f-string

Cuando se utilizan los símbolos de mayor y menor en un **f-string**, se conocen como especificadores de formato. Estos se utilizan para controlar cómo se formatea y alinea el texto.

Alineación:

- {variable:<10}: alinea a la izquierda en un campo de 10 caracteres.
- {variable:>10}: alinea a la derecha en un campo de 10 caracteres.
- {variable:^10}: centra en un campo de 10 caracteres.

Relleno:

Si el valor no ocupa todo el ancho especificado, se puede definir con qué carácter se rellenará el espacio restante.

- {variable:0>5}: rellena con ceros a la izquierda hasta completar 5 caracteres.
- {variable:_<5}: rellena con guiones bajos a la derecha hasta completar 5 caracteres.

2.15 Ejercicios

Ejercicio 1. Crear una variable de cada tipo (int, float, str, bool) e imprimir su tipo y valor.

Ejercicio 2. Calcular el área y perímetro de un rectángulo. Solicitar base y altura al usuario; calcular área y perímetro.

Ejercicio 3. Solicitar un número por pantalla y convertirlo a binario, octal y hexadecimal.

Ejercicio 4. Comparar dos números introducidos por el usuario. Realizar todas las comparaciones posibles entre ellos.

Ejercicio 5. Comprobar si un número introducido por el usuario está entre 0 y 100 usando **and**.

Ejercicio 6. Realizar operaciones de bits AND, OR y XOR entre dos números solicitados por pantalla.

Ejercicio 7. Pedir por pantalla el radio de un círculo y calcular el área usando pi y **pow** de **math**

Ejercicio 8. Generar una contraseña aleatoria de 8 caracteres.

Ejercicio 9. Crear un formato de factura donde muestre productos y precios con el siguiente formato.

```
FACTURA
Manzanas.......   2.50€
Peras.........   9.75€
Total.........  12.25€
```

Ejercicio 10. Generar 2 números aleatorios entre 1 y 100 y mostrar el número pi con 5 decimales.

Sentencias de control y bucles

3

Objetivos de aprendizaje:
- Conocer las bifurcaciones
- Manejar los diferentes bucles
- Creación de rangos

Palabras clave: operador ternario, flag o bandera, bucle anidado, range

3.1 Sentencia if/else/elif

Las bifurcaciones, como son las sentencias `if-else`, se utilizan para tomar decisiones en situaciones donde hay más de una opción posible. Por ejemplo, en un cajero automático, si un usuario intenta retirar dinero, el sistema verifica si tiene saldo suficiente. Si lo tiene, permite sacar ese dinero, en caso contrario, rechaza la transacción. También se puede usar en el control de acceso a una discoteca, en donde si una persona tiene 18 años o más, puede entrar, en caso contrario se le niega la entrada.

Las sentencias `if` y `else` se utilizan para controlar este flujo del programa. Cuando la condición es verdadera, se ejecutan las sentencias debajo del `if`, mientras que si la condición es falsa, se ejecutan las instrucciones del `else`.

En todas las sentencias de bifurcación o repetición, después de la condición se deben colocar dos puntos (:) y el código que se deba ejecutar estará indentado.

```
number = 15
if number > 10:
    print("El número es mayor que 10")
else:
    print("El número es menor o igual que 10")
#El número es mayor que 10
```

Código 3.1
Sentencia if/esle

La sentencia `elif` se utiliza para incluir una condición adicional si la primera es falsa. Esta sentencia también puede tener su propia sentencia `else` u otra `elif`.

```
n=int(input("Introduce un número: "))
if n==0:
    print("Número 0")
elif n%2==0:
    print("Número par")
else:
    print("Número impar")
```

Código 3.2
Sentencia if/esle/elif

En las sentencias de comparación también se puede utilizar el operador `in`.

Código 3.3
If/else con un in

```
a=7
if a in [1,2,3]:
    print ("esta")
else:
    print("no esta")
```

Para realizar condiciones más complejas se utilizan operadores lógicos combinando las condiciones.

Código 3.4
Con operadores lógicos

```
edad=24
ciudad=28
if edad>=18 and ciudad==28:
    print ("es mayor de edad y de Madrid")
ciudad=8
if edad>=18 or ciudad == 28:
    print("es mayor de edad o de Madrid")
```

3.2 Operador ternario

El operador ternario, en cualquier lenguaje de programación, es una manera de expresar de forma concisa una expresión `if/else`.

La sintaxis en Python es:

```
Expresion1 if condicion else expression2
```

Un ejemplo para mostrar si una persona es mayor de edad sería:

```
print("adulto" if edad >= 18 else "menor")
```

Equivalente a:

```
if edad >= 18:
  print("adulto")
else:
  print("menor")
```

3.3 Match .. case

En la sentencia `match`, se recoge una expresión y se compara su valor con cada uno de los valores expresados en cada `case`. En el momento que encuentra un patrón coincidente, se ejecutan las sentencias que dependen de este. Solo se ejecuta para la primera coincidencia. En el último `case` se suele poner como condición un guion bajo, lo que significa que se ejecuta si no coincide con ningún `case` expresado anteriormente.

En las expresiones indicadas en los `case` se pueden utilizar operadores de comparación y operadores lógicos.

```
match numero:
    case 1:
        print("El número es uno")
    case 2 | 3:
        print("El número es dos o tres")
    case numero if 4<= numero <=10:
        print("Mayor o igual a 4 y menor o igual a 10")
    case _:
        print("El número no está entre 1 y 10")
```

Código 3.5
match..case

3.4 While

Los bucles sirven para repetir una acción hasta que se cumpla una condición. Un ejemplo puede ser cuando se introduce la contraseña en un sistema bancario, este sigue pidiéndola hasta que el usuario la introduzca correctamente.

De esta manera, la sentencia **while** permite repetir un bloque de código mientras la condición indicada sea verdadera.

```
i=1
while i<5:
    print(i,end=".")
    i+=1
#1.2.3.4.
```

Código 3.6
while

Hay que tener la precaución de que la condición en algún momento devuelva False; si siempre es True, el bucle se ejecutará indefinidamente.

El bucle **while** puede tener también la sentencia **else**. Esta se ejecutará una vez que la condición de salida se cumpla, siempre y cuando no se haya salido con una sentencia **break**.

```
a=1
while a<10:
    a+=1
    print (a,end=".")
else:
    print("final1")
print("final2")
```

Código 3.7
while con else

Las condiciones de salida del bucle pueden estar relacionadas con la interacción del usuario. Por ejemplo, se puede querer que el usuario introduzca datos hasta que deje el campo vacío.

```
dato=input("Dato: ")
while dato!="":
    print("Dato: ",dato)
    dato = input("Dato: ")
print("Fin del proceso")
```

Código 3.8
Introducir hasta
dejar el campo vacío

Otra estructura para realizar un bucle **while** es la utilización de una bandera o **flag** que indica la condición de salida. Esta técnica se utiliza cuando es necesario salir del bucle por varias condiciones.

```python
seguir=True
while seguir:
    dato = int(input("Dato: "))
    if dato==6:
        seguir=False
    if 20<=dato<=60:
        seguir=False
print("Fin del proceso")
```

3.5 For

Los bucles **for** se usan cuando se necesita repetir una acción un número fijo de veces. Un ejemplo es el envío de correos a una lista de clientes, donde el sistema recorre la lista y envía un mensaje a cada uno. En un almacén, un repartidor tiene un conjunto de paquetes y entrega cada uno en una dirección de la lista hasta terminar.

Como se ha mencionado, el bucle **for** se utiliza para iterar sobre una secuencia de elementos, como pueden ser números, listas, tuplas, etc. Este bucle ejecuta un bloque de código por cada elemento encontrado hasta que llegue al último elemento. La sintaxis es:

```python
for variable in secuencia:
```

variable: es una variable que se utilizará para representar cada elemento de la secuencia en cada iteración del bucle.

secuencia: es la colección de elementos sobre la cual se realizará la iteración.

```python
b=5
for i in range(1,b):
    print(i,end=".")
#1.2.3.4.
```

El bucle **for** también puede tener el **else**, que se ejecutará siempre y cuando no se haya salido del bucle **for** con la sentencia **break**.

```python
for a in [1,2,3]:
    print (a,end=".")
else:
    print("fin")
#1.2.3.fin
```

Bucles anidados

Los bucles anidades son bucles colocados unos dentro de otros. Por cada iteración del bucle externo se produce un ciclo del bucle interno. Esta estructura nos sirve para recorrer todos los elementos de una matriz, primero las filas y, dentro de cada fila, las columnas. Estas estructuras de dos dimensiones las encontramos habitualmente cuando recuperamos información de una tabla de una base de datos. Una tabla tiene varios registros y cada uno de los registros tiene diferentes campos.

```
#Tabla de multiplicar
for i in range(1, 11):
    for j in range(1, 11):
        print(f"{i * j}", end="\t")
    print()  # Salto de línea
```

Código 3.12
Tabla de multiplicar

3.6 Range

La función `range()` permite crear una secuencia de números. Esta función puede recibir uno, dos o tres parámetros:

- `range(x):` genera números desde 0 hasta x-1.
- `range(x,y):` genera números desde x hasta y-1.
- `range(x,y,z):` genera números desde x hasta y-1, incrementados en z.

```
for i in range(5):
    print(i,end=",")  # Imprime 0, 1, 2, 3, 4
print()
for i in range(2, 7):
    print(i,end=",")  # Imprime 2, 3, 4, 5, 6
print()
for i in range(0, 10, 2):
    print(i,end=",")  # Imprime 0, 2, 4, 6, 8
```

Código 3.13
range

3.7 Break y continue

Hay dos sentencias que permiten modificar el comportamiento natural de la sentencia **while** o **for**

break

La instrucción **break** se utiliza dentro de bucles (ya sea **for** o **while**) para salir prematuramente del bucle antes de que se haya completado la iteración normal. Cuando se encuentra la instrucción **break**, el flujo del programa se salta al final del bucle, omitiendo cualquier código restante dentro de este y no ejecutando las sentencias que puedan aparecer en el **else** del bucle.

La instrucción **break** es útil cuando se desea interrumpir el bucle en función de alguna condición específica. Por ejemplo, si se encuentra un valor determinado en una lista, se puede usar **break** para salir del bucle en ese punto sin continuar iterando sobre el resto de la lista.

```
for letra in 'Holanda':
    if letra == 'a':
```

Código 3.14
break

```
            print(f'Letra encontrada: {letra}')
            break
    else:
        print('Fin ciclo for')

    #Letra encontrada: a
```

continue

Esta instrucción, como **break**, se utiliza dentro de bucles **for** o **while** para saltar a la siguiente iteración del bucle sin ejecutar el código que sigue a continuación. Es decir, vuelve a analizar la condición de salida sin procesar el código que hay debajo.

La instrucción **continue** es útil cuando se desea omitir ciertas condiciones o elementos en una iteración y continuar con la siguiente. Por ejemplo, si se quiere saltar los números impares en una lista, se puede utilizar **continue** para evitar que el código de la iteración actual se ejecute para esos valores.

Código 3.15
continue

```
for i in range(6): # de 0 a 5
    if i % 2 != 0:
        continue
    print(f' ->{i}',end="")
# ->0 ->2 ->4
```

3.8 Ejercicios

Ejercicio 1. Escribir un programa que solicite al usuario su edad y determine si es mayor de edad (18 años o más).

Ejercicio 2. Crear un programa que solicite un número al usuario y determine si es par o impar.

Ejercicio 3. Escribir un programa que pida tres números como entrada y determine cuál es el mayor de los tres.

Ejercicio 4. Crear un programa que solicite una calificación numérica (0-100) y la convierta en una calificación de letra (A: 90-100, B: 80-89, C: 70-79, D: 60-69, F: <60).

Ejercicio 5. Crear un juego que genere un número aleatorio entre 1 y 100 [num=rando.randint(1,100)] y el programa acaba cuando el usuario lo adivina. Si el usuario no acierta el número, le indica si el número introducido es demasiado alto o demasiado bajo. Cuando finalice, debe indicar cuántos intentos ha necesitado el usuario.

Ejercicio 6. Escribir un programa que imprima todos los números pares entre 1 y 20 utilizando un bucle **for**.

Ejercicio 7. Solicitar un número por pantalla y escribe la suma desde el 1 hasta el número introducido.

Ejercicio 8. Crear un programa que imprima la tabla de multiplicar del 1 al 10, utilizando bucles anidados.

Ejercicio 9. Solicitar dos números por pantalla y mostrar la suma de los númercs pares en ese rango, incluidos los números introducidos. Debe funcionar aunque el primer número sea mayor que el segundo.

Ejercicio 10. Pedir un número por pantalla y pintar un cuadrado sólido de asteris-cos con tantos asteriscos de lado como el número introducido.

Ejercicio 11. Pedir un número por pantalla y pintar un cuadrado hueco de asteris-cos con tantos asteriscos de lado como el número introducido.

Ejercicio 12. Introducir un número y sacar por pantalla todos los números primos igual o menores al introducido.

Ejercicio 13. Solicitar por pantalla números hasta que el usuario introduzca un 0. En ese momento mostrar la media de los números introducidos.

Ejercicio 14. Solicitar un número y escribir una pirámide de números hasta ese.

Introduce la altura del triángulo: 3.

```
 1
 1 2
1 2 3
```

Ejercicio 15. Solicitar los factores a, b, c y resolver una ecuación de segundo grado. Contemplar todos los posibles problemas.

Colecciones

4

Objetivos de aprendizaje:
- Creación de listas y tuplas
- Diferencia entre listas y conjuntos
- Uso de diccionarios

Palabras clave: mutable, ordenada, inmutable, clave-valor

4.1 Rangos

Los rangos se pueden considerar la colección de datos más sencilla, consistente en una secuencia de números enteros. Como ya vimos anteriormente, puede recibir hasta tres argumentos.

- El primer argumento indica el número inicial
- El segundo el número final (no incluido)
- El tercero, el paso de la secuencia (por defecto es 1)

Ejemplos:

`range(10)` – Secuencia de 0 a 9

`range(5,9)` – 5,6,7,8

`range(5,10,2)` – 5,7,9

Estos rangos se pueden utilizar en comparaciones.

```
mes=13
if mes not in range(1,13):
    print("Mes incorrecto")
else:
    print("Mes correcto")
#Mes incorrecto
```

Código 4.1
Rangos

4.2 Listas

Las listas son una estructura de datos muy versátil y ampliamente utilizada que permite almacenar una colección ordenada de elementos. Las listas son mutables, lo que significa que **pueden modificarse** después de su creación. Cada elemento en una lista tiene un índice asociado que **comienza en 0 para el primer elemento**, 1 para el segundo y así sucesivamente.

Las listas son útiles para almacenar cualquier tipo de dato que pueda venir de la Base de Datos. Una vez en memoria, se podrá buscar elementos en ella, añadir elementos, borrarlos, y cuando se acabe de manipularla, volver a llevarla a la Base de Datos. En pantalla, por ejemplo, pueden ser vistas como los elementos de un desplegable, en una lista en donde el usuario puede seleccionar uno o varios elementos, creando un subconjunto de la lista original.

Crear una lista

Para crear una lista, simplemente se encierran los elementos entre corchetes [].Si no se pone nada, será una lista vacía, y para poner diferentes elementos, estos tendrán que ir separados por coma.

Código 4.2
Crear lista

```
ListaVacia=[]
misNumeros=[1,2,3,4]
miLista=["Carlos","Lara","María","Marina"]
```

Una característica que tienen las listas en Python es que no tienen por qué ser homogéneas, pueden tener diferentes tipos de información dentro de la misma lista.

```
miLista=["Maria",23,"Carlos",2.45,True,"Lara"]
```

Longitud de una lista

La función `len()` devuelve la cantidad de elementos que contiene una lista.

```
miLista=["Maria",23,"Carlos",2.45,True,"Lara"]
print (len(miLista)) #6
```

Mostrar una lista

Si se quiere mostrar el contenido completo de una lista se puede hacer directamente con la sentencia `print(lista)`

```
print(miLista)
# ['Carlos', 'Lara', 'María', 'Marina']
```

Acceder a un elemento de una lista

Se accede a un elemento poniendo el índice del mismo entre corchetes. El primer elemento de una lista está en el índice 0, el segundo en el 1, y así sucesivamente. También se puede acceder con índice negativos, de manera que el índice -1 corresponde al último índice, el -2 al penúltimo, etc.

Código 4.3
Acceder a un elemento
de la lista

```
miLista=["Carlos","Lara","María","Marina"]
ele1=miLista[0] #Carlos
ele2=miLista[1] #Lara
elen=miLista[-1] #Marina
elem=miLista[-2] #María
print(ele1,ele2,elen,elem) #Carlos Lara Marina María
```

Recorrer una lista

La mejor manera de recorrer una lista es a través del comando `for`.

```
miLista=["Carlos","Lara","María","Marina"]
for ele in miLista:
    print(ele,end=".") #Carlos.Lara.María.Marina.
```

Código 4.4
Recorrer una lista

También podemos utilizar la sintaxis [índice inicio:índice fin:paso] para recorrer un conjunto determinado de elementos de la lista.

Índice inicio: Indica desde donde se empieza a recorrer la lista. Si no se indica, empieza desde el índice 0

Índice fin: Indica el final del recorrido sin incluir este elemento. Si no se indica, finalizará en el último elemento.

Paso: Se recuperan todos los elementos, o de dos en dos, de tres en tres, etc., según el valor indicado. De esta manera se recorre desde el índice inicio indicado, hasta el índice fin (sin incluir este) y con el paso determinado. Si no existe este parámetro, se refiere a paso 1.

```
lista=["Carlos","Lara","Maria","Javi"]
for ele in lista[:2]:
    print (ele,end=".") #Carlos.Lara.
for ele in lista[1:]:
    print (ele,end=".") #Lara.Maria.Javi.
for ele in lista[1:3]:
    print (ele,end=".") #Lara.Maria.
for ele in lista[1::2]:
    print (ele,end=".") #Lara.Javi.
```

Código 4.5
Recorrer parte
de una lista

Modificar un elemento

Para modificar un elemento, se asigna el nuevo valor al elemento recuperado.

```
miLista[0]="Javi"
```

Añadir un elemento

Para añadir un elemento a una lista se utiliza el método **append().** Este nuevc elemento se añade al final de la lista.

```
miLista.append("Javi")
print(miLista)
#['Carlos', 'Lara', 'María', 'Marina', 'Javi']
```

Código 4.6
Añadir un elemento

Insertar elementos

Para insertar un elemento a la lista en una posición determinada se utiliza el método **insert(pos,ele).** El primer parámetro será la posición en donde se inserta, y el segundo parámetro es el elemento a insertar.

Código 4.7
Insertar en una lista

```
miLista=["Carlos","Lara","María"]
miLista.insert(2,"Gracia")
print(miLista) #['Carlos', 'Lara', 'Gracia', 'María']
```

Extender una lista

A través del método **extend(lista)** se pueden concatenar listas

Código 4.8
Extender en una lista

```
miLista=["Lara","Carlos","Maria"]
masLista=["Gracia","Javi"]
miLista.extend(masLista)
print(miLista) #['Lara', 'Carlos', 'Maria', 'Gracia', 'Javi']
```

Concatenación de listas

El operador + permite también concatenar listas.

Código 4.9
Concatenar listas

```
miLista=["Carlos","Lara","María","Marina"]
miLista2=["Javi","Gracia"]
suma=miLista+miLista2
print(suma) #['Carlos', 'Lara', 'María', 'Marina', 'Javi',
'Gracia']
```

Crear una lista subconjunto de otra

En los índices de una lista se puede expresar un rango que determina los elementos que formarán parte de la nueva lista. El índice final no está incluido.

Código 4.10
Slicing de lista

```
miLista=["Carlos","Lara","María","Marina"]
miLista2= miLista[1:3]
print (miLista2) #['Lara', 'María']
```

Si no se expresa el índice inicial, indicará que es desde el principio. En el caso que no se exprese el índice final, llegará hasta el último elemento. Si solo se expresa los dos puntos ":" indicará que copiará todo el contenido de la lista original en la lista destino.

Código 4.11
Subconjuntos

```
miLista=["Carlos","Lara","María","Marina"]
miLista2= miLista[:3]
print (miLista2) #['Carlos', 'Lara', 'María']
miLista2= miLista[2:]
print (miLista2) #['María', 'Marina']
```

También se pueden utilizar indices negativos. Si son negativos, indican el índice empezando por el final, -1 corresponde al último elemento, -2 al penúltimo, y así sucesivamente.

Código 4.12
Índices negativos

```
lista=["Carlos","María","Lara","Marina"]
lista2=lista[-2:]
print(lista2) #['Lara', 'Marina']
```

Verificar si un elemento está en la lista

A través del operador **in** se puede determinar si un elemento está en una lista.

```
miLista=["Carlos","Lara","María","Marina"]
if "Marina" in miLista:
    print("Existe")
else:
    print("No existe")
#Existe
```

Código 4.13
Existencia en una lista

También existe el operador **not in** que permite realizar la operación contraria, determinar si un elemento no está en la lista.

```
miLista=["Carlos","Lara","María","Marina"]
if "Marina" not in miLista:
    print("No existe")
else:
    print("Existe")
#Existe
```

Código 4.14
not in

Saber cuántas veces hay un elemento en la lista

A través del método **count()** se conoce cuantas veces hay un mismo elemento dentro de una lista.

```
miLista=["Maria","Carlos","Lara","Carlos"]
print (miLista.count("Carlos")) #2
```

Código 4.15
Contar elementos

Eliminar un elemento de la lista por su valor

Se utiliza el método **remove(ele)** para eliminar un elemento de la lista. Si este elemento aparece varias veces, se eliminará solo el primero.

```
miLista=["Lara","Carlos","Lara"]
miLista.remove("Lara")
print(miLista) #['Carlos', 'Lara']
```

Código 4.16
Eliminar un elemento
por valor

Para eliminar todos los valores repetidos que aparecen en una lista será necesario realizar un bucle que los recorra.

```
miLista=["Lara","Carlos","Lara","Gracia","María",]
#borrar todos los elementos "Lara"
aBorrar="Lara"
while miLista.count(aBorrar)!=0:
    miLista.remove(aBorrar)
print(miLista) #['Carlos', 'Gracia', 'María']
```

Código 4.17
Eliminar todos los
elementos por nombre

Eliminar elementos de la lista por su índice

Si lo que se quiere es eliminar un elemento por el índice que ocupa, se utiliza la declaración `del lista[ind].` Donde `ind` es el índice del elemento a eliminar.

Código 4.18
Eliminar un elemento
por índice

```
miLista=["Lara","Carlos","María"]
del miLista[1]
print(miLista) #['Lara', 'María']
```

Con esta función también se puede eliminar varios elementos, expresados como rango de índices en la lista. Se puede indicar el índice de inicio y el índice de fin (se considera el anterior al indicado) y también se pueden utilizar los índices negativos para contar desde el final.

Código 4.19
Eliminar varios
elementos

```
lista=["Carlos","María","Lara","Marina"]
del lista[-2:]
print(lista) #['Carlos', 'María']
```

Eliminar y devolver un elemento de la lista

El método `pop()` elimina el último elemento de una lista y lo devuelve. Este método puede recibir un parámetro que indica el índice del elemento a quitar y devolver.

Código 4.20
Eliminar un elemento
por índice

```
miLista=["Lara","Carlos","Marina","Gracia","María",]
a=miLista.pop()
print(a) #María
b=miLista.pop(1)
print(b) #Carlos
```

Eliminar todos los elementos de la lista

Con el método `clear()` elimina todos los elementos de la lista, dejando una lista vacía.

Código 4.21
Eliminar todos los
elementos

```
miLista=["Lara","Carlos","María"]
miLista.clear()
print(miLista) #[]
```

Eliminar la lista

A través de la declaración `del` se elimina la lista completamente, no pudiendo acceder a ella y liberando la memoria que utilizaba.

Código 4.22
Eliminar la lista

```
del miLista
print(miLista) #ERROR
```

Invertir una lista

El método `reverse()` invierte los elementos de una lista. El último elemento pasa a ser el primero y así sucesivamente.

```
lista=["a","s","d","f"]
lista.reverse()
print(lista) #['f', 'd', 's', 'a']
```

Código 4.23
Invertir una lista

Copiar listas

El nombre de una lista no contiene los elementos, sino la dirección de memoria donde están los contenidos. Si realizamos una asignación de dos variables de lista, no estamos duplicando la lista, sino que estas dos variables tendrán la misma dirección de memoria donde están los contenidos. Esto significa que, si modificamos una, la otra también se verá modificada.

```
lista=["Carlos","Lara","María"]
lista2=lista
lista2[0]=("Gracia")
print(lista) #['Gracia', 'Lara', 'María']
```

Código 4.24
Copiar la referencia
de una lista

Si lo que se necesita es copiar los elementos de la lista, se utiliza el método copy(), el cual nos devuelve una lista nueva con los elementos de la lista origen

```
lista=["Carlos","Lara","María"]
lista2=lista.copy()
lista2[0]=("Gracia")
print(lista) #['Carlos', 'Lara', 'María']
print(lista2) #['Gracia', 'Lara', 'María']
```

Código 4.25
Método copy()

También se pueden utilizar los rangos de una lista para copiarla en otra, tanto toda la lista entera como parte de ella.

```
lista=["Carlos","Lara","María","Gracia"]
lista2=lista[:]
print(lista2) #['Carlos', 'Lara', 'María', 'Gracia']
lista2=lista[1:3]
print(lista2) #['Lara', 'María']
```

Código 4.26
Copia con indices

Ordenar una lista

La función sorted(lista) crea una nueva lista a partir de la original en donde los elementos están ordenados siguiendo el criterio del código UNICODE
Los parámetros que puede recibir son los siguientes:

- lista: (obligatorio) parámetro obligatorio que indica la lista a ordenar
- reverse: (opcional) puede recibir el valor True para ordenar de mayor a menor
- key: (opcional) determina la función que define una forma personalizada de ordenar elementos

```
lista=["a","s","d","f"]
listaOrd=sorted(lista)
```

Código 4.27
Ordenación de listas

```
        print (listaOrd) #['a', 'd', 'f', 's']

        listaOrd=sorted(lista,reverse=True)
        print (listaOrd) #['s', 'f', 'd', 'a']
```

Si se necesita un criterio de ordenación diferente, se debe definir una función que devuelva un valor que represente ese criterio. En el ejemplo que se muestra a continuación, se ordena por la longitud de la palabra. La función devolverá ese valor y la función **sorted()** lo utilizará para ordenar.

Código 4.28
Ordenación
personalizada

```
def lon(ele):
    return len(ele)

lista=["Python","un","mundo","por","descubrir"]
listaOrd=sorted(lista,key=lon)
print (listaOrd) #['un', 'por', 'mundo', 'Python', 'descubrir']
```

En la ordenación de elementos alfanuméricos de una lista nos encontramos el problema que el criterio de ordenación por defecto depende de su codificación. Esta codificación tiene como valores más bajos las mayúsculas y a continuación las minúsculas. Esto hace que, a la hora de ordenar, la "J" está antes que la "b". Para solucionar este problema será necesario definir una función personalizada de ordenación e indicar su nombre en el parámetro **key**

Código 4.29
Ordenación
alfanumérica
personalizada

```
def ord(ele):
    return ele.capitalize() #devuelve la cadena en mayúscula
                            #como criterio de ordenación
lista=["a","S","d","F"]
listaOrd=sorted(lista)
print (listaOrd) #['F', 'S', 'a', 'd']
listaOrd=sorted(lista,key=ord)
print (listaOrd) #['a', 'd', 'F', 'S']
```

Ordenar una lista sobre si misma

El método **sort()** modifica la lista ordenándola. Esta función tiene los siguientes parámetros.

- **reverse:** (opcional)puede recibir el valor True para ordenar de mayor a menor
- **key:** (opcional)determina la función que define la forma personalizada de ordenar elementos

Código 4.30
Ordenación sobre la
misma lista

```
def lon(ele):
    return len(ele)

lista=["a","s","d","f"]
lista.sort()
print (lista)

lista=["Python","un","mundo","por","descubrir"]
```

```
lista.sort(reverse=True,key=lon)
print (lista) #['descubrir', 'Python', 'mundo', 'por', 'un']
```

Relleno de listas con cálculo

En Python se pueden crear listas cuyos elementos pueden venir como resultado de un cálculo. Para ello es necesario especificar ese cálculo y a continuación el rango de valores a utilizar dentro de los corchetes de la lista.

```
#elementos al cuadrado
cuadrados = [x ** 2 for x in range(11)]
print (cuadrados)

#10 múltiplos de 5
multiplos5 = [x*5  for x in range(1,11)]
print (multiplos5)
```

Código 4.31
Relleno de lista

Listas por comprensión

Las listas por comprensión son una forma concisa de crear nuevas listas basadas en una secuencia existente. Permiten filtrar y transformar los elementos de una lista en una sola línea de código.

```
numeros = [1, 2, 3, 4, 5]
cuadrados = [x ** 2 for x in numeros if x % 2 == 0]
print(cuadrados)  # Imprime [4, 16]
```

Código 4.32
Listas por
comprensión

Listas de dos dimensiones

La manera que hay de crear listas de dos dimensiones es introduciendo una lista dentro de otra. Esto permite representar datos en forma de tabla o matriz.

Para trabajar con este tipo de lista, se dispondrá de dos índices.

```
matriz= [
    [1,2],
    [3,4],
    [5,6]
]
print(matriz[1][0]) #3
matriz[0][0]=90 #cambia el primer valor
print(matriz) #se muestra toda la matriz
```

Código 4.33
Listas de dos
dimensiones

Todas las técnicas y comandos de las listas se pueden utilizar en las listas de dos dimensiones. Para recorrer todos los elementos se puede utilizar la sentencia **for**

```
matriz= [ [1,2],[3,4],[5,6] ]
for lin in matriz:
    for col in lin:
        print (col, end=".")
#1.2.3.4.5.6.
```

Código 4.34
Recorrido de
una matriz

Funciones numéricas

Las listas poseen funciones para determinar el valor máximo, mínimo y la suma de sus elementos. El valor máximo y mínimo también se pueden aplicar en listas alfabéticas, pero nos encontramos el problema del criterio de ordenación a través de UNICODE, en donde nos dice que "b" es mayor que "Z".

Código 4.35
Máximo en
listas alfabéticas

```
lista=["A","Z","a","b"]
print (max(lista)) # b
```

- max(): determina el valor máximo de la lista
- min(): determina el valor mínimo de la lista
- sum(): suma todos los elementos de la lista

Código 4.36
Máximo, mínimo,
y suma en listas

```
lista=[23,54,8,21]
print (max(lista)) # 54
print (min(lista)) # 8
print (sum(lista)) # 106
```

4.3 Tuplas

Las tuplas son estructuras similares a las listas, pero con la diferencia principal de que son **inmutables**, es decir, no se pueden modificar, agregar o eliminar elementos. A diferencia de las listas, las tuplas se definen con **paréntesis** (). Esta estructura es necesaria cuando se necesita garantizar la integridad de los datos que almacena. Es la estructura ideal para guardar la información recogida de una API y de esta manera, mantenerla intacta. Por su naturaleza inmutable, ocupan menos memoria y son más rápidas en su manejo.

Crear una tupla

Una tupla se crea poniendo los valores separados por coma y es opcional encerrarlos entre paréntesis. Al igual que las listas, una tupla puede tener dentro elementos de diferentes tipos de información.

Código 4.37
Creación de tuplas

```
t1=(1,2.3,"Carlos")
t2=1,2,3,4
```

Acceder a elementos de una tupla

La forma de recuperar el valor de una posición de una tupla es indicando el nombre de la tupla, y el índice del elemento a acceder entre corchetes. Si se pone valores negativos en el índice, indica que se empieza a contar por el final (-1 corresponde al último elemento, -2 al penúltimo…)

Código 4.38
Acceso a los elementos

```
t1=(1,2.3,"Carlos")
print (t1[0]) #1
print (t1[1]) #2.3
print (t1[-1]) #Carlos
```

También se puede acceder a la información de las tuplas a través de rangos en el índice.

```
mi_tupla=("Carlos","Lara","Maria","Gracia")
print(mi_tupla[0])#Carlos
print(mi_tupla[-1])#Gracia
print(mi_tupla[1:])#('Lara', 'Maria', 'Gracia')
print(mi_tupla[:-2])#('Carlos', 'Lara')
```

Código 4.39
Rangos en los indices

Longitud de una tupla

Para conocer la cantidad de elementos que tiene una tupla, se utiliza la función `len()`.

```
t1=(1,2.3,"Carlos","Lara","María")
print(len(t1))#5
```

Código 4.40
Longitud

Desempaquetado

Al igual que en las listas, el desempaquetado o **unpacking** permite asignar los valores de los elementos de una tupla a una serie de variables de forma automática.

```
datos = ("Carlos",9,9.8)
cadena,numero,decimal=datos
print(cadena)#Carlos
print(numero)#9
print(decimal)#9,8
```

Código 4.41
Desempaquetado

A través del operador * se pueden desempaquetar también los elementos

```
print(*datos, sep="\n")
```

Concatenar tuplas

Para unir una tupla a otra, creando otra con los elementos de ambas, se utiliza el operador **+**

```
tupla1 = (1, 2)
tupla2 = (3, 4)
tupla_concatenada = tupla1 + tupla2
print(tupla_concatenada) #(1, 2, 3, 4)
```

Código 4.42
Unir dos tuplas en otra

Recorrer una tupla

Para recorrer de principio a fin una tupla se puede utilizar la instrucción **for**

```
mi_tupla = (1, 2, 3, 4, 5)
for i in mi_tupla:
    print (i,end=' ') # 1 2 3 4 5
```

Código 4.43
Recorrer una tupla

Código 4.44
Convertir tupla en lista
y lista en tupla

Convertir una tupla en una lista y al revés

Para realizar estas transformaciones se utiliza las funciones `list()`, para convertir una tupla en una lista y la función `tuple()` para transformar una lista en una tupla.

```
mi_tupla = (1, 2, 3, 4, 5)
mi_lista = list(mi_tupla)
mi_lista[0]=33 #Ahora se puede modificar
mi_tupla = tuple(mi_lista)
print (mi_tupla) #(33, 2, 3, 4, 5)
```

Eliminar una tupla

Con la función `del()` se puede eliminar totalmente una tupla y su contenido.

Código 4.45
Eliminar una tupla

```
mi_tupla = (1, 2, 3, 4, 5)
del(mi_tupla)
```

Repeticiones de un elemento

A través de método `count()` se puede contar cuantas veces aparece un elemento en una tupla.

Código 4.46
Repeticiones

```
mi_tupla=(1,2,3,4,3,2,4)
print(mi_tupla.count((3))) #2
```

Ordenar una tupla

A través de la función `sorted()` se crea una nueva tupla a partir de la original.

Al igual que en las listas, esta función puede recibir dos parámetros.

reverse=True: Ordena de mayor a menor
key=función: La función especificada define cómo se ordenan los elementos

Código 4.47
Ordenación

```
mi_tupla=(1,2,3,4,3,2,4)
tupla_ord=sorted(mi_tupla)
print(tupla_ord) #[1, 2, 2, 3, 3, 4, 4]
tupla_ord2=sorted(mi_tupla,reverse=True)
print(tupla_ord2) #[4, 4, 3, 3, 2, 2, 1]
```

En el siguiente código se define una función que permite la ordenación por la cantidad de 'a' que tiene la palabra.

Código 4.48
Ordenación con
función

```
t=("Lara","Carlos","Luis")
def por_longitud(s):
    return s.count('a')
tupla_ord=sorted(t,key=por_longitud)
print (tupla_ord) #['Luis', 'Carlos', 'Lara']
```

4.4 Conjuntos o set

Un conjunto o set es una colección **no ordenada** y **mutable** de elementos únicos. Esto significa que no pueden contener dos elementos con el mismo valor y que puede ser modificable. El hecho de no ser ordenada significa que no hay un índice que localice cada elemento, y puede ocurrir que, a la hora de imprimirlo, no siempre estén en el mismo orden. Para definir un set se utilizan las **llaves** {}

Los conjuntos son útiles para eliminar elementos duplicados de una lista o para realizar operaciones de conjuntos, como encontrar elementos comunes o intersecciones.

Crear un conjunto

Para crear un conjunto se encierran los valores entre llaves.

```
conjunto={1,2,3}
print(conjunto) #{1, 2, 3}
```

Código 4.49
Creación de un
conjunto

Convertir a conjunto

Para convertir una lista o una tupla en un conjunto se utiliza la función `set().`

Esta es una manera de eliminar elementos duplicados. Si en esa lista o tupla existiesen elementos repetidos, se quedarían únicos en el conjunto

```
lis=["a","b","c","a","c"]
s=set(lis)
print(s) #{'c', 'a', 'b'}
```

Añadir elementos a un conjunto

A través del método `add()` se pueden añadir elementos a un conjunto. No se controla el lugar donde aparecerá cuando volvamos a mostrar el conjunto.

```
s={"a","b","c"}
s.add("x")
print(s)#{'x', 'b', 'c', 'a'}
```

Código 4.50
Añadir un elemento

Eliminar elementos de un conjunto

Hay dos métodos para eliminar elementos de un conjunto. Con el método `remove()` elimina el elemento indicado como parámetro, pero en el caso que no lo encuentre, genera un error. Con el método `discard(),` si no encuentra el elemento indicado entre paréntesis, no genera ningún error.

```
s={"a","b","c"}
s.remove("c")
print(s)#{'b', 'a'}
s.discard("b")
print(s)#{'a'}
s.discard("x") #No se produce error
s.remove("x") #KeyError: 'x'
```

Código 4.51
Eliminar un elemento

Longitud de un conjunto

Para determinar la cantidad de elementos que tiene un conjunto se utiliza la función len()

```
s={"a","b","c"}
print(len(s))
```

Copiar un conjunto

A través del método copy() se genera un nuevo conjunto copia del primero.

```
set1 = {1, 2, 3}
set2 = set1.copy()
print(set2) #{1, 2, 3}
```

Ordenar

La única manera de ordenar un conjunto es a través del método sorted(), el cual devuelve una lista ordenada con los elementos del conjunto.

Esta función también admite los parámetros reverse y key, para determinar el criterio de ordenación del conjunto.

```
def criterio(a):
    return len(a)

s={"aaaa","bb","ccc"}
print(s)
lista=sorted(s,reverse=True,key=criterio)
print(lista)
```

Verificar la existencia de un elemento

Al igual que en el resto de las estructuras de este tipo, se puede utilizar la palabra reservada in para determinar si un elemento está en un conjunto.

```
s={"aa","bb","cc"}

if "aa" in s:
    print("Encontrado")
else:
    print("No encontrado")
#Encontrado
```

Eliminar todos los elementos

Para borrar todos los elementos de un conjunto se utiliza el método clear()

```
s={"aa","bb","cc"}
s.clear()
print(s)#
```

Eliminar el conjunto

Con la instrucción **del()** se elimina de memoria el conjunto creado

```
s={"aa","bb","cc"}
del (s)
print(s)#NameError: name 's' is not defined
```

Código 4.57
Borrar el conjunto

Operaciones de conjuntos

Hay definidos tres métodos que permiten realizar operaciones algebraicas de la teoría de conjuntos.

```
union o |: realiza la unión de dos conjuntos.
intersection o &: realiza la intersección de los conjuntos
difference o -: realiza la diferencia entre dos conjuntos

set1 = {1, 2, 3}
set2 = {3, 4, 5}

print(set1.union(set2)) # {1, 2, 3, 4, 5}
print(set1.intersection(set2))  # {3}
print(set1.difference(set2))  # {1, 2}

print(set1|set2) #{1, 2, 3, 4, 5}
print(set1&set2) #{3}
print(set1-set2) #{1, 2}
```

Código 4.58
Operaciones de
conjuntos

Inclusión

Con el método **issubset()** se comprueba si el conjunto al que se le aplica el método está presente en el set que recibe por parámetro.

Código 4.59
Inclusión

```
set1 = {"Carlos","Lara","María","Gracia"}
set2 = {"María","Gracia"}
print (set2.issubset(set1)) #True
```

4.5 Diccionario

Un diccionario es una estructura que permite almacenar pares de valores en donde cada elemento tiene una clave y un valor. Es decir, es una colección de pares clave-valor. Las claves son únicas y los valores asociados a esas claves pueden ser de cualquier tipo. Los diccionarios se utilizan para almacenar datos relacionados, como códigos de provincia y su nombre, identificación de un producto y su stock, etc.

Crear un diccionario

Los diccionarios se definen utilizando **llaves** {}, y los pares clave-valor se separan con **dos puntos:** . A continuación, cada uno de los elementos se separa por **coma**.

Código 4.60
Crear un diccionario

```
vacio={}#crea un diccionario vacio
edades={"María":14,"Carlos":23,"Lara": 19}
provincias={28:"Madrid",
            8:"Barcelona"}
persona = {"nombre":"Gracia","edad": 25,"ciudad": "Madrid"}
```

Añadir y modificar elementos

Los elementos se pueden agregar a un diccionario a través de la asignación `dic[key]=value`. Si la clave no existe, se crea el elemento nuevo. En el caso que la clave exista, se modifica el valor. Para esta misma función se puede utilizar el método `.update()`

Código 4.61
Añadir y modificar un
elemento

```
edades["Carlos"]=25
edades["Marina"]=32
edades.update({"Carlos":25})
edades.update({"Marina":33})
```

Obtener un elemento

Se puede recuperar el valor de un elemento, accediendo a él a través de la clave. También se puede acceder con el método `.get().` Utilizando este método podemos especificar en el segundo parámetro que valor se devuelve si no existe esta clave en el diccionario. Si no se especifica este segundo parámetro, no se produce ningún error y la variable se quedará vacía.

Código 4.62
Obtener un elemento

```
edades={"María":14,"Carlos":23,"Lara": 19}
print(edades["Carlos"]) #23
print(edades.get("Marina","No existe"))#No existe
```

Eliminar un elemento

Se puede eliminar elementos de un diccionario utilizando la función `del().`

Código 4.63
Eliminar

```
edades={"María":14,"Carlos":23,"Lara": 19}
del edades["Carlos"]
print (edades) #{'María': 14, 'Lara': 19}
```

El método `.pop()` también elimina el elemento indicado y devuelve el valor que contiene.

Código 4.64
pop()

```
edades={"María":14,"Carlos":23,"Lara": 19}
valor=edades.pop("Carlos")
print (valor) #23
```

Tanto con **del** como con **pop**, en el caso que esa clave no exista en el diccionario se producirá un error. El método **pop** puede recibir un segundo parámetro para evitar este problema. El valor de este parámetro será el que se devuelva cuando el elemento no existe.

```
edades={"María":14,"Carlos":23,"Lara": 19}
valor=edades.pop("Gracia","No existe")
print (valor) #No existe
```

Código 4.65
Segundo parámetro
del pop()

En Python existe el método `.popitem()` que permite eliminar el último elemento del diccionario y devuelve una tupla con su clave y valor.

```
edades={"María":14,"Carlos":23,"Lara": 19}
valor=edades.popitem()
print(valor)#('Lara', 19)
```

Código 4.66
popitem()

Eliminar todos los elementos

Con el método `.clear()` se elimina todos los elementos del diccionario, dejándolo vacío.

```
edades={"María":14,"Carlos":23,"Lara": 19}
edades.clear()
print (edades) #{}
```

Código 4.67
Limpiar un diccionario

Borrar un diccionario

Con la función `del()` se elimina el diccionario completo

```
edades={"María":14,"Carlos":23,"Lara": 19}
del (edades)
print (edades) #NameError: name 'edades' is not defined
```

Código 4.68
Función del()

Convertir una lista o una tupla en un diccionario

Realizando un casting con la función `dict()` se puede convertir una lista o una tupla de dos dimensiones en un diccionario.

```
capitales=(("España","Madrid"),("Francia","Paris"),
("Alemania","Berlin"))

d_cap=dict(capitales)
print(d_cap["España"]) #Madrid

capitales=[["España","Madrid"],["Francia","Paris"],["Alemania",
"Berlin"]]
d_cap=dict(capitales)
print(d_cap["España"]) #Madrid
```

Código 4.69
Cast

Convertir un diccionario en una lista o una tupla

De la misma manera que se puede convertir un diccionario en una lista o tupla, a través de un **cast** se puede hacer a la inversa.

```
edades={"María":14,"Carlos":23,"Lara": 19}
print (list(edades)) #['María', 'Carlos', 'Lara']
print (tuple(edades)) #('María', 'Carlos', 'Lara')
```

Código 4.70
Diccionario a lista o
tupla

Copiar un diccionario

Con el método **copy()** se crea un diccionario copia del primero:

```python
mi_dic = {"A": 1, "B": 2}
c_mi_dic = mi_dic.copy()
mi_dic.clear()
print(c_mi_dic) #{'A': 1, 'B': 2}
```

Verificar la existencia de una clave

Se puede comprobar que una clave existe en un diccionario utilizando el operador **in**

```python
edades={"María":14,"Carlos":23,"Lara": 19}
if ("Javi" in edades):
    print("La clave existe")
else:
    print("La clave NO existe")
# La clave NO existe
```

Longitud de un diccionario

Como ya hemos visto en otras estructuras, la función **len()** determina la cantidad de elementos del diccionario

```python
edades={"María":14,"Carlos":23,"Lara": 19}
print (len(edades)) #3
```

Recorrer un diccionario

A través del bucle **for** podemos recorrer un diccionario. Si recorremos **.items()** debemos especificar dos variables en el **for** para que se carguen con la clave y el valor de forma simultánea. Si lo que interesa es recorrer solo las claves, utilizaremos el método **.keys()**. De la misma manera, si se quiere recorrer solo los valores se especifica **.values()**

```python
edades={"María":14,"Carlos":23,"Lara": 19}
for clave,valor in edades.items():
    print(clave,valor,end=" - ") #María 14 - Carlos 23 - Lara
19
for clave  in edades.keys():
    print(clave,end=" - ") #María - Carlos – Lara
for clave  in edades.values():
    print(clave,end=" - ") #14 - 23 - 19
```

Ordenación de diccionarios

La función **sorted()** crea una nueva lista con las claves del diccionario ordenadas. Como parámetro se pone el nombre del diccionario o también es equivalente poner el nombre con el método **.keys()**

```
dic={"a":4,"x":2,"b":7,"m":1}
lista_ord=sorted(dic)
print (lista_ord) #['a', 'b', 'm', 'x']
```

Si lo que se busca es ordenarlo por valores, se utiliza también la función `sorted` pero indicando en el parámetro que la ordenación es `.values()`

```
dic={"a":4,"x":2,"b":7,"m":1}
lista_ord=sorted(dic.values())
print (lista_ord) #[1, 2, 4, 7]
```

4.6 Ejercicios

Ejercicio 1. Dada una lista con elementos duplicados, crear una nueva lista con elementos únicos manteniendo el orden original y sin utilizar sets.

```
lista = [1, 2, 2, 3, 4, 4, 5, 1]
```

Ejercicio 2. Se solicita un número entero por pantalla y mostrar todas aquellas parejas de números cuya suma, sea igual al número introducido.

Ejercicio 3. Crear un programa que permita al usuario introducir el nombre de un estudiante y su calificación (un número). El programa debe continuar solicitando nombres y calificaciones hasta que el usuario introduzca "fin" como nombre. Luego, el programa debe mostrar los nombres de los estudiantes y sus calificaciones, ordenados de mayor a menor calificación.

Ejercicio 4: Crear un programa que realice una encuesta de satisfacción sobre un producto o servicio. El programa debe preguntar al usuario cuántas personas participarán en la encuesta. Luego, para cada persona, el programa debe solicitar un nombre y una calificación de satisfacción (un número del 1 al 5, donde 1 es muy insatisfecho y 5 es muy satisfecho). Almacena los nombres en una lista y las calificaciones en otra lista (asegurándote de que haya una correspondencia entre el nombre y la calificación en las dos listas). Una vez que se hayan introducido todos los datos, el programa debe calcular y mostrar:

- La calificación promedio de satisfacción.
- El nombre de la persona más satisfecha (la que dio la calificación más alta). Si hay varias personas con la calificación más alta, muestra todos sus nombres.
- El nombre de la persona menos satisfecha (la que dio la calificación más baja). Si hay varias personas con la calificación más baja, muestra todos sus nombres.

Ejercicio 5. Crear un programa que permita al usuario introducir los precios de los productos uno por uno. El programa debe preguntar al usuario cuántos productos va a ingresar. Luego, para cada producto, el programa debe solicitar el precio. Después de que se hayan introducido todos los precios, el programa debe pedir al usuario que introduzca un porcentaje de descuento. Finalmente, el programa debe calcular el precio final de cada producto después de aplicar el descuento y mostrar una lista de tuplas, donde cada tupla contenga el precio original y el precio con descuento.

Ejercicio 6. Solicitar una frase al usuario y contar cuantas vocales tiene.

Ejercicio 7. Pedir números por pantalla hasta que el usuario introduzca un 0. Al final mostrar la lista de números introducida y la cantidad de pares o impares. El 0 no se considera ni par ni impar.

Ejercicio 8. Solicitar por pantalla diferentes palabras hasta que el usuario introduzca "fin" Luego mostrar esas palabras ordenadas alfabéticamente e indicar cual es la más larga.

Ejercicio 9. Se solicita una frase al usuario y se debe de especificar cuantas veces aparecen cada uno de los caracteres que componen la frase.

Ejercicio 10. Solicitar el importe de gastos de un mes hasta que el usuario escriba un 0. A continuación, pedir los ingresos hasta que el usuario introduzca un 0. Mostrar si ese mes se ha ganado o perdido y que cantidad.

Ejercicio 11. Solicitar números al usuario hasta que introduzca un 0 y sacar la mediana de estos. La mediana es el valor que ocupa el lugar central de la lista de valores cuando están ordenados.

Cadenas y fechas

5

Objetivos de aprendizaje:
- Recorrer los caracteres de una cadena
- Conocer la naturaleza del contenido de una cadena
- Transformar el contenido de cadenas
- Buscar caracteres y partes de cadena en otra más grande
- Trabajar con fechas

Palabras clave: ASII/Unicode, subcadena, cast

5.1 Codificación

Para que los ordenadores puedan trabajar con caracteres, es necesario que se representen mediante números. Cada carácter se asocia a un número único, y viceversa: cada número corresponde a un carácter específico. En 1963 se creó el código **ASCII** (`American Standard Code for Information Interchange`), con el propósito de estandarizar esta codificación.

Sin embargo, ASCII presentaba una limitación importante: solo contemplaba el alfabeto latino, dejando fuera a la mayoría de las lenguas del mundo. Para solucionar este problema, en 1991 se introdujo Unicode, una codificación mucho más amplia que conserva las primeras posiciones iguales a las del código ASCII, pero permite representar más de un millón de caracteres. Actualmente, hay cerca de 150.000 caracteres codificados en **Unicode**, incluyendo alfabetos de múltiples idiomas, ideogramas, emojis, símbolos técnicos y muchos más.

Una cadena es una secuencia inmutable de caracteres. Esto quiere decir que una vez creada, no se puede modificar, se podrá asignar a la variable otro contenido, pero el contenido original no se podrá modificar.

```
nom="Carlos"
nom[3]="x" #ERROR
```

Las cadenas se representan con comilla simple ', con comilla doble " o con comilla triple """" o ' ' '.

La representación con comilla doble o simple son equivalentes.

```
Nombre='Carlos'
Apellido="Gómez"
```

Código 5.1
Cadenas

Las comillas triples se utilizan para cadenas multilínea o para poder incluir comillas simples o dobles dentro del texto.

```
texto="""
Esto es un 'texto' de
varias "líneas" con
comillas
"""
```

Código 5.2
Cadenas multilínea

5.2 Comparaciones

Comparación de cadenas

Aunque en Python se pueden utilizar los operadores de mayor, menor, etc., estos realizarán una comparación del primer carácter de la cadena basándose en el código ASII/Unicode. Esta comparación no coincide con lo que se suele esperar en una comparación de cadenas (problemas entre mayúsculas y minúsculas, comparación con dígitos, etc.).

Las únicas operaciones que son fiables a la hora de comparar cadenas son el igual (==) y el diferente (!=)

Código 5.3
Comparación

```
a="casa"
b="casa"
if a==b:
    print("iguales")
b="niño"
if a!=b:
    print("diferentes")
#iguales
#diferentes
```

Tipo de datos en la cadena

Hay varios métodos que permiten comprobar el tipo de la cadena por su contenido.

`.isalnum():` devuelve True si la cadena solo tiene dígitos o letras y no está vacía.

`.isalpha():` devuelve True si la cadena solo tiene letras.

`.isdigit():` devuelve True si la cadena solo contiene dígitos.

`.islower():` si la cadena solo tiene letras minúsculas, devuelve True.

`.isupper():` si la cadena solo tiene letras mayúsculas devuelve True.

`.isspace():` devuelve True si la cadena solo tiene espacios en blanco.

Código 5.4
Comprobación del tipo
de información

```
print("12A".isalnum()) #True
print("12A".isalpha()) #False
print("2025".isdigit()) #True
print("hola".islower()) #True
print("HOLA".isupper()) #True
print(" ".isspace()) #True
```

5.3 Funciones de cadenas

Longitud de una cadena

Con la función `len()` se conoce la cantidad de caracteres de una cadena. Hay que tener en cuenta que, si es multilínea, cada salto de línea ocupa un carácter.

```
t1="Línea 1"
print(len(t1)) #7
t2="""
Línea 1
Línea 2
"""
print (len(t2)) #17
```

Código 5.5
Longitud de un texto

Concatenar cadenas

Se utiliza el operador + para unir una cadena a otra.

```
res="Hola" + " Mundo"
print(res) #Hola Mundo
```

Repetición de cadenas

Con el operador * se puede repetir una cadena las veces que se quiera.

```
res="Hola! "
print(res*3) #Hola! Hola! Hola!
```

Código de un carácter

Se puede conocer el código ASCII/Unicode de un carácter específico a través de la función ord().

```
car1="a"
car2="B"
print (ord(car1),ord(car2)) #97 66
```

Código 5.6
Código de un carácter

Carácter a partir de un código

A través de la función chr() se puede obtener un carácter a partir de su código.

```
print(chr(65)) #A
for i in range(65,70):
    print(chr(i),end=" ")
#A B C D E
```

Código 5.7
Sacar caracteres a
través de su código

Acceso a los caracteres de una cadena

Las cadenas no son listas de caracteres, pero pueden ser tratadas como tal en muchos casos. Se pueden recorrer los caracteres de una cadena a través de la sentencia for.

```
cad="Hola mundo"
for i in range(len(cad)):
    print(cad[i],end=" ")
#H o l a   m u n d o
```

Código 5.8
Recorrer con índice

Pero esta no es la única manera de recorrer una cadena, se puede realizar directamente sin tener que acceder por el índice.

Código 5.9
Recorrer una cadena

```
cad="Hola mundo"
for car in cad:
    print(car,end=" ")
#H o l a   m u n d o
```

Subcadenas

Se pueden obtener secciones de la cadena a través de rangos en los índices [inicio:final:paso]. Hay que recordar que el índice expresado en el final no está incluido y que el primer carácter está en la posición 0.

Código 5.10
Subcadenas

```
cad="Hola mundo"
print(cad[1:3])#ol
print(cad[:5])#Hola
print(cad[5:])#mundo
print(cad[3:-2])#a mun
print(cad[::2])#Hl ud
```

Mínimo

La función min() devuelve el carácter que tenga el código ASCII más bajo, que no significa exactamente que sea el primero en un orden alfanumérico.

Código 5.11
Función min()

```
a="Cadena"
print(min(a)) #C
n="98787653"
print(min(n)) #3
```

Máximo

Igual que la función anterior, max() determina el carácter con el código ASCII más alto.

Código 5.12
Función max()

```
a="Cadena"
print(max(a)) #n
n="98787653"
print(max(n)) #9
```

Mayúsculas

El método upper() devuelve una nueva cadena transformando todos los caracteres alfabéticos a mayúsculas. Los caracteres no alfabéticos no se verán afectados.

Código 5.13
Mayúsculas

```
a="hola"
print(a.upper())#HOLA
```

Minúsculas

El método `lower()` transforma una cadena cambiando todos los caracteres alfabéticos a minúsculas. También existe el método `casefold()`, que hace lo mismo, pero incluye también la conversión de caracteres no latinos.

```
a="HOLA"
print(a.lower())#hola
```
Código 5.14
Minúsculas

Primera letra en mayúscula

El método `capitalize()` crea una nueva cadena con la primera letra en mayúscula y el resto en minúsculas.

```
a="hola"
b="JAVI"
print(a.capitalize())#Hola
print(b.capitalize())#Javi
```
Código 5.15
capitalize()

Primera letra de cada palabra en mayúscula

La función `title()` convierte la primera letra de cada palabra en mayúscula.

```
a = "hola, mundo"
print(a.title())  #Hola, Mundo
```
Código 5.16
title()

Inversión de mayúsculas y minúsculas

Con la función `swapcase()` se invierten en cada carácter de la cadena las mayúsculas en minúsculas y al revés.

```
a="HoLa"
print(a.swapcase())#hOlA
```
Código 5.17
swapcase()

Centrado de cadenas

Con el método `center()` se genera una copia de la cadena original con espacios por delante y por detrás para centrar en un ancho especificado.

```
a = "javi"
print("*",a.center(10),"*")  #*    javi    *
```
Código 5.18
Centrado

Eliminación de espacios

Hay tres métodos que permiten eliminar los espacios de una cadena de caracteres, por delante de la cadena, por detrás y por ambos lados.

`.strip()`: elimina los espacios por delante y por detrás de la cadena.

`.lstrip()`: elimina los espacios por delante de la cadena.

`.rstrip()`: elimina los espacios por detrás de la cadena.

<table>
<tr><td>Código 5.19
Eliminación de
espacios</td><td>

```
cad="  hola  "
print("*"+cad.strip()+"*") #*hola*
print("*"+cad.lstrip()+"*") #*hola  *
print("*"+cad.rstrip()+"*") #*  hola*
```
</td></tr>
</table>

Reemplazar secuencias de caracteres

El método `.replace()` permite sustituir una secuencia de caracteres por otra dentro de una cadena de texto. La sintaxis es la siguiente:

```
cadena.replace(origen,nuevo,contador)
```

`origen:` indica la secuencia de caracteres a reemplazar.
`nuevo:` indica la subcadena con la que se desea reemplazar origen.
`contador:` el número máximo de veces que se realiza el reemplazo. Si no se especifica o se pone -1, se reemplazarán todas las apariciones.

<table>
<tr><td>Código 5.20
Reemplazo</td><td>

```
print("esto es Python".replace("es", "xx")) #xxto xx Python
print("esto es Python".replace("es", "xx", 1)) #xxto es Python
```
</td></tr>
</table>

5.4 Transformaciones

Transformaciones entre cadena y números

La conversión de una cadena a número solo es posible si la cadena contiene un número válido, con o sin decimales. Para realizar esta transformación se utilizarán las funciones **cast**. Si se quiere convertir en un número entero, se utiliza la función **int()**, y en el caso de que necesite convertir en un número con decimales, se utiliza la función **float()**.

<table>
<tr><td>Código 5.21
De cadena a número</td><td>

```
si = '13'
sf = '1.3'
itg = int(si)
flt = float(sf)
print(itg + flt) #14.3
```
</td></tr>
</table>

Para realizar la transformación contraria, de número a cadena, se utilizará la función **str()**.

<table>
<tr><td>Código 5.22
De número a cadena</td><td>

```
itg = 13
flt = 1.3
si = str(itg)
sf = str(flt)
print(si + ' ' + sf) #13 1.3
```
</td></tr>
</table>

Transformación de una cadena a una lista

Se puede aplicar la función de **cast list()** para transformar una cadena en una lista de caracteres.

```
a="Cadena"
print (list(a)) #['C', 'a', 'd', 'e', 'n', 'a']
```

Código 5.23
Copiar la referencia
de una lista

División de una cadena

El método `.split()` permite dividir una cadena de texto en varias partes, generando una lista con todas las subcadenas resultantes. Esta división se realiza utilizando un separador específico, que puede ser un solo carácter o una secuencia de caracteres. La sintaxis general es la siguiente:

```
cadena.split(separador,max)
```

separador: indica el carácter o secuencia que se usa para dividir la cadena. Si no se especifica, se utiliza el espacio en blanco.

max: especifica el número máximo de divisiones que se realizan. Si no se indica o se pone -1, indica que se realizarán todas las divisiones posibles.

```
cad="Carlos Lara María"
print(cad.split()) #['Carlos', 'Lara', 'María']
cad="1,23,54,12,98"
print(cad.split(",")) #['1', '23', '54', '12', '98']
print(cad.split(",",3)) #['1', '23', '54', '12,98']
```

Código 5.24
Método split()

Unión de una secuencia en una cadena

El método `.join()` se utiliza para unir una secuencia de cadenas (como una lista o una tupla) en una sola cadena de texto, utilizando como separador el delimitador especificado en este método.

La estructura es la siguiente:

```
cad=delimitador.join(secuencia)
```

Código 5.25
Unión

Es importante tener en cuenta que todos los elementos de la secuencia deben ser cadenas.

```
lista = ["Con", "cien", "cañones"]
res = "-".join(lista)
print(res)  #Con-cien-cañones
```

5.5 Funciones de búsqueda en cadenas

Contar iteraciones

El método `.count()` permite contar cuántas veces aparece un elemento específico dentro de una cadena. El elemento para buscar se pasa como parámetro al método.

```
cad="Cadena"
print(cad.count("a"))#2
print(cad.count("z"))#0
```

Código 5.26
Contar apariciones

Buscar subcadenas

Para localizar si una cadena existe dentro de otra se utiliza el operador **in**.

```
a="Hola mundo"
if "mundo" in a:
    print("Existe")
else:
    print("No existe")
#Existe
```

También se puede utilizar **not in** para la operación contraria.

```
a="Hola mundo"
if "casa" not in a:
    print("No existe")
else:
    print("Existe")
#No existe
```

Comprobación de inicio o fin de una cadena

El método `.endswith()` verifica si una cadena termina con una secuencia de caracteres específica. Devuelve True si coincide, o False en caso contrario.

De forma similar, el método `.startswith()` comprueba si una cadena comienza con la secuencia de caracteres indicada.

```
a = "Camión"
print(a.endswith("ón")) #True
print(a.endswith("n")) #True
print(a.endswith("N")) #False
print(a.startswith("Ca")) #True
print(a.startswith("X")) #False
```

Búsqueda de una secuencia

Para buscar la existencia de una secuencia de caracteres dentro de una cadena se utiliza el método `.index()`, indicando entre paréntesis la secuencia a localizar. Este método devuelve el índice dentro de la cadena donde localiza esa secuencia. Si no se encuentra, dará un error de ejecución.

A su vez, esté método permite indicar de manera opcional desde qué carácter tiene que empezar a buscar y en qué carácter debe finalizar la búsqueda:

```
index(sec,ini,fin).
```

Un ejemplo de uso de la función index() sería:

```
a="Cadena de caracteres"
print(a.index("de")) #2
print(a.index("a",3)) #5
print(a.index("a",6,12)) #11
```

Otro método más efectivo para la búsqueda de una secuencia de caracteres dentro de una cadena es el método **find().** Este método funciona igual que **index(),** pero tiene la ventaja de que cuando no lo encuentra, no da error, sino que devuelve el valor -1. También, al igual que **index()**, se puede buscar desde una posición de la cadena y se puede especificar el índice final de la búsqueda.

```
a="Cadena de caracteres"
print(a.find("de")) #2
print(a.find("a",3)) #5
print(a.find("a",6,12)) #5
print(a.find("x")) #-1
```

Código 5.31
Función find()

El método **.find()** permite identificar la posición de todas las repeticiones de un carácter o secuencia de caracteres dentro de una cadena. Para ello, se puede utilizar en un bucle, indicando que continúe la búsqueda a partir de la posición en la que se encontró previamente. Cada vez que se llama al método, se le puede pasar como argumento la posición desde la cual debe comenzar a buscar, lo que facilita encontrar todas las ocurrencias sucesivas del carácter o secuencia en la cadena. Si no se encuentra la secuencia, el método devuelve -1.

```
txt="""Con diez cañones por banda,
viento en popa a toda vela,
no corta el mar, sino vuela
un velero bergantín"""
id=txt.find(" ")
while id!=-1:
    print(id,end=" ")
    id=txt.find(" ",id+1)
#3 8 16 20 34 37 42 44 49 58 64 67 72 77 86 93
```

Código 5.32
Búsqueda de todas las repeticiones

Por último, existe el método **rfind()**, que es equivalente al anterior, pero inicia la búsqueda por el final de la cadena.

```
print("esto es Python".rfind("es")) #5
print("esto es Python".rfind("es", 9)) #-1
print("esto es Python".rfind("es", 0, 4)) #0
```

Código 5.33
Búsqueda desde el final

5.6 Manejo de fechas

Para trabajar con fechas en Python, es necesario importar el módulo **datetime,** que proporciona las clases y funciones necesarias para manejar fechas y horas. Además, se requerirá el módulo **timedelta** para realizar operaciones de adición o sustracción de tiempo entre fechas y horas.

Para sacar la fecha y hora actual utilizamos el método **.now().** Si solo se necesita sacar la fecha actual, se utiliza el método **.today().**

```
import datetime
ahora = datetime.datetime.now()
hoy=datetime.date.today()
```

Código 5.34
Fecha y fecha y hora actual

```
print (f"Hoy es: {hoy}")    #2025-03-08
print(f"Ahora es: {ahora}") #2025-03-08 15:59:42.273720
```

Si se busca crear una fecha y hora específica, se utiliza el objeto `date` o `datetime` pudiendo indicar el año, mes, día, hora, minuto, segundo y microsegundo. Muchos de estos parámetros son opcionales.

Código 5.35
Creando una fecha

```
import datetime
fecha=datetime.date(2025,11,29)
print (fecha) #2025-11-29
momento=datetime.datetime(2025,11,29,12,30,00)
print (momento) #2025-11-29 12:30:00
```

Un objeto `datetime` tiene atributos `(year,month,day,hour,minute,second)` para cada uno de los valores de una fecha.

Código 5.36
Partes de la fecha

```
print(momento.year) #2025
print(momento.month) #11
print(momento.day) #29
print(momento.hour) #12
print(momento.minute) #30
print(momento.second) #00
```

La comparación de fechas se realiza como si fuesen números:

```
if fecha_actual < nueva_fecha:
    print("La fecha actual es anterior a la nueva fecha")
```

Formatear fechas

Para formatear fechas en Python, se utiliza el método `.strftime()`, que es un método de un objeto `datetime`. Este método permite convertir un objeto `datetime` en una cadena de texto, especificando el formato en el que se desea mostrar la fecha.

Al usar `.strftime()`, se deben emplear códigos de formato que representan diferentes partes de la fecha, como el día, el mes, el año, la hora, los minutos, etc.

Los códigos de formatos más comunes son:

- %Y: año completo (2025)
- %y: año corto (25)
- %m: mes (01-12)
- %d: día del mes (01-31)
- %H: hora en formato 24h (00-23)
- %I: hora en formato 12h (01-12)
- %M: minutos
- %S: segundos

Aunque el detalle de todos los códigos disponibles está en la documentación oficial (https://docs.python.org/3/library/datetime.html#strf-time-and-strptime-format-codes)

Código 5.37
Formateo de fechas

```
import datetime
momento=datetime.datetime(2025,11,29,12,30,00)
print (momento) #2025-11-29 12:30:00
print (f"Fecha: {momento.strftime('%d/%m/%Y')}") #Fecha:
29/11/2025
print (f"Fecha y hora: {momento.strftime('%d/%m/%Y
%H:%M:%S')}") #Fecha y hora: 29/11/2025 12:30:00
```

A la hora de dar formato a las fechas, si no se indica nada, los días de la semana aparecerán en inglés. Para que salgan en otro idioma será necesario importar el módulo **locale** e indicar el idioma adecuado.

En algunos casos, para que aparezcan las tildes, será necesario distinguir entre Windows y otros sistemas operativos.

Código 5.38
Formateo de fechas e
idioma

```
import datetime, locale
from sys import platform
momento=datetime.datetime(2025,11,29,12,30,00)
print (momento.strftime("%A, %d de %B de %Y")) #Saturday, 29 de
November de 2025
if platform == "win32":
    locale.setlocale(locale.LC_TIME,'Spanish_Spain')
else:
    locale.setlocale(locale.LC_TIME,'es_ES.UTF-8')
print (momento.strftime("%A, %d de %B de %Y")) #sábado, 29 de
noviembre de 2025
```

Operaciones con fechas

La clase **timedelta** del módulo **datetime** permite representar duraciones o intervalos de tiempo con diferentes unidades de tiempo (días, horas, minutos…). Esto permite realizar operaciones con fechas, tanto sumar como restar periodos de tiempo.

Código 5.39
Operaciones con
fechas

```
from datetime import datetime, timedelta
fecha_actual = datetime.now()
nueva_fecha = fecha_actual + timedelta(days=7)
print(fecha_actual, nueva_fecha, sep=" - ")
#2025-03-08 17:17:41.800834 - 2025-03-15 17:17:41.800834
```

También se pueden utilizar decimales, por ejemplo, para expresar media hora.

```
print(datetime.now() + timedelta(hours=.5))
```

Asimismo, en Python es posible realizar operaciones con fechas de manera similar a como se hace con los números. Se pueden sumar o restar objetos **datetime** o timedelta para calcular diferencias entre fechas, o modificar una fecha sumando o restando un intervalo de tiempo.

Cuando se calcula la diferencia entre dos fechas, el resultado es un objeto **timedelta**, que permite acceder a los detalles de la diferencia, como los días, segundos, y microsegundos.

<table>
<tr>
<td>

Código 5.40
Operaciones con fechas

</td>
<td>

```
import datetime, locale
fActual = datetime.datetime.now()
nFecha = datetime.datetime(2025,11,29)
dif=nFecha-fActual
print(f"Diferencia: {dif}")
#Diferencia: 265 days, 6:34:21.221358
print(f"Dias: {dif.days}")
#Dias: 265
```

</td>
</tr>
</table>

Módulo calendar

El módulo calendar permite trabajar con calendarios y fechas. Tiene varias funciones de gran utilidad a la hora de mostrar un calendario o realizar comprobaciones de fechas.

calendar.moth(año,mes): genera un calendario para un mes especifico.

calendar.calendar(año): genera un calendario completo de un año.

calendar.isleap(año): verifica si es un año bisiesto.

calendar.weekay(año,mes,día): devuelve el día de la semana.

calendar.month_name: proporciona una lista con los nombres de los meses.

calendar.day_name: proporciona una lista con los días de la semana.

calendar.setfirstweekday(weekday): establece el primer día de la semana.

calendar.monthcalendar(año,mes): genera calendarios como lista de semanas

<table>
<tr>
<td>

Código 5.41
Operaciones de calendario

</td>
<td>

```
import calendar, locale
# Mostrar el calendario de marzo de 2025
print(calendar.month(2025, 3))
aa = 2024
if calendar.isleap(aa):
    print(f"{aa} es un año bisiesto")
else:
    print(f"{aa} no es un año bisiesto")
# 0 es lunes, 6 es domingo
dia_semana = calendar.weekday(2025, 3, 8)
locale.setlocale(locale.LC_ALL, 'Spanish_Spain')
dias=calendar.day_name
print(f"El 8 de marzo de 2025 es {dias[dia_semana]}")
# 1 es enero, 12 es diciembre
print (calendar.month_name[1])
# Calendario de marzo de 2025 en formato lista de listas
print (calendar.monthcalendar(2025, 3))
#[[0, 0, 0, 0, 0, 1, 2], [3, 4, 5, 6, 7, 8, 9],…
```

</td>
</tr>
</table>

5.7 Ejercicios

Ejercicio 1. Pedir una frase por teclado y decir cuántas letras mayúsculas hay en la cadena.

Ejercicio 2. Pedir una palabra y decir si es un palíndromo (se lee igual de derecha a izquierda que de izquierda a derecha).

Ejercicio 3. Introducir una frase por teclado y mostrar solo los dígitos.

Ejercicio 4. Solicitar una frase y contar cuántas palabras contiene.

Ejercicio 5. Pedir una cadena y mostrar cuántos caracteres son letras, dígitos y otros.

Ejercicio 6. Pedir una frase y mostrar cuántas veces aparece cada vocal.

Ejercicio 7. Solicitar una frase e indicar los índices donde aparece la letra "a".

Ejercicio 8. Pedir al usuario varias cadenas hasta que escriba "fin" y mostrar cuál es la más larga.

Ejercicio 9. Mostrar todas las palabras de una frase pedida por teclado que empiecen por mayúscula.

Ejercicio 10. Pedir una cadena y mostrar cuántos caracteres distintos tiene.

Ejercicio 11. Escribir un programa que pida una frase y cuente cuántas palabras empiezan por vocal.

Ejercicio 12. Mostrar cuántos números hay en una frase (palabras que sean solo dígitos).

Ejercicio 13. Pedir una cadena y mostrar solo las palabras que contienen la letra "a".

Ejercicio 14. Pedir una fecha y mostrar si es anterior, igual o posterior a la fecha actual.

Ejercicio 15. Mostrar cuántas veces aparece cada carácter en una cadena.

Ejercicio 16. Pedir al usuario 5 fechas y mostrar cuántas son del año actual.

Ejercicio 17. Pedir dos fechas y mostrar cuál es la más reciente.

Ejercicio 18. Pedir una fecha y mostrar si es fin de semana o día laborable.

Ejercicio 19. Pedir una fecha y mostrar cuántos días han pasado desde esa fecha hasta hoy.

Ejercicio 20. Pedir dos fechas y mostrar la cantidad de horas que hay entre ambas.

Funciones

6

Objetivos de aprendizaje:

- Manejo de funciones con parámetros y retorno
- Crear una función con una cantidad variable de parámetros
- Trabajar con funciones recursivas
- Entender el alcance de las variables con funciones

Palabras clave: parámetros por defecto, parámetros por palabra clave, valor **None**, variable `global`

6.1 Definición

Una función es un bloque de código reutilizable que permite ejecutar una serie de instrucciones agrupadas bajo un mismo nombre. Este bloque se delimita mediante sangrado y ayuda a mantener el código ordenado, evitando la repetición de instrucciones.

¿Para qué sirven las funciones?

- Organizar el código: dividen programas complejos en partes más pequeñas y comprensibles, lo que facilita su lectura y mantenimiento.
- Reutilizar código: permiten ejecutar el mismo conjunto de instrucciones en distintos momentos sin necesidad de volver a escribirlo.
- Modularidad: facilitan la creación de componentes independientes que pueden reutilizarse en distintos programas o proyectos.
- Abstracción: permiten centrarse en qué hace una función en lugar de cómo lo hace, ocultando los detalles de su implementación.
- Facilitar la depuración: Al estructurar el código en funciones, se vuelve más sencillo localizar y corregir errores.

Principales características de las funciones:

- Se definen utilizando la palabra clave `def`.
- Pueden aceptar uno o más parámetros, o ninguno.
- Pueden devolver uno o varios valores, o no retornar nada.
- Es posible asignar valores por defecto a los parámetros.
- Deben estar definidas antes de ser utilizadas en el programa.

Las funciones son fundamentales para escribir código limpio, estructurado y eficiente. Para crear una función en Python se utiliza la siguiente sintaxis:

```
def nombre(parámetros):
    Instrucciones de la función
```

El nombre de la función debe ser un nombre válido (no puede empezar con número, ni tener guiones o espacios, ni ser una palabra reservada).

Para llamar a una función solo es necesario poner el nombre y entre paréntesis pasar los parámetros que vaya a recibir. Si la función retorna algún valor, se iguala la función a la variable que recogerá ese valor de retorno.

6.2 Tipos

Funciones básicas

El ejemplo más sencillo de una función es aquella que no recibe parámetros ni retorna ningún valor.

Código 6.1
Función básica

```python
def saludo():
    print("Hola")

saludo()
```

Funciones con parámetros

Una función puede aceptar uno o varios parámetros, que luego son utilizados dentro de la misma función. Por defecto, los valores se asignan según el orden en que se pasan: el primer valor corresponde al primer parámetro, el segundo al segundo, y así sucesivamente.

Código 6.2
Función con
parámetros

```python
def mostrar(nombre,valor):
    print(nombre,valor) #Lara 5

mostrar("Lara",5)
```

Funciones con paso de parámetros con palabra clave

Existe la forma de pasar parámetros o argumentos a una función por su nombre, y no por la posición. Los valores pasados están precedidos por el nombre del parámetro seguido del signo igual. De esta manera, la posición no es importante, ya que cada parámetro conoce su destino basado en el nombre.

Código 6.3
Función con
parámetros con
palabra clave

```python
def mostrar(nombre,apellido):
    print(nombre,apellido)

mostrar(apellido="Gómez", nombre="Javi")
#Javi Gómez
```

Es posible combinar en una misma llamada a una función tanto parámetros posicionales como parámetros con palabra clave. Los valores posicionales se asignan según el orden, mientras que los de palabra clave se especifican indicando el nombre del parámetro.

Funciones con valores por defecto en los argumentos

Los valores por defecto son aquellos que se asignan a un parámetro cuando no se proporciona un valor en la llamada a la función. Esta característica permite definir valores predeterminados para los argumentos, lo que hace que la función sea más flexible y fácil de utilizar. Para establecer un valor por defecto, se asigna este directamente al parámetro en la definición de la función, usando el operador igual.

```python
def saludo(nombre="Mundo"):
    print(f"Hola {nombre}")
saludo() #Hola Mundo
```

Código 6.4
Valores por defecto

Funciones con valores de retorno

Una función devuelve un valor a través de la instrucción **return**, y a continuación el valor o valores que devuelve. Si la función devuelve varios valores, estos se asignarán en el mismo orden a las variables utilizadas en la llamada.

```python
def suma(a,b):
    return(a+b)

def division(a,b):
    cociente = a // b
    resto = a % b
    return cociente, resto

s=suma(3,5)
print(s) #8

coc,res= division(10,3)
print(coc,res) #3 1
```

Código 6.5
Función con retorno

Aunque no es necesario, a través de la flecha se puede especificar el tipo de dato que va a retornar la función. Esto será solamente informativo, ya que Python no comprueba el tipo.

```python
def par(a) -> bool:
    if (a%2==0):
        return True
    else:
        return False

print(par(5)) #False
```

Código 6.6
Definir el tipo de retorno

6.3 Valor None

El valor **None** es un objeto especial que representa la ausencia de valor o valor nulo. Su tipo de valor es **NoneType**. Se usa para representar la ausencia de valor, un valor por defecto en las funciones, indicar que una función no retorna nada, inicializar variables o representar casos donde no hay un resultado.

Cuando se pregunta si una variable es **None**, hay que hacerlo con el operador **is** y nunca con el operador igual (=)

```python
# Valor por defecto de funciones sin return
def saludo():
    print("Hola")
res = saludo()
print(res)  #None

# Para inicializar variables
valor = None
if valor is None:
    print("Variable sin inicializar")

# Como valor por defecto en parámetros de funciones
def procesar_datos(datos=None):
    if datos is None:
        datos = []

v=None
if v is None:
    print("Es None")
```

6.4 Funciones de argumentos variables

En Python existe la manera de pasar un número variable de argumentos a una función. Para pasar parámetros variables se pone un asterisco (*) delante del nombre del parámetro. A continuación, este parámetro se puede utilizar como una lista.

```python
def saludos (*args):
    for nom in args:
        print(f"Hola {nom}",end=". ")

saludos("Carlos","Lara","María")
#Hola Carlos. Hola Lara. Hola María.
```

Argumentos variables clave-valor

Se pueden definir funciones que acepten parámetros en formato clave-valor. Esto se hace utilizando el doble asterisco (**) delante del nombre del parámetro. De esta manera se pasan argumentos a la función en formato de diccionario, con su clave que representa el valor pasado.

```python
def persona (**kargs):
    for clave, valor in kargs.items():
        print(clave,valor,end=". ")

persona(Nombre="Lara",Edad=18,Ciudad="Madrid")
#Nombre Lara. Edad 18. Ciudad Madrid.
```

Combinación de tipo de argumentos

Todos los tipos de argumentos que se han visto hasta ahora se pueden combinar, tanto los fijos como los de lista y los de clave-valor. Lo importante es que deben tener un orden determinado, primero argumentos fijos, a continuación, los variables y por último los de clave-valor.

```python
def funcion_combinada(a, b, *args, **kwargs):
    print(f"a: {a}")
    print(f"b: {b}")
    print("Parámetros variables:")
    for arg in args:
        print(arg) #3,4
    print("Parámetros clave-valor:")
    for clave, valor in kwargs.items():
        print(f"{clave}: {valor}")
# Ejemplo de uso
funcion_combinada(1, 2, 3, 4, nombre="Carlos", edad=30)
```

Código 6.10
Combinación de argumentos

6.5 Lista o tupla como parámetro

A una función se puede pasar como parámetro una lista o una tupla. Dentro de la función se podrá iterar por cada uno de los elementos de la colección recibida. Si cuando se llama a la función se pasa una sola cadena de caracteres, cuando se realice la iteración, se recorrerán los caracteres de esa cadena. Si solo se pasa un número, la iteración dará un error.

```python
def recorrido(lista):
    for ele in lista:
        print(ele,end="-")
recorrido(["uno","dos"]) #uno-dos
recorrido("hola") #h-o-l-a
recorrido((1,2)) #1-2
recorrido(23) #Error
```

Código 6.11
Listas como parámetro

6.6 Funciones recursivas

La recursividad es la técnica por la cual una función se llama a sí misma. Hay ciertos problemas que solo pueden ser resueltos a través de la recursividad, como puede ser el tratamiento de árboles o grafos de una indeterminada cantidad de niveles.

Si, por ejemplo, queremos saber todos los archivos que tiene un disco, tendremos que sacar todos los archivos del directorio raíz, y luego, por cada directorio encontrado, volver a hacer lo mismo, así hasta que no haya ningún directorio por examinar. Este es un ejemplo básico en donde es necesario utilizar la recursividad.

Para evitar que la función se llame indefinidamente, debemos tener siempre una condición de salida, en donde no se llame a sí misma.

Código 6.12
Recursividad

```python
def factorial(numero):
    if numero == 1:
        return 1
    else:
        return numero * factorial(numero-1)
resultado = factorial(5)
print(f'El factorial de 5 es {resultado}')
#El factorial de 5 es 120
```

6.7 Alcance de las variables

Si una variable existe fuera de una función, esta puede ser utilizada desde el cuerpo de la función.

Código 6.13
Variable global

```python
def muestra():
    print("Valor: ", v)
v=5
muestra() #Valor: 5
```

Si dentro de la función se define una variable con el mismo nombre que la variable externa, dentro de la función se utilizará la definida en ella, sin afectar al valor de la variable externa.

Código 6.14
Sobre escritura

```python
def muestra():
    v=3
    print("Valor: ", v)
v=5
muestra() #Valor: 3
print("Valor: ", v) #Valor:  5
```

Existe la palabra clave **global** que se usa para indicar que se quiere modificar una variable global dentro de una función en lugar de crear una nueva variable.

Código 6.15
Uso de global

```python
def muestra():
    global v
    v=3
    print("Valor: ", v)
v=5
muestra() #Valor: 3
print("Valor: ", v) #Valor:  3
```

6.8 Ejercicios

Ejercicio 1. Crear una función que reciba un nombre como parámetro y devuelva un saludo personalizado.

Ejercicio 2. Crear una función que reciba dos números y una cadena ("suma" o "resta"). Según la cadena, devuelve la suma o la resta de los números.

Ejercicio 3. Crear una función que reciba una cadena y devuelva el número de vocales que contiene.

Ejercicio 4. Crear una función que reciba un número y muestre su tabla de multiplicar del 1 al 10.

Ejercicio 5. Crear una función que reciba una contraseña y devuelva True si tiene al menos 8 caracteres, una mayúscula y un dígito; False en caso contrario.

Ejercicio 6. Crear una función que reciba una lista de números y devuelva un diccionario con la suma, el máximo, el mínimo y el promedio.

Ejercicio 7. Crear una función recursiva que calcule el factorial de un número.

Ejercicio 8. Crear una función que reciba una fecha en formato "dd/mm/yyyy" y la devuelva en formato "yyyy-mm-dd".

Ejercicio 9. Crear una función que reciba un diccionario y un valor, y devuelva una lista con las claves que tienen ese valor.

Ejercicio 10. Crear una función que reciba una cadena ("seno", "coseno", "raíz") y un número, y devuelva la operación correspondiente.

Ejercicio 11. Crear una función que reciba una lista y un booleano, y devuelva la lista ordenada ascendente o descendente según el booleano.

Ejercicio 12. Crear una función que genere una contraseña aleatoria de una longitud dada, usando letras, dígitos y símbolos.

Ejercicio 13. Crear una función que reciba un texto y devuelva un diccionario con el número de palabras, caracteres y el promedio de caracteres por palabra.

Ejercicio 14. Crear una función que reciba una fecha y un número de días, y devuelva la fecha resultante tras sumar los días.

Ejercicio 15. Crear una función que reciba cualquier cantidad de números como argumentos y devuelva su suma.

Ejercicio 16. Crear una función que reciba una lista de contactos y cualquier cantidad de datos de contacto (nombre y teléfono) y añada el contacto a la lista.

Ejercicio 17. Crear una función que reciba un valor, una unidad de origen y una de destino (por ejemplo, 'km' a 'mi', 'kg' a 'lb', '°C' a '°F') y devuelva el resultado convertido.

Ejercicio 18. Crear una función que genere un número aleatorio entre 1 y 100 y permita al usuario adivinarlo. Da pistas de "más alto" o "más bajo" hasta acertar, usando bucle y bifurcaciones.

Ejercicio 19. Crear una función que reciba una cadena de texto y devuelva un diccionario donde las claves sean las palabras únicas (ignorando mayúsculas/minúsculas y signos de puntuación) y los valores, la cantidad de veces que aparece cada palabra. Usa bucles, manejo de cadenas y diccionarios.

Ejercicio 20. Crear una función que reciba una lista de elementos (pueden ser números o cadenas) y devuelva una tupla con el elemento que más veces aparece en la lista y la cantidad de veces que aparece. Si hay varios elementos con la misma máxima frecuencia, devuelve cualquiera de ellos. Utiliza diccionarios para contar, bucles para recorrer y retorna el resultado en una tupla.

Clases

Objetivos de aprendizaje:
- Definir clases con atributos y métodos
- Utilizar la herencia de clases
- Uso de métodos **get** y **set**
- Entender el polimorfismo

Palabras clave: dunder, global, abstracción, herencia, polimorfismo, atributos al vuelo, decorador

7.1 Programación orientada a objetos (POO)

Los lenguajes de programación pueden agruparse, en términos generales, en dos grandes categorías: aquellos basados en la programación **orientada a procedimientos** y aquellos que permiten la implementación de la programación **orientada a objetos (POO)**. Cabe señalar que aunque un lenguaje proporcione soporte para la orientación a objetos, es posible desarrollar aplicaciones utilizando un enfoque tradicional basado en procedimientos.

El surgimiento de los lenguajes orientados a objetos se debió, en gran medida, a las limitaciones propias de la programación procedimental, especialmente a abordar proyectos de mayor complejidad. Entre los principales inconvenientes se encontraban los siguientes:

- Códigos muy extensos en aplicaciones complejas que dificultaba su mantenimiento.
- La compresión del código se hacía cada vez más complicada.
- La reutilización de componentes era limitada.
- La depuración resultaba difícil y propensa a errores.
- Un fallo en una parte del programa podía comprometer la estabilidad de toda la aplicación.

Para reducir algunos de estos problemas, se comenzó a recurrir al uso de funciones, permitiendo agrupar bloques de código reutilizables. No obstante, este enfoque también presentaba limitaciones, como la incapacidad de conservar el estado: al finalizar la ejecución de una función, todas sus variables se eliminaban, impidiendo el seguimiento de la información a lo largo del tiempo.

Consideremos, por ejemplo, el desarrollo de un videojuego tipo *arcade* en el que múltiples naves aparecen en pantalla. Cada una de estas naves posee atributos específicos, como posición, tamaño y color, y debe ser capaz de ejecutar acciones individuales, tales como moverse o disparar. Gestionar esta información exclusivamente mediante variables puede volverse ineficiente y difícil de escalar, ya que podemos contar con gran cantidad de naves, lo que supondría una gran cantidad de variables. En este contexto, la programación orientada a objetos representa una mejor solución.

La POO traslada al entorno de desarrollo los conceptos fundamentales de los objetos del mundo real, dotándolos de estado, propiedades y comportamientos. Entre las principales ventajas de este paradigma se destacan:

- La posibilidad de dividir el código en componentes o módulos, lo que facilita su organización y mantenimiento.
- Alta reutilización de código a través del mecanismo de herencia.
- Aislamiento de errores: un fallo en un módulo no afecta al funcionamiento de los demás.
- Encapsulamiento: cada módulo agrupa sus propiedades y métodos, sin interferir con los de otros módulos dentro de la misma aplicación.

El concepto central en la programación orientada a objetos es la **clase**. Una clase puede definirse como una plantilla o modelo que establece las características y comportamientos comunes a un conjunto de objetos.

Cuando se crea un ejemplar concreto de una clase, se genera un **objeto**, también conocido como una **instancia** de dicha clase. Cada objeto posee un conjunto de **atributos** o propiedades, que representan los valores específicos que lo definen. Asimismo, puede ejecutar una serie de **métodos**, que son las acciones o comportamientos asociados a ese objeto.

Este enfoque permite organizar el código de manera más estructurada, facilitando la reutilización, el mantenimiento y la extensión de los programas, especialmente en sistemas complejos donde múltiples objetos interactúan entre sí.

7.2 Clases, atributos

Para crear una clase en Python solo es necesario poner la palabra reservada `class` y a continuación el nombre de la clase. Por convención, los nombres de las clases se escriben con la primera letra en mayúscula, a fin de distinguirlas visualmente de los objetos o variables, cuyo nombre suele comenzar con minúscula. Para instanciar un objeto a partir de una clase, basta con asignar el resultado de llamar a la clase, mediante el uso de paréntesis, a una variable. Esta variable representará el objeto, es decir, una instancia concreta de la clase definida.

Código 7.1
Clase vacía

```
class Persona:
    pass #No hace nada
a= Persona() #a es un objeto de tipo Persona
```

Esta clase es la más básica, ya que no tiene ni propiedades ni métodos.

Constructor y atributos

El constructor es un método especial que se ejecuta automáticamente en el momento de crear un objeto a partir de una clase. Su función principal consiste en definir e inicializar los atributos de la clase, proporcionando los valores iniciales que caracterizarán al objeto.

Este constructor se define mediante el método denominado `__init__`, el cual pertenece a la categoría de métodos especiales conocidos como **dunder methods** (abreviatura de **double underscore**), debido a que están delimitados por dos guiones bajos antes y después del nombre.

El método **__init__** debe recibir, al menos, un parámetro denominado **self**, que hace referencia al propio objeto que se está creando. A través de **self**, es posible acceder y asignar valores a los atributos del objeto, permitiendo así que cada instancia tenga su propio estado definido en el momento de su creación.

```
class Persona:
    def __init__(self):
        self.nombre="Lara"
a= Persona()
print(a.nombre) #Lara
```

En este ejemplo se crea el atributo **nombre** dentro de la clase **Persona**, que se inicializa siempre con el mismo valor.

El constructor puede recibir parámetros para inicializar los atributos del objeto.

```
class Persona:
    def __init__(self,nom):
        self.nombre=nom
a= Persona("Carlos")
print(a.nombre) #Carlos
```

En este caso se han pasado los parámetros por posición, aunque al igual que en las funciones, se puede pasar por palabra clave.

```
a= Persona(nom="Carlos")
```

Los atributos también se pueden modificar desde el programa principal. Para ello solo es necesario asignarles un valor.

```
class Persona:
    def __init__(self,nom):
        self.nombre=nom
a= Persona("Carlos")
a.nombre="María"
print(a.nombre) #María
```

Atributo de objeto

Se puede añadir un atributo a un objeto que no esté definido en la clase. Este solo afectará a ese objeto, y no cambiará nada de la clase ni del resto de objetos de esa clase.

```
class Persona:
    def __init__(self,nom):
        self.nombre=nom
a=Persona("Javi")
b=Persona("María")
b.edad=16
```

```
print(b.edad) #16
print(a.edad) #ERROR
```

Atributos de tipo tupla o diccionario

Una clase puede tener tuplas o diccionario como atributos. Su comportamiento en el constructor es igual que en cualquier función.

Código 7.6
Atributos como tupla o diccionario

```
class Persona:
    def __init__(self, nombre, edad, *valores, **terminos):
        self.nombre = nombre
        self.edad = edad
        self.valores = valores
        self.terminos = terminos

    def mostrar_detalle(self):
        print(f'->{self.nombre} {self.edad} {self.valores}
{self.terminos}')

persona1 = Persona('Carlos', 28, 'TXT', 2, 3, m='uno', p='dos')
persona1.mostrar_detalle() #->Carlos 28 ('TXT', 2, 3) {'m':
'uno', 'p': 'dos'}

persona2 = Persona('Maria', 30)
persona2.mostrar_detalle() #->Maria 30 () {}
```

Atributos de clase

Los atributos de **clase** son variables que se definen directamente dentro de la clase, pero fuera de cualquier método, y se caracterizan por ser compartidas por todas las instancias derivadas de esa clase. A diferencia de los atributos de **instancia**, que se declaran dentro del método **__init__** y son exclusivos de cada objeto, los atributos de clase almacenan información común a todos los objetos generados a partir de dicha clase.

El acceso a estos atributos puede realizarse tanto a través del nombre de la clase como mediante una instancia específica. No obstante, si el atributo es modificado **a través de la clase**, el cambio se reflejará en todas las instancias que no hayan sobrescrito ese atributo. Por el contrario, si la modificación se realiza **a través de una instancia**, se crea un nuevo atributo de instancia para ese objeto particular, lo que provoca que el atributo de clase quede oculto en ese contexto específico.

Los atributos de clase son comúnmente utilizados para definir constantes, implementar contadores que registren el número de instancias creadas, establecer valores por defecto aplicables a todos los objetos de la clase o realizar seguimiento de estados compartidos.

Código 7.7
Atributo de clase

```
class Persona():
    contador=0
    def __init__(self,nom):
        self.nombre=nom
        Persona.contador+=1
```

```
a0=Persona("Javi")
a1=Persona("Maria")
print (Persona.contador)
```

Atributo de clase al vuelo

Es posible crear un atributo de clase "al vuelo", es decir, en tiempo de ejecución. Esto se hace a través de la asignación directa a un nuevo atributo de clase. Una vez creados, se comportan de la misma manera que los atributos de clase definidos; si una instancia modifica el valor, solo esa instancia podrá ver el nuevo valor, el resto de las instancias no se verán afectadas.

```
class miClase:
    pass
miClase.xx=99
a=miClase()
b=miClase()
print(a.xx)#99
print(b.xx)#99
miClase.xx =10
print(b.xx)#10
print(a.xx)#10
b.xx=88
print(b.xx)#88
print(a.xx)#10
```

Código 7.8
Atributo de clase al vuelo

Atributos de tipo objeto

En algunos casos, durante la construcción de una clase, puede ser necesario que uno de sus atributos sea, a su vez, una instancia de otra clase. Esta práctica permite una mayor modularidad y organización del código, especialmente cuando ciertos atributos poseen una estructura compleja o requieren funcionalidades específicas.

Por ejemplo, en el caso de una clase **Persona**, uno de sus atributos podría ser una dirección postal. En lugar de representar dicha información mediante múltiples atributos individuales, resulta más adecuado definir una clase **Dirección**, que encapsule tanto los datos relacionados (como la calle, el código postal o la ciudad) como los métodos asociados.

A continuación, se ilustra esta composición de clases, donde **Persona** contiene un atributo que es un objeto de la clase **Dirección**. Además, la clase **Dirección** incluye un método que permite obtener el nombre de la provincia a partir del código postal.

```
class Persona:
    def __init__(self, nombre, calle,codpos,ciudad):
        self.nombre = nombre
        self.dir=Direccion(calle,codpos,ciudad)

class Direccion:
    prov={"08":"Barcelona","22":"Huesca","28":"Madrid"}
    def __init__(self,calle,codpos,ciudad):
        self.calle=calle
```

Código 7.9
Atributo de tipo objeto

```
            self.codpos=codpos
            self.ciudad=ciudad
    def provincia(self):
            return(Direccion.prov[self.codpos[0:2]])


p=Persona("Javi","Suspiro verde,2","22002","Ainsa")
print (p.nombre) #Javi
print (p.dir.calle) #Suspiro verde, 2
print (p.dir.provincia()) #Huesca
```

7.3 Métodos

Métodos de instancia

Los **métodos** son funciones definidas dentro de una clase que especifican las acciones o comportamientos que pueden llevar a cabo los objetos instanciados a partir de ella. Estos se definen utilizando la misma sintaxis que las funciones tradicionales, pero deben estar indentados dentro del cuerpo de la clase. Al igual que en el caso del constructor, el primer parámetro de todo método debe ser `self`, el cual hace referencia a la propia instancia del objeto desde el cual se invoca el método. Este parámetro permite acceder y modificar los atributos del objeto dentro del método.

Aunque en otros lenguajes de programación como Java o C++ es común utilizar el término `this` para referirse a la instancia actual, en Python se utiliza comúnmente `self`, ya que `this` no está recomendado.

Código 7.10
Métodos

```
class Persona:
    def __init__(self,nom):
        self.nombre=nom
    def mostrar(self):
        print(f"Persona: {self.nombre}")
a= Persona("Carlos")
a.mostrar() Persona: #Carlos
```

También se puede llamar a un método de un objeto invocándolo desde la clase y pasando por parámetro la instancia del objeto.

Código 7.11
Método pasando el
objeto

```
class Persona:
    def __init__(self,nom):
        self.nombre=nom
    def mostrar(self):
        print(f"Persona: {self.nombre}")
a= Persona("Carlos")
Persona.mostrar(a) #Persona: Carlos
```

Destructor

En Python, no es necesario eliminar manualmente los objetos creados durante la ejecución de un programa. El propio lenguaje incorpora un proceso automático conocido como recolector de basura, el cual se encarga de liberar la memoria ocupada por aquellos objetos que ya no están en uso una vez que el programa finaliza o cuando ya no existen referencias activas hacia ellos.

Sin embargo, Python también proporciona la posibilidad de eliminar explícitamente un objeto mediante el uso de la función del. Al invocar esta función sobre un objeto, se reduce el contador de referencias y, si no quedan más referencias activas, el objeto es destruido.

Independientemente de si un objeto se elimina de forma automática o mediante la función del, Python permite ejecutar un bloque de código específico justo antes de que el objeto sea destruido. Para ello, se puede sobrescribir el método especial __del__(), conocido como el destructor. Este método resulta útil, por ejemplo, para liberar recursos adicionales, eliminar variables asociadas o notificar a otros procesos que el objeto ha sido eliminado.

```python
class Persona:
    def __init__(self, nom):
        self.nombre=nom
    def __del__(self):
        print(f"{self.nombre} destruido")
a=Persona("Carlos")
print(a.nombre)
del a
b=Persona("Maria")
print(b.nombre)
```

```
CONSOLA
Carlos
Carlos destruido
Maria
Maria destruido
```

Código 7.12
Destructor

Métodos de clase

Al igual que ocurre con los atributos de clase, los métodos de clase están vinculados directamente a la clase y no a las instancias que se crean a partir de ella. Para definir este tipo de métodos, se utiliza el decorador @classmethod justo antes de su declaración.

Un decorador es una función que permite modificar o extender el comportamiento de otra función o método sin alterar directamente su código interno.

A diferencia de los métodos de instancia, que reciben como primer parámetro al objeto (self), los métodos de clase reciben como primer argumento la propia clase, la cual suele denominarse cls. Gracias a esto, estos métodos pueden acceder y operar sobre los atributos definidos a nivel de clase.

Además, este tipo de métodos puede ser invocado tanto desde la clase misma como desde cualquiera de sus instancias.

```python
class MiClase:
    variable_de_clase = 10

    def __init__(self, atributo1):
        self.atributo1 = atributo1

    def metodo_instancia(self):
        # Método de instancia. Accede a atributos de instancia
y de clase
```

Código 7.13
Método de clase

```
            print(f"Método de instancia: {self.atributo1},
        {MiClase.variable_de_clase}")

            @classmethod
            def metodo_de_clase(cls):
                # Método de clase. Recibe la clase como primer
        argumento (cls)
                print(f"Método de clase: {cls.variable_de_clase}")

        # Crear un objeto de la clase MiClase
        objeto1 = MiClase("Hola")

        # Llamar al método de instancia
        objeto1.metodo_instancia()   # Método de instancia: Hola, 10

        # Llamar al método de clase desde la clase
        MiClase.metodo_de_clase()    # Método de clase: 10

        # Llamar al método de clase desde una instancia
        objeto1.metodo_de_clase()    # Método de clase: 10
```

Métodos estáticos

Estos métodos forman parte de una clase, aunque no dependen ni de la instancia ni de la propia clase. Se definen utilizando el decorador @staticmethod y, a diferencia de otros métodos, no requieren ningún parámetro como self o cls.

Dado que no tienen acceso a los atributos de instancia ni a los atributos de clase, se utilizan exclusivamente para realizar operaciones que no están relacionadas con el estado del objeto ni con la clase en sí. Su uso es común en tareas como conversiones de datos, validaciones o en funciones auxiliares que operan de forma independiente al resto de la estructura de la clase.

Código 7.14
Método estático

```
class Calculadora:
    @staticmethod
    def sumar(a, b):
        return a + b

print (Calculadora.sumar(3,5)) #8
```

7.4 Imprimir un objeto

Cuando llamamos a la instrucción print() con un objeto, lo que se verá es la dirección de memoria donde está ese objeto. Si queremos personalizar la forma de visualización de la clase, se pueden redefinir dos métodos.

Redefinir el método __repr__

El método __repr__ se llama cada vez que se imprime un objeto. Al redefinirlo en la clase, se puede controlar cómo se muestra la información. El método debe retornar una cadena que será la que represente el objeto.

```
class Persona:
    def __init__(self,nom):
        self.nombre=nom
    def __repr__(self):
        return f"Persona-> {self.nombre}"
a= Persona("Carlos")
print (a) #Persona-> Carlos
```

Código 7.15
Método __repr__

Redefinir el método __str__

El método __str__ también se utiliza para controlar cómo se representa un objeto a la hora de imprimirlo, pero a diferencia del anterior este método debe ofrecer una representación más legible para el usuario, mientras que __repr__ se deja como información de control para los programadores. También debe devolver una cadena que muestra la información.

```
class Circulo:
  def __init__(self, radio):
    self.radio = radio
  def __str__(self):
    return f"Círculo con radio: {self.radio}"
mi_círculo = Circulo(5)
print(mi_círculo)  # Círculo con radio: 5
```

Código 7.16
Método __str__

En el caso de que estén presentes los dos métodos dentro de la clase, la función print() utilizará el resultado del método __str__.

7.5 Encapsulación

La **encapsulación** es un principio de la programación orientada a objetos que consiste en ocultar los detalles internos de una clase, ofreciendo únicamente una interfaz clara para interactuar con los datos o métodos necesarios. Esta técnica permite abstraer la complejidad interna de los procesos y, al mismo tiempo, protege los datos frente a modificaciones no deseadas o indebidas.

Gracias a la encapsulación, se incrementa la seguridad y robustez del código, ya que es posible modificar componentes internos sin que estos cambios afecten el funcionamiento del resto del sistema.

Propiedades públicas o privadas

Hasta este punto, se ha trabajado con atributos o propiedades públicas, lo que implica que pueden ser modificados desde cualquier parte del programa, incluyendo el módulo principal. En Python, para indicar que un atributo debe tratarse como **privado**, se antepone un guion bajo (_) al nombre del atributo.

Es importante señalar que este mecanismo no impide técnicamente el acceso o la modificación del atributo, incluso dentro del mismo módulo. Más bien, funciona como una **convención** que advierte al programador de que dicho atributo está destinado a un uso interno y no debería ser manipulado directamente desde fuera de la clase.

```python
class Persona:
    def __init__(self, nom, edad):
        self._nombre=nom
        self.edad=edad
    def __str__(self):
        return f"{self._nombre} - {self.edad}"
a=Persona("Carlos",23)
a._nombre="Lara" #NO EVITA LA MODIFICACIÓN
print(a) #Lara - 23
```

Si lo que se quiere es evitar la modificación del atributo, se debe definir con un **doble guion bajo**. De esta manera, las asignaciones no se podrán realizar, aunque no dará ningún error.

```python
class Persona:
    def __init__(self, nom, edad):
        self.__nombre=nom
        self.edad=edad
    def __str__(self):
        return f"{self.__nombre} - {self.edad}"
a=Persona("Carlos",23)
a.__nombre="Lara" #NO ASIGNA
print(a) #Carlos - 23
```

Métodos `get()` y `set()`

En la programación orientada a objetos, es común emplear métodos especiales para gestionar el acceso y la modificación de los atributos privados de una clase. Los llamados métodos **get** y **set** permiten controlar cómo se obtienen y actualizan estos valores, facilitando la inclusión de validaciones o transformaciones adicionales al manipular los datos internos.

El método **get()** está pensado para devolver el valor de un atributo privado, normalmente utilizando el mismo nombre del atributo para su función asociada. Por otro lado, el método **set()** se encarga de modificar el valor del atributo, también a través de una función cuyo nombre coincide con el de la propiedad que se quiere actualizar.

Para implementar este tipo de control sobre los atributos, se utilizan decoradores. Como ya se ha mencionado, los decoradores son funciones que reciben como argumento otro método o función, permitiendo modificar o ampliar su comportamiento sin alterar su definición original.

Para definir un método **get()**, se utiliza el decorador **@property**, que transforma un método en una propiedad de solo lectura. Para la implementación del método **set()**, se debe añadir un método adicional con el decorador **@<nombre_atributo>.setter**, donde **<nombre_atributo>** corresponde al nombre de la propiedad definida previamente. Así, se logra encapsular la lógica de acceso y actualización de los atributos, asegurando un mayor control y seguridad en el manejo de los datos internos de la clase.

```python
class Persona:
    def __init__(self, nom):
        self.__nombre=nom
```

```
    @property
    def nombre(self):
        return self.__nombre
    @nombre.setter
    def nombre(self,nuevo_nom):
        self.__nombre=nuevo_nom

a=Persona("Carlos")
a.nombre="María"
print(a.nombre) #María
```

7.6 Herencia

La herencia es el proceso mediante el cual una clase adquiere los atributos y métodos de otra clase. La clase que los adquiere se denomina clase hija, y la clase de la que los hereda se denomina clase **padre o base**. A su vez, la clase hija puede sobrescribir los métodos y atributos heredados, o definir nuevos. Esto permite reutilizar el código ya escrito y especializar comportamientos. De esta manera podremos crear una clase genérica con comportamiento básico y luego crear otras clases más especializadas que heredan de la anterior.

Para crear la herencia, en la definición de la clase hija se pone entre paréntesis el nombre de la clase padre o base.

A través de la función **__subclasses__()** se pueden conocer las clases hijas que tiene una base. También existe la función **__bases__** para conocer la clase base de una hija.

```
class Persona:
    pass

class Estudiante(Persona):
    pass

print(Persona.__subclasses__()) #[<class '__main__.
Estudiante'>]
print(Estudiante.__bases__) #(<class '__main__.Persona'>,)
```

Código 7.20
Conocer las clases hija

Extendiendo atributos

Como ya se ha visto, la definición de los atributos de una clase se realiza en el constructor. De esta manera, para definir atributos en una clase hija, tendremos que crear un constructor. En este constructor inicializaremos los atributos propios de la clase hija, y también tendremos que llamar al constructor de la clase base para que se inicialicen los atributos pertenecientes a ella.

La forma de acceder a métodos de la clase base desde una clase hija se realiza a través de la función **super().** Con esta función podremos llamar al constructor de la clase base para inicializar sus valores

```
class Persona:
    def __init__(self, nombre):
```

Código 7.21
Extender atributos

```
        self.nombre = nombre

class Empleado(Persona):
    def __init__(self, nombre, sueldo):
        super().__init__(nombre)
        self.sueldo = sueldo

empleado1 = Empleado('María', 5000)
print(empleado1.nombre) #María
print(empleado1.sueldo) #5000
```

Extendiendo métodos

Si en la clase hija se necesita un método nuevo, lo definimos dentro de esta. En el caso de que queramos cambiar el comportamiento de un método heredado de la clase base, en la clase hija creamos el nuevo comportamiento en un método con el mismo nombre del heredado y de esta manera se ejecutará el método de la clase hija en vez del método de la clase base.

Código 7.22
Extender métodos

```
class Persona:
    def __init__(self, nombre):
        self.nombre = nombre
    def nombrar(self):
        print(f"Nombre: {self.nombre}.")
    def situar(self):
        print(f"Situar persona: {self.nombre}.")

class Estudiante(Persona):
    def estudiar(self):
        print("Estudiando")
    def situar(self): #Se sobrescribe de Persona
        print(f"Situar estudiante: {self.nombre}.")

estudiante=Estudiante("Javi")
estudiante.estudiar() #Estudiando
estudiante.nombrar() #Nombre: Javi.
estudiante.situar() #Situar estudiante: Javi.
```

La clase `Estudiante` hereda los métodos de `Persona`, añade el método `estudiar()` y sobrescribe el método `situar()` cambiando su comportamiento.

Sobreescritura del método __str__

A la hora de visualizar el contenido de una clase, la clase base puede tener un método `__str__` que permite visualizar sus atributos, mientras que la clase hija podría tener su propio método `__str__`. A través del `super()` podremos visualizar toda la información de la clase hija sin duplicar el código ya escrito en la clase base.

Código 7.23
__str__

```
class Persona:
    def __init__(self, nombre):
```

```
            self.nombre = nombre
        def __str__(self):
            return f"Nombre: {self.nombre}"

    class Empleado(Persona):
        def __init__(self, nombre, sueldo):
            super().__init__(nombre)
            self.sueldo = sueldo
        def __str__(self):
            ret = super().__str__()
            return f"{ret} Sueldo: {self.sueldo}"

    emp = Empleado('María', 5000)
    print (emp) #Nombre: María Sueldo: 5000
```

Herencia múltiple

Python tiene una característica que no muchos lenguajes tienen: la posibilidad de tener herencia múltiple, es decir, heredar atributos y métodos de múltiples clases base.

En el caso de que varias clases base tengan el mismo método o atributo, la clase expresada en primer lugar tendrá prioridad a la hora de la ejecución.

Otra cosa que tener en cuenta es la llamada a la clase base desde la clase hija. En vez de utilizar super() se debe colocar el nombre de la clase.

En el siguiente ejemplo hay dos clases base **Figura** y **Color**. La clase hija **Cuadrado** hereda de ambas. A la hora de inicializar los atributos en el constructor **__init__** se hace la llamada a los constructores de las clases base.

```
    class Color:
        def __init__(self,color):
            self.color=color
        def __str__(self):
            return " Color: " + self.color

    class Figura:
        def __init__(self,lado):
            self.lado=lado
        def __str__(self):
            return " Lado: " + str(self.lado)

    class Cuadrado(Color,Figura):
        def __init__(self,textura,color,lado):
            self.textura=textura
            Color.__init__(self,color)
            Figura.__init__(self,lado)
        def __str__(self):
            return "Textura: " + self.textura +  Color.__str__
    (self) + Figura.__str__(self)

    c=Color("verde")
```

Código 7.24
Herencia múltiple

```
print(c) # Color: verde
f=Figura(23)
print(f) # Lado: 23
cua=Cuadrado("liso","amarillo",66)
print(cua) #Textura: liso Color: amarillo Lado: 66
```

Función mro()

El MRO (Method Resolution Order) u Orden de Resolución de Métodos es la manera en que Python determina el orden de ejecución de los métodos en caso de la herencia múltiple. Cuando una clase tiene múltiples clases base, se necesita determinar el orden en que se buscarán los métodos para evitar conflictos o ambigüedades en la herencia. A través de la función mro() se puede ver representado el orden de búsqueda de los métodos entre las clases base.

Código 7.25
MRO

```
class A:
    def saludar(self):
        print("Hola desde clase A")

class B(A):
    def saludar(self):
        print("Hola desde clase B")

class C(A):
    def saludar(self):
        print("Hola desde clase C")

class D(B, C):
    pass

print(D.mro())
#[<class '__main__.D'>, <class '__main__.B'>, <class '__
main__.C'>, <class '__main__.A'>, <class 'object'>]
objeto_d = D()
objeto_d.saludar()  #"Hola desde clase B"
```

En este ejemplo, la clase D hereda de la clase B y C, que a su vez heredan de la clase A. Cuando se llama al método saludar() en un objeto de la clase D, Python buscará el método en orden definido por el MRO, que en este caso es D, B, C, A.

7.7 Clases abstractas

Una clase abstracta es aquella que tiene uno o varios métodos abstractos. Un **método abstracto** es un método que solo está declarado y no tiene código dentro de él. Una clase abstracta no se puede instanciar.

Una clase abstracta puede tener métodos no abstractos que tengan su codificación y que se podrán usar desde las clases hijas. El uso de clases abstractas permite garantizar la implementación de métodos en las clases hijas y de esta manera tener una estructura homogénea en el desarrollo.

Para definir una clase abstracta en Python, se debe usar el módulo abc (Ab-stract Base Clases) e importar de él las clases ABC y abstractmethod.

Por encima de los métodos abstractos debemos utilizar el decorador @abstract-method.

```python
from abc import ABC, abstractmethod

class Figura(ABC):
    @abstractmethod
    def area(self):
        pass

    @abstractmethod
    def perimetro(self):
        pass

    def muestra(self):
        print("Figura")

class Cuadrado(Figura):
    def __init__(self,lado):
        self.lado=lado

    def area(self):
        return(self.lado*self.lado)

    def perimetro(self):
        return(4*self.lado)

c=Cuadrado(5)
print(c.area()) #25
print(c.perimetro()) #20
c.muestra() #Figura
```

Código 7.26
Clase abstracta

7.8 Sobrecarga de operadores

La sobrecarga de operadores es permitir que operaciones que están diseñadas para un fin especifico, puedan comportarse de otra manera dependiendo del tipo de información que manejan. Un operador sobrecargado que se utiliza habitual-mente es el operador suma (+). Si lo aplicamos a números, los suma; si lo aplicamos a cadenas, concatena, y si lo aplicamos a lista, crea una lista con la información de ambas.

```python
print(2+3) #5
print("uno" + "dos") #unodos
print((1,2)+(8,9)) #(1,2,8,9)
```

Código 7.27
Sobrecarga de la +

A través de métodos **dunder** se puede sobrecargar operadores en nuestras pro-pias clases para dar el comportamiento que se desea. Algunos de los métodos que se pueden utilizar para realizar este comportamiento son los siguientes:

__add__: sobrecarga del operador suma (+)

__sub__: sobrecarga del operador de resta (-)

__mul__: sobrecarga del operador de multiplicación (*)

__truediv__: sobrecarga del operador de división (/)

__floordiv__: sobrecarga del operador división entera (//)

__mod__: sobrecarga del operador módulo (%)

__pow__: sobrecarga del operador potencia (**)

__eq__: sobrecarga del operador de igualdad (==)

__ne__: sobrecarga del operador de diferente (!=)

__lt__: sobrecarga del operador menor que (<)

__gt__: sobrecarga del operador mayor que (>)

__le__: sobrecarga del operador menor o igual que (<=)

__ge__: sobrecarga del operador mayor o igual que (>=)

__len__: sobrecarga de la función len()

Estos métodos reciben dos parámetros, el propio objeto y el objeto con el que se tiene que realizar la operación. A su vez, este método debe retornar un objeto que represente la operación ya realizada.

Código 7.28
Sobrecargando + y -

```python
class Comercial:
    def __init__(self,nombre,ventas):
        self.nombre=nombre
        self.ventas=ventas
    def __add__(self, otro):
        res=Comercial("TOTAL",self.ventas+otro.ventas)
        return(res)
    def __sub__(self, otro):
        res=Comercial(f"({self.nombre} - {otro.nombre})",self.
ventas-otro.ventas)
        return(res)
    def __str__(self):
        return f"Nombre: {self.nombre} Ventas: {self.ventas}"

a=Comercial("Javi",23)
b=Comercial("María",55)
print(a) #Nombre: Javi Ventas: 23
print(b) #Nombre: María Ventas: 55
c=a+b
print(c) #Nombre: TOTAL Ventas: 78
d=a-b
print(d) #Nombre: (Javi - María) Ventas: -32
```

Ordenación de objetos propios

Los operadores __lt__ o __gt__ dan la capacidad de personalizar la forma de ordenación del método **sort()** sin necesidad de crear una función de ordenación y asociarla al parámetro **key=**

```
class Pers:
    def __init__(self,nombre,edad):
        self.nombre=nombre
        self.edad=edad

    def __repr__(self):
        return f"{self.nombre}:{self.edad}"

def compara_edad(p1):
    return p1.edad

lista=[Pers("carlos",23),Pers("maria",14),Pers("lara",18)]

print(lista)
lista.sort(key=compara_edad)
print(lista)
```

Código 7.29
Ordenación con key=

```
class Pers:
    def __init__(self,nombre,edad):
        self.nombre=nombre
        self.edad=edad

    def __gt__(self, other):
        return self.edad>other.edad

    def __repr__(self):
        return f"{self.nombre}:{self.edad}"

lista=[Pers("carlos",23),Pers("maria",14),Pers("lara",18)]

print(lista)
lista.sort()
print(lista)
```

Código 7.30
Ordenación con
sobrecarga

Con la sobrecarga también se puede utilizar la función `len()` para determinar, por ejemplo, el valor de un parámetro o el tamaño de elementos de un atributo de tipo lista.

```
class Libro:
    def __init__(self, titulo, paginas):
        self.titulo = titulo
        self.paginas = paginas

    def __len__(self):
        return self.paginas

lib = Libro("Python", 155)
print(len(lib))  #: 155
```

Código 7.31
Sobrecarga de __len__

La sobrecarga del método `__iter__` hace que el objeto sea iterable, y de esta manera pueda ser recorrido a través de un bucle `for`. Un uso sencillo es utilizar el for para recorrer los elementos de un atributo de tipo lista.

Código 7.32
Sobrecarga de __iter__

```
class Coleccion:
    def __init__(self, datos):
        self.datos = datos

    def __iter__(self):
        return iter(self.datos)

col = Coleccion([1, 2, 3, 4, 5])
for ele in col:
    print(ele,end=" ")
#1 2 3 4 5
```

7.9 Polimorfismo

El polimorfismo es la capacidad que tiene un método de comportarse de forma diferente dependiendo del tipo de objeto que esté utilizando.

Este, junto con la herencia, es uno de los conceptos fundamentales de la programación orientada a objetos.

En Python, el polimorfismo se logra a través de la herencia y la sobrecarga de métodos.

La herencia permite que una clase herede los atributos y métodos de esta clase, de manera que la clase hija puede responder a los métodos de manera diferente que la clase base.

La sobrecarga hace que varias clases tengan métodos con el mismo nombre, pero con diferentes implementaciones, dependiendo de los argumentos que se reciban.

Código 7.33
Polimorfismo por
sobrecarga

```
class Animal:
    def __init__(self, nombre):
        self.nombre = nombre
    def hablar(self):
        print("Animal")

class Perro(Animal):
    def hablar(self):
        print("Guau!")

a=Animal("Oscar")
p=Perro("Sam")
a.hablar() #Animal
p.hablar() #Guau!
```

La clase **Animal** y la clase **Perro** implementan el método **hablar()**, pero con diferente codificación. Según el tipo de objeto que lo llame así se comportará de una manera o de otra.

Otra forma de implementar el polimorfismo es a través de una función. En el siguiente ejemplo la función **hacer_sonido()** recibe como parámetro un objeto y dependiendo del tipo que sea se comporta de diferentes maneras.

```
class Perro:
    def sonido(self):
        return "Guau!"
class Gato:
    def sonido(self):
        return "Miau!"
class Vaca:
    def sonido(self):
        return "Muu!"
# Función que utiliza el polimorfismo para acceder al método
"sonido" de diferentes objetos
def hacer_sonido(animal):
    return animal.sonido()
# Crear instancias de las clases
perro = Perro()
gato = Gato()
vaca = Vaca()
# Llamar a la función que utiliza polimorfismo
print(hacer_sonido(perro))   # Resultado: "Woof!"
print(hacer_sonido(gato))    # Resultado: "Miau!"
print(hacer_sonido(vaca))    # Resultado: "Muu!"
```

Código 7.34
Polimorfismo por tipo
de dato

7.10 Módulos y clases

Es habitual tener las clases en archivos diferentes al programa principal. Para poder utilizar desde el programa principal esas clases se debe utilizar la sentencia **from** indicando el archivo donde está la clase y a continuación **import** indicando la clase que importar, ya que en un mismo archivo se puede tener toda una colección de clases. Si lo que se quiere es importar todas las clases, en vez de especificar un nombre se pone asterisco **(*)**.

```
Archivo: Persona.py             Archivo: Prueba.py
class Persona:
    def __init__(self,nom):     from Persona import Persona
        self.nombre=nom
pru=Persona("Prueba")           a=Persona("Javi")
print(pru.nombre)               print(a.nombre)
```

Código 7.35
Módulo de clase

En el ejemplo anterior se ve cómo en el archivo de la clase se realiza código de prueba para comprobar que la clase funciona correctamente. Cuando se ejecuta desde el archivo principal, ese código de prueba también se ejecuta, desvirtuando el resultado esperado.

Para evitar esto, se deben utilizar propiedades que permiten saber qué módulo se está ejecutando. De esta manera se puede hacer que el código de prueba en las clases solo se ejecute cuando funcione como módulo principal y no cuando es consumido por otro archivo.

Para ello se utiliza **__name__**, que devolverá "**__main__**" si es el módulo principal.

Código 7.36
Utilizando __name__

```
class Persona:
    def __init__(self,nom):
        self.nombre=nom
if __name__=="__main__":
    pru=Persona("Prueba")
    print(pru.nombre)
```

7.11 Ejercicios

Ejercicio 1. Crear una clase Mascota con atributo nombre. Instanciar y mostrar.

Ejercicio 2. Añadir un método que devuelva el nombre en mayúsculas.

Ejercicio 3. Crear la clase Tienda que almacene lista de productos a través del constructor.

Ejercicio 4. Añadir un método que verifique existencia de producto.

Ejercicio 5. Crear la clase Registro que tenga el atributo creación y que registre el momento exacto de la creación de la instancia.

Ejercicio 6. Crear la clase Persona con el atributo nombre. Crear la clase Empleado que hereda de persona y añade el atributo puesto.

```
e = Empleado("María", "Desarrolladora")
print(e.puesto)  # Desarrolladora
```

Ejercicio 7. Crear la clase Utiles que tenga un método estático que valide si un mail es correcto (debe contener una @ y un punto).

```
print(Utiles.validar_email("test@example.com"))  # True
```

Ejercicio 8. Crear la clase Figura con el método área sin código. Crear la clase Cuadrado que herede de Figura implementando el método área.

```
fig = Cuadrado(5)
print(fig.area())  # 25
```

Ejercicio 9. Crear un método que lleve el contador de instancias creadas de una clase.

```
a = Contador()
b = Contador()
print(Contador.total)  # 2
```

Ejercicio 10. Crea una clase Libro que tenga atributos título y autores (una lista de cadenas). Añade un método para mostrar el título y todos los autores separados por comas.

```
l = Libro("Python Básico", ["Ana", "Carlos", "Eva"])
l.mostrar()
```

Ejercicio 11. Crear una clase Evento con atributos nombre y fecha (tipo `date-time.date`). Añade un método `es_futuro()` que devuelva True si el evento es posterior a la fecha actual.

```
ev = Evento("Concierto", datetime.date(2025, 5, 1))
print(ev.es_futuro()) #false
```

Ejercicio 12. Crear una clase Agenda que almacene contactos en un diccionaric (clave: nombre, valor: teléfono). Añadir métodos para añadir, buscar y mostrar todos los contactos.

```
a = Agenda()
a.agregar("Carlos", "123")
a.agregar("Lara", "456")
print(a.buscar("Lara")) # 456
a.mostrar_todos()
```

Ejercicio 13. Crear una clase Estudiante con atributos nombre y notas (lista de números). Añadir un método para calcular la nota media y otro para saber si está aprobado (media >= 5).

```
e = Estudiante("Carlos", [7, 8, 4])
print(e.media())
print(e.aprobado())
```

Ejercicio 14. Crear una clase `CuentaBancaria` con atributo saldo. Añade métodos para depositar y extraer dinero, comprobando que no se pueda extraer más de lo que hay disponible.

```
c = CuentaBancaria(100)
c.depositar(50)
c.extraer(30)
c.extraer(200) # Fondos insuficientes
print(c.saldo) # 120
```

Ejercicio 15. Crear una clase `Vehiculo` con atributos `marca`, `modelo`, `anio` y `kilometros`. Añade un método que muestre toda la información en una sola cadena formateada.

```
v = Vehiculo("Toyota", "Corolla", 2020, 35000)
print(v)
```

Excepciones, archivos, XML y JSON

8

Objetivos de aprendizaje:

- Evitar que el programa pare su ejecución por un error en tiempo de ejecución
- Leer y grabar un archivo de texto
- Crear un archivo XML o JSON
- Ser capaz de leer y cargar en estructuras de Python un archivo XML o JSON

Palabras clave: XML, JSON, try...except, serializar

8.1 Manejo de errores o excepciones

En ocasiones, no es posible anticipar ni controlar todos los errores que pueden surgir durante la ejecución de un programa. Esto se debe a que algunas operaciones no dependen exclusivamente del propio código, sino que están ligadas a factores externos, como el acceso a información proveniente de API, bases de datos o archivos. Si alguno de estos sistemas falla o se interrumpe la comunicación, el programa generará un error al intentar acceder a esos recursos.

Mediante una adecuada gestión de errores, es posible evitar que el programa se detenga cuando se produzcan. Esto permite, por un lado, informar al usuario sobre lo sucedido y ofrecerle instrucciones sobre cómo actuar y, por otro, que el propio programa pueda implementar una lógica para recuperarse y continuar funcionando.

El manejo de errores se realizar mediate la instrucción try, except, else y finally. Con estos bloques se podrán capturar y controlar los errores. La estructura básica es la siguiente:

```
try:
    # Código que puede generar una excepción
    resultado = funcion_que_puede_lanzar_excepcion()
except TipoDeExcepcion as e:
    # Código para manejar la excepción del tipo especificado
    print("Ocurrió una excepción:", e)
else:
    # Se ejecuta si no se produjo ninguna excepción
    print("No se produjo ninguna excepción.")
finally:
    # Código que se ejecuta siempre, sin importar si hubo una
excepción o no
    print("Terminó el manejo de errores.")
```

try: en este bloque se coloca el código que puede generar una excepción.

except: en este bloque se coloca el código que se ejecutará si ocurre una excepción del tipo especificado. Se pueden capturar diferentes tipos de excepciones y también se pueden capturar excepciones genéricas (sin especificar el tipo) usando **except**: (sin argumentos). Después de la palabra reservada **as** se pone el nombre de una variable que se cargará con la información del error producido.

else: en este bloque se coloca el código que se ejecutará si no se produce ninguna excepción en el bloque **try**. Este bloque es opcional.

finally: en este bloque se coloca el código que se ejecutará siempre, sin importar si se produjo una excepción o no. Este bloque es opcional.

En el bloque **except** se puede indicar el tipo de error que se va a manejar. Este bloque aparecerá tantas veces como tipo de errores diferentes se quieran manejar.

Los tipos de errores es una estructura jerárquica, de manera que el manejo de errores de nivel superior incluye todos los errores que incluye. Será decisión del programador realizar un tratamiento de errores más en detalle manejando errores específicos, o realizar un tratamiento más genérico con tipos de error que agrupen varios.

Figura 8.1
Extracto de la
jerarquía de errores

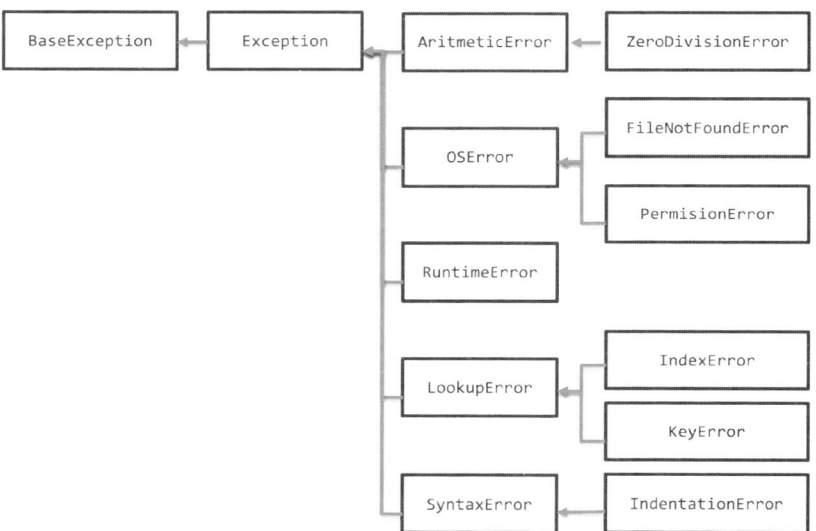

BaseException: excepción de nivel superior. Todas heredan de esta.

Exception: excepto algún error de teclado, el resto heredan de esta.

AritmeticError: errores matemáticos.

ZeroDivisionError: división por cero.

OSError: errores del sistema operativo.

FileNotFoundError: archivo no encontrado.

PermissionError: permisos insuficientes.

RuntimeError: errores durante la ejecución.

LookupError: errores de búsqueda.

IndexError: índice fuera de rango.

KeyError: la clave no existe en alguna colección.

`SyntaxError`: error en la sintaxis del código.

`IndentationError`: error en la indentación.

```
def dividir(a, b):
    try:
        resultado = a / b
    except ZeroDivisionError as e:
        print("Mal: ",e)
    else:
        print("Resultado:", resultado)
    finally:
        print("Fin")

dividir(10, 2)  #Resultado: 5.0 Fin
print ('***')
dividir(10, 0)  #Mal: division by zero Fin
```

Código 8.1
Manejo errores

En este ejemplo, la división entre cero produce un error controlado que muestra un mensaje en la consola en vez de fallar el programa.

Cuando se colocan varios **except** para manejar diferentes tipos de error, se deben colocar de los más específicos a los más genéricos, ya que el programa, en el momento que encuentra el primero que contemple el error producido, ya no sigue analizando.

```
resultado = None
a='aa'
b=0
try:
    resultado = a/b
except ZeroDivisionError as e:
    print(f'Error de división Cero: {e}')

except TypeError as e:
    print(f'Error de Tipo: {e}')

except Exception as e:
    print(f'Error general: {e}')

print(f"Resultado {resultado}")
```

Código 8.2
Varios errores

Con la función **type(e)** se puede mostrar el tipo de error que se está produciendo. También hay que tener en cuenta que las variables declaradas dentro de un bloque **try** no podrán ser utilizadas fuera de este bloque.

```
resultado = None
try:
    a = int(input('Primer número: '))
    b = int(input('Segundo número: '))
    resultado = a/b
```

Código 8.3
Especificando el tipo de error

```
except ZeroDivisionError as e:
    print(f"ZeroDivisionError: {e} , {type(e)}")

except TypeError as e:
    print(f"TypeError: {e} , {type(e)}")

except Exception as e:
    print(f"Exception: {e} , {type(e)}")

else:
    print("Sin errores")

finally:
    print('Bloque Finally')

print(f'Resultado: {resultado}')
```

A continuación, se muestra un código que solicita un número al usuario y no deja de solicitarlo hasta que lo ha introducido correctamente.

Código 8.4
Validando una entrada de datos

```
correcto = False
while not correcto:
    try:
        valor=int(input("Introduce valor: "))
    except ValueError as e:
        print("Valor no numérico. Intentalo de nuevo")
    else:
        correcto =True
```

En un mismo **except** se pueden especificar varias excepciones si se quiere que el comportamiento sea el mismo.

Código 8.5
Varios errores

```
r=None
b="A"
a=0
try:
    r=a/b
except (ZeroDivisionError,TypeError) as e:
        print(e)
print(r)
```

Generar errores

La instrucción **raise()** permite generar de forma explícita un error dentro del código, lo que facilita su posterior manejo. Gracias a esto, es posible tratar tanto los errores del sistema como los errores funcionales de una manera unificada.

Código 8.6
Generando un error

```
def bad_fun(n):
    raise ZeroDivisionError
```

```
try:
    bad_fun(0)
except ArithmeticError:
    print("ERROR")
print("FIN.")
```

En este caso, se especifica explícitamente el tipo de excepción que se genera mediante **raise**. Si no se indicara un tipo de excepción, se volvería a lanzar la misma que se esté manejando en el bloque **except** correspondiente.

Python también permite crear excepciones personalizadas mediante la definición de clases propias. Para ello, se define una clase que hereda de **Exception** (o de alguna otra clase base de excepciones). Estas clases pueden incluir atributos y métodos que proporcionen información adicional sobre el error. Por ejemplo, el atributo **.message**, heredado de la clase base, puede utilizarse para almacenar un mensaje descriptivo.

Esta capacidad de definir excepciones propias permite centralizar el control de errores en el programa, lo que facilita un manejo más claro, preciso y estructurado de las excepciones.

Código 8.7
Error personalizado

```
class MiError(Exception):
    def __init__(self,mensaje,codigo):
        self.message=mensaje
        self.codigo=codigo

try:
    valor=-1
    if valor<0:
        raise MiError("El valor debe ser positivo",1001)
except MiError as e:
    print ("ERROR: ", e, e.codigo)
```

Otra forma de realizar comprobaciones y lanzar una excepción si se produce un error es a través de la función **assert()**. Si la condición dentro de esta función es **False**, se lanzará la excepción **AssertionError**.

El siguiente código

```
assert(condición)
```

Es equivalente a:

```
if not condicion:
    raise AssertionError()
```

También se puede añadir un texto acerca del error.

```
assert condición, "mensaje"
```

A continuación, se muestra cómo se maneja el error.

```
def verificar_edad(edad):
    try:
        assert edad >= 18, "Debe ser mayor o igual a 18."
        print("La edad es válida. Es mayor de edad.")
    except AssertionError as e:
        print(f"Error: {e}")


verificar_edad(20)

verificar_edad(16)
```

8.2 Manejo de archivos de tipo texto

El manejo de archivos de texto permite realizar operaciones como lectura, escritura y modificación de archivos almacenados en el disco. Estos archivos pueden contener configuraciones o preferencias del usuario, y también son ampliamente utilizados para registrar logs del sistema o la aplicación. Además, resultan útiles en procesos de importación y exportación de datos hacia o desde otras aplicaciones.

El tratamiento de los archivos se basa en cuatro funciones básicas:

`open()`: abre un archivo y devuelve un objeto para poder utilizarlo.

`read()`: lee el contenido de un archivo y lo carga en una cadena.

`write()`: escribe una cadena de texto en un archivo.

`close()`: cierra el archivo y libera los recursos utilizados.

```
archivo = open("archivo.txt")
contenido = archivo.read()
print(contenido)
archivo.close()
```

```
archivo = open("archivo.txt","w")
archivo.write("HOLA")
archivo.close()
```

Juego de caracteres

Como se ha visto en los ejemplos anteriores, la función **open** tiene varios parámetros:

Fichero: indica el fichero que se va a tratar. Deberá tener la ruta completa para acceder al fichero.

Modo de apertura: es una letra que indica de qué manera se va a tratar el fichero.

- r: lectura.
- w: escritura.
- a: añade al final del archivo.
- r+: lectura y escritura.

`encoding="utf-8"`: determina cómo se representan y almacenan los caracteres en el archivo.

Si no se especifica el **encoding**, no se podrán grabar ni leer caracteres que no sean anglosajones. Con lo cual es importante especificar **encoding="utf-8"** para poder manejar tildes y eñes.

Manejo de excepciones con archivos

Cuando se trabaja con archivos, pueden ocurrir una serie de errores que están fuera del alcance del programa, como puede ser que el archivo no exista, no se tenga permiso para acceder al directorio, etc. Para evitar que el programa pare su ejecución será necesario realizar un manejo de excepciones.

```
try:
    archivo=open("archivo.txt","r",encoding="utf-8")
    contenido=archivo.read()
    print("CONTENIDO: ", contenido)
    archivo.close()
except FileNotFoundError as e:
    print ("ERROR: ", e)
else:
    archivo.close()
```

Código 8.11
Manejo de errores

Uso de with

La cláusula **with** permite la apertura y cierre automático de los archivos. Esto resulta bastante útil para evitar errores, ya que el cierre automático hace que no quede información en la caché antes de ser grabada.

Esta instrucción asigna a un objeto el acceso al archivo y abre un bloque de código en donde hacer su tratamiento. Al utilizar esta sentencia, no es necesario cerrar el archivo, ya que Python lo hace automáticamente al finalizar el bloque.

```
with open("a.txt","a",encoding="utf-8") as archivo:
    archivo.write("Información")
```

Código 8.12
Uso del with

```
with open("a.txt","r",encoding="utf-8") as archivo:
    contenido=archivo.read()
    print(contenido)
```

Instrucciones de lectura

Existen varias instrucciones y maneras para realizar la lectura de los archivos de texto.

`.read()`: lee todo el archivo.
`.read(n)`: lee n caracteres del archivo.
`.readline()`: lee una línea del archivo.
`.readline(n)`: lee n caracteres de la línea.
`.readlines()`: lee todas las líneas y las mete en una colección.
`.readlines(n)`: lee hasta n bytes del archivo.
`Iteración`: se puede iterar sobre el objeto del archivo y esto cargará una cadena por cada línea.

Código 8.13
Modos de lectura

```python
#Lee todo el archivo como una cadena
with open('archivo.txt', 'r') as archivo:
    contenido = archivo.read()  # Lee todo el archivo
    contenido = archivo.read(5) # Lee solo 5 caracteres

#Lee una línea a la vez
with open('archivo.txt', 'r') as archivo:
    linea1 = archivo.readline()    # Primera línea
    linea2 = archivo.readline()    # Segunda línea
    linea3 = archivo.readline(10)  # Lee 10 car de la línea

#Lee líneas hasta final de fichero
with open('archivo.txt', 'r') as archivo:
    linea1 = archivo.readline()    # Primera línea
    while linea1 != '':
        print(linea1)
        linea1 = archivo.readline()

#Lee todas las líneas en una lista
with open('archivo.txt', 'r') as archivo:
    lista_lineas = archivo.readlines()    # Todas las líneas
    lista_lineas = archivo.readlines(100) # Lee 100 bytes
    seg_linea= archivo.readlines()[1]     # Lee la 2ª línea

#Iterar sobre el archivo línea por línea
with open('archivo.txt', 'r') as archivo:
    for linea in archivo:
        print(linea.strip())
```

Si se quiere borrar físicamente un fichero, se importa la librería del sistema operativo (os) y con la función remove(archivo) se podrá eliminar.

Código 8.14
Eliminar un archivo

```python
import os
os.remove("archivo.txt")
```

8.3 XML

XML (eXtensible Markup Language) es un lenguaje de marcado, diseñado para codificar información de manera legible tanto para humanos como para máquinas. Permite estructurar, almacenar y transmitir datos de forma clara y ordenada entre distintos sistemas. Es un estándar ampliamente adoptado en el intercambio de información, gracias a su naturaleza autodescriptiva y su capacidad de ser fácilmente extendido según las necesidades de cada aplicación.

Código 8.15
Ejemplo XML

```xml
<?xml version="1.0" encoding="UTF-8"?>
<biblioteca>
    <libro>
        <titulo>Don Quijote</titulo>
        <autor>Miguel de Cervantes</autor>
```

```
        <año>1605</año>
    </libro>
    <libro>
        <titulo>Rebelión en la granja</titulo>
        <autor>George Orwell</autor>
        <año>1945</año>
    </libro>
</biblioteca>
```

Para manejar fácilmente XML en Python se importa la librería `xml.etree.ElementTree`.

Esta librería da todo el soporte necesario para crear archivos `xml`.

Creación de un XML

Se dispone de los siguientes métodos y atributos para crear un archivo XML.

`.Element(nombre):` crea un elemento raíz con el nombre indicado.

`.Subelement(sup,nombre):` crea un subelemento con el nombre indicado, y dependiendo del nodo indicado en `sup`.

`.text:` atributo que indica el texto contenido en el nodo.

`.ElementTree():` crea una estructura XML completa.

`.write:` escribe el XML en un archivo.

```
import xml.etree.ElementTree as xml

# se crea el raiz
root = xml.Element("datos")

# se crea los hijos
child = xml.SubElement(root,"nombre")
child.text="Javi"

#crea el archivo completo
tree = xml.ElementTree(root)

#graba el archivo en disco
tree.write("fichero.xml")
```

fichero.xml

```
<datos>
    <nombre>
        Javi
    </nombre>
</datos>
```

Código 8.16
Escritura XML

Para evitar errores, es necesario transformar los datos numéricos en cadenas, ya que es lo único que admite.

Código 8.17
Escritura XML con
dígitos

```
import xml.etree.ElementTree as xml

nombre="Javi"
edad= 57

# se crea el raiz
root = xml.Element("datos")
# se crea los hijos
child = xml.SubElement(root,"nombre")
child.text=nombre
child = xml.SubElement(root,"edad")
child.text=str(edad)

tree = xml.ElementTree(root)
tree.write("fichero.xml")
```

```
            fichero.xml

<datos>
    <nombre>
        Javi
    </nombre>
    <edad>
        57
    </edad>
</datos>
```

Para poder escribir tildes y otros caracteres no anglosajones, se debe determinar un **encoding** en la sentencia de escritura.

```
tree.write("fichero.xml",encoding="utf-8")
```

Si dentro de los datos se necesita grabar el contenido de una lista, se puede realizar un recorrido de esta para ir creando elementos.

Código 8.18
Listas en XML

```
import xml.etree.ElementTree as xml

languages=["JavaScript","Python","Kotlin"]

# se crea el raiz
root = xml.Element("Desarrollo")
child=xml.SubElement(root,"autor")
child.text="Javier Gómez"
child =xml.SubElement(root,"lenguajes")
for ele in languages:
    xml.SubElement(child,"elemento").text=ele

tree = xml.ElementTree(root)
tree.write("devs.xml",encoding="utf-8")
```

```
                devs.xml
<Desarrollo>
    <autor>Javier Gómez</autor>
    <lenguajes>
        <elemento>JavaScript</elemento>
        <elemento>Python</elemento>
        <elemento>Kotlin</elemento>
    </lenguajes>
</Desarrollo>
```

Lectura de un XML

Se puede leer un archivo XML directamente como un archivo de texto.

```python
with open("fichero.xml",encoding="utf-8") as xml:
    print(xml.read())
```

Código 8.19
Lectura XML

Existe una colección de funciones que facilitan el manejo de los nodos XML.

.parse(archivo): lee el archivo XML.
.getroot(): crea el elemento raíz.
.findall(elemento): crea una lista con todos los elementos.
.find(elemento): obtiene el elemento indicado.
.text: atributo de texto del elemento.

```xml
                devs.xml
<Desarrollo>
    <autor>Javier Gómez</autor>
    <lenguajes>
        <elemento>Java</elemento>
        <elemento>JavaScript</elemento>
        <elemento>Python</elemento>
        <elemento>Kotlin</elemento>
    </lenguajes>
</Desarrollo>
```

Código 8.20
Manejo de XML leído

```python
import xml.etree.ElementTree as xml

tree=xml.parse("devs.xml")
root = tree.getroot()

nombre=root.find("autor").text
lenguajes=[]

leng=root.find("lenguajes")
for ele in leng.findall("elemento"):
    lenguajes.append((ele.text))

print(lenguajes) #['Java', 'JavaScript', 'Python', 'Kotlin']
print (nombre) #Javier Gómez
```

8.4 JSON

Al igual que el XML, JSON (JavaScript Object Notation) es un formato de texto ligero para el intercambio de datos, es fácil de leer y sencillo de interpretar. Está basado en la sintaxis de JavaScript, pero su versatilidad ha hecho que sea utilizado por todos los lenguajes. Las principales ventajas respecto XML es que es más ligero, habiendo menos redundancia de información (no hacen falta los cierres), y de esta manera es más rápido de manejar.

<table>
<tr><td>Código 8.21
JSON vs XML</td><td>

JSON

```
{
"persona": {
   "nombre": "Ana",
   "edad": 25
   }
}
```

</td><td>

XML

```
<persona>
  <nombre>Ana</nombre>
  <edad>25</edad>
</persona>
```

</td></tr>
</table>

Para trabajar con JSON se utiliza la librería `json`, que tiene muchas similitudes con los archivos de texto. Este modulo proporciona métodos para convertir datos entre JSON y objetos de Python.

Grabar JSON

La función `json.dump()` se utiliza para escribir datos JSON en un archivo. Es importante especificar en la apertura del archivo `encoding="utf-8"` para poder utilizar acentos y caracteres especiales.

Para una correcta grabación de los datos, es necesario que `json.dump()` no convierta los caracteres especiales en secuencias de escape, evitando así que "José" se guarde como "Jos\u00e9". Para ello se debe especificar el parámetro `ensure_ascii=False`.

<table>
<tr><td>Código 8.22
Grabación JSON</td><td>

```python
import json

data = {
    "name":"Javi Gómez",
    "age": 57,   "programing_
languages":["Java","JS","Python","Kotlin"]
}

with open("archivo.json","w",encoding="utf-8") as json_data:
    json.dump(data,json_data,ensure_ascii=False,)
```

                archivo.json
```
{
"name": "Javi Gómez",
"age": 57,
"programing_languages": ["Java", "JS", "Python", "Kotlin"]
}
```

</td></tr>
</table>

Leer JSON

Para leer un fichero JSON es necesario abrir el archivo como si fuera un archivo de texto. A través de la función `json.load()` se deserializan los datos JSON y se transforman en estructuras nativas de Python.

<table>
<tr><td>Código 8.23
Recupera y trata un JSON</td><td>

```python
import json

with open("archivo.json","r", encoding="utf-8") as json_data:
```

</td></tr>
</table>

```
        json_dict=json.load(json_data)
        name=json_dict["name"]
        age=json_dict["age"]
        languages=json_dict["programing_languages"]

    print(f"Name: {name}")
    print(f"Age: {age}")
    print(f"Languages:")
    for item in languages:
        print(f"    -> {item}")
```

Ejemplo práctico

En el siguiente código se accede a la API pública que responde con un archivo JSON que contiene todos los **Pokemon** y sus características. Para poder leer esa API en la URL, es necesario realizar la instalación de una librería, **request**. Para realizarlo es necesario ir a la consola de Python y ejecutar el siguiente comando:

```
pip install requests
```

A continuación, con el siguiente código se puede obtener toda la información ofrecida por la API. La misma librería **requests** deserializa la información y la transforma en una colección.

Esta URL proporciona la información: https://pokeapi.co/api/v2/pokemon?limit=151

Con herramientas *online* como JSON Editor Online (https://jsoneditoronline.org) se puede ver la estructura que tiene.

```
▼ {
    count : 1302
    next : https://pokeapi.co/api/v2/pokemon?offset=151&limit=151
    previous : null
  ▼ results : [
    ▼ 0 : {
        name : bulbasaur
        url : https://pokeapi.co/api/v2/pokemon/1/
      }
    ▼ 1 : {
        name : ivysaur
        url : https://pokeapi.co/api/v2/pokemon/2/
      }
    ▼ 2 : {
        name : venusaur
        url : https://pokeapi.co/api/v2/pokemon/3/
      }
    ▼ 3 : {
        name : charmander
        url : https://pokeapi.co/api/v2/pokemon/4/
      }
```

Figura 8.2
Estructura API

Código 8.24
Recuperar JSON a
través de API

```
import requests

url = "https://pokeapi.co/api/v2/pokemon?limit=151"

response = requests.get(url)
data = response.json()

# Ejemplo: Imprimir los nombres de los primeros 151 Pokémon
for pokemon in data['results']:
    print(pokemon['name'])
```

8.5 Ejercicios

Ejercicio 1. Crear un programa que solicite al usuario dos números y muestre el resultado de la división. Controla las excepciones que puedan ocurrir (división por cero y error de entrada).

Ejercicio 2. Crear una función que tome una lista y un índice, e intente acceder al elemento en ese índice. Manejar las excepciones que puedan ocurrir (índice fuera de rango, tipo incorrecto).

```
print(obtener_elemento([1, 2, 3], 1))  # 2
print(obtener_elemento([1, 2, 3], 5))  # Error: Índice fuera de
rango
print(obtener_elemento([1, 2, 3], "a"))  # Error: El índice
debe ser un entero
```

Ejercicio 3. Crear una clase de error personalizada llamada `EdadInvalidaErr`. Luego, crear una función que valide la edad de un usuario (debe ser entre 18 y 100) y lanzar esta excepción personalizada si no es válida.

```
validar_edad(25)  # La edad 25 es válida
validar_edad(15)  # Error 1001: Edad mayor o igual a 18
validar_edad(120)  # Error 1002: Edad menor o igual a 100
validar_edad("abc")  # Error: Debes introducir un número
```

Ejercicio 4. Crear una función que calcule la raíz cuadrada de un número utilizando **assert** para verificar que el número sea positivo.

Ejercicio 5. Crear un programa que lea un archivo de texto llamado "notas.txt" que contiene notas (un número por línea), calcular el promedio y guardarlo en un archivo llamado "resultado.txt". Manejar las excepciones adecuadamente.

Ejercicio 6. Crear un programa que solicite al usuario introducir nombres hasta que escriba "salir", y los guarde en un archivo. Luego, intentar leer el archivo y mostrar su contenido. Controlar todas las posibles excepciones.

Ejercicio 7. Crear un programa que lea un archivo CSV con información de estudiantes (nombre, edad, nota) y calcular la nota media de la clase. Manejar posibles errores, como archivo no encontrado o formato incorrecto.

Ejercicio 8. Crear un programa que genere un archivo XML con información ce libros (título, autor, año). Luego, leer ese archivo y mostrar la información en un formato legible.

```
libros = [
    {"titulo": "Don Quijote", "autor": "Miguel de
Cervantes", "año": 1605},
    {"titulo": "Cien años de soledad", "autor":
"Gabriel García Márquez", "año": 1967},
    {"titulo": "El principito", "autor": "Antoine de
Saint-Exupéry", "año": 1943}
    ]
```

Ejercicio 9. Crear un programa que genere un archivo JSON con datos de productos (nombre, precio, *stock*). Luego, leer ese archivo y mostrar los productos con *stock* bajo (menor a 5).

```
productos = [
  {"nombre": "Teclado", "precio": 49.99, "stock": 15},
  {"nombre": "Ratón", "precio": 29.99, "stock": 3},
  {"nombre": "Monitor", "precio": 199.99, "stock": 8},
  {"nombre": "Disco duro", "precio": 89.99, "stock": 2},
  {"nombre": "Memoria USB", "precio": 19.99, "stock": 4}
]
```

Ejercicio 10. Desarrollar un sistema simple de gestión de inventario que almacene productos en un archivo JSON y permita añadir, buscar y actualizar el *stock*.

```
=== SISTEMA DE GESTIÓN DE INVENTARIO ===
1. Añadir producto
2. Buscar producto
3. Actualizar stock
4. Mostrar inventario
5. Salir
```

Bases de datos y archivos de Log

9

Objetivos de aprendizaje:

- Establecer conexión con SQLite y MySQL
- Crear en SQLite tablas e índices
- Leer, insertar, modificar y borrar registros en una BBDD
- Crear un archivo de log

Palabras clave: with, commit, log, cursor

9.1 Instalación y conexión

Gestor de BBDD `SQLite`

`SQLite` es un sistema de bases de datos relacional que utiliza un archivo plano como soporte para almacenar la información. Se trata de un sistema extremadamente ligero, lo que lo convierte en una opción ideal para integrarlo directamente con lenguajes de desarrollo. Su simplicidad y eficiencia hacen que sea especialmente adecuado para aplicaciones locales que requieren un uso limitado de base de datos y disponen de pocos recursos.

Aunque no es tan robusto como otros gestores de bases de datos, SQLite es totalmente compatible con el estándar SQL y tiene la ventaja de no requerir configuración. Además, al estar integrado directamente en el lenguaje de programación, no es necesario instalar ninguna librería adicional para comenzar a utilizarlo.

Gestor de BBDD `MySQL/MariaDB`

Si se está buscando una base de datos relacional con capacidad para varias conexiones simultáneas, y en una arquitectura independiente a la programación, es necesario optar por otros gestores de BBDD. `MySQL` es una BBDD muy utilizada que trabaja en un modelo cliente-servidor. Al igual que `SQLite`, es `open-source` y se puede obtener de forma gratuita.

Una buena manera de obtener e instalar este gestor es a través de `XAMPP` (https://www.apachefriends.org/es/index.html). Este entorno ofrece diferentes herramientas de forma integrada. Dentro de XAMPP tenemos un servidor web con soporte a PHP (Apache) y `MySQL/MariaDB` como gestor de BBDD. La diferencia entre MySQL y `MariaDB` está en su propietario. `MySQL` fue adquirido por Oracle, que ofrece una versión de pago, mientras que `MariaDB` fue creado a partir de MySQL por los desarrolladores originales de `MySQL` después de la compra de este por Oracle.

Dentro de XAMPP también se incluye `phpMyAdmin`, una herramienta muy extendida para la creación y gestión de bases de datos. Con `phpMyAdmin` es posible crear bases de datos, definir tablas, establecer campos y relaciones, así como gestionar usuarios y sus permisos, facilitando la conexión de programas a la base de datos.

Para poder utilizar **MariaDB** desde Python será necesario realizar la instalación de un conector. Para ello hay que abrir el terminal y escribir el siguiente comando:

```
pip install mysql-connector-Python
```

Con esto se instala la librería que permitirá la conexión con la base de datos.

Conexión a la BBDD con SQLite

Como este gestor maneja toda la estructura de la BBDD en un archivo, la conexión se establece a través del método **connect()** de la librería **sqlite3**, que será necesario importar. Este método recibirá el nombre del archivo (con extensión **.db**) y si no existe lo creará dentro del proyecto, y si existe lo abrirá para poder trabajar con él.

Código 9.1
Conexión SQLite

```
import sqlite3
conexion=sqlite3.connect("j.db")
print (conexion) #Si va bien se ve la direccion de memoria
```

Conexión a la BBDD con MySQL/MariaDB

Para conectarse con **MariaDB** es necesario contar con información adicional, ya que este sistema funciona como un servidor externo al entorno de desarrollo, siguiendo el paradigma cliente-servidor. Es fundamental conocer en qué servidor se encuentra alojada la base de datos. Si se ha instalado XAMPP en la misma máquina, el servidor será localhost.

También es importante tener en cuenta el puerto de acceso, aunque en la mayoría de los casos no es necesario especificarlo, ya que se utiliza el puerto por defecto (3306), a menos que se haya modificado manualmente.

Al instalar XAMPP, se crea automáticamente un usuario predefinido llamado **root**, que no tiene contraseña. Aunque este usuario no es seguro para entornos de producción, resulta útil para trabajar de forma sencilla durante el desarrollo.

Será necesario también crear una base de datos y las tablas que se van a utilizar, lo cual puede hacerse fácilmente desde la herramienta **phpMyAdmin** incluida en XAMPP. Una vez que se tiene clara toda esta información –servidor, puerto, usuario, base de datos y tablas– ya es posible establecer la conexión con **MariaDB** desde el entorno de desarrollo.

Código 9.2
Conexión MySQL/
MariaDB

```
import mysql.connector

# Conectarse a la base de datos MySQL
conexion = mysql.connector.connect(
    host='localhost',
    user='root',
    password='',  # se puede omitir
    port='3306',  # es el puerto por defecto, se puede omitir
    database='test'
)
print (conexion) #Si va bien se ve la direccion de memoria
```

9.2 Definición de la estructura de la BBDD

La creación, eliminación y modificación de tablas e índices de una BBDD no suele hacerse dentro del programa. El programa será el encargado de trabajar con los datos, pero la estructura tendría que ser realizada una sola vez en la base de datos, ya que debe ser estática. Una vez creadas las tablas, los índices y las relaciones entre ellas no es necesario modificarlas.

Solo en el caso de estar utilizando SQLite, al ser una BBDD que se gestiona desde la programación, será necesario tener un código específico para crear la estructura.

Creación de tablas

Se utiliza el comando SQL CREATE TABLE dentro de la función **execute** del **cursor**. El **cursor** es el objeto que va a permitir enlazar nuestro programa con la conexión.

Para crear una tabla con la siguiente estructura:

Tabla usuarios

- PK id (int) autoincremental
- nombre (texto)
- edad (int)

```
import sqlite3
conexion=sqlite3.connect("j.db")

cursor=conexion.cursor()
cursor.execute('''CREATE TABLE IF NOT EXISTS usuarios
                  (id INTEGER PRIMARY KEY AUTOINCREMENT,
                   nombre TEXT NOT NULL,
                   edad INTEGER)''')
conexion.commit()
conexion.close()
```

Código 9.3
Creación de una tabla

Con el método `.connect()` se crea la conexión con el archivo que va a contener la base de datos.

A continuación, se crea un cursor, y sobre este se ejecuta el método `.execute()` con la instrucción SQL que se quiera realizar. En este caso, la creación de la tabla usuarios.

Para que todos los cambios realizados se confirmen en la BBDD, se debe ejecutar el método `.commit()` sobre la conexión y, por último, liberar la memoria de la conexión con el método `.close()`.

En varias sentencias de creación de SQL se puede utilizar el modificador **IF NOT EXISTS** de manera que, si no existe la estructura a crear, se crea, pero en el caso de que ya exista, evita que aparezca un error al intentar crearse de nuevo.

Modificación de tablas

Si se quiere añadir un campo nuevo a la tabla creada, se utiliza la sentencia SQL **ALTER TABLE**, y en Python se mantiene la misma estructura que para la creación.

Código 9.4
Modificación de una tabla

```
import sqlite3
conexion=sqlite3.connect("j.db")
cursor=conexion.cursor()
cursor.execute('ALTER TABLE usuarios ADD COLUMN email TEXT')
conexion.commit()
conexion.close()
```

Borrado de tablas

Para eliminar una tabla ya creada se utiliza la sentencia **DROP TABLE**.

Código 9.5
Borrado de una tabla

```
import sqlite3
conexion=sqlite3.connect("j.db")
cursor=conexion.cursor()
cursor.execute('DROP TABLE IF EXISTS usuarios')
conexion.commit()
conexion.close()
```

Creación de un índice

Si se quiere añadir un nuevo índice, se utiliza la sentencia **CREATE INDEX**.

Código 9.6
Creación de indices

```
import sqlite3
conexion=sqlite3.connect("j.db")
cursor=conexion.cursor()
cursor.execute('CREATE INDEX idx_nombre ON usuarios(nombre)')
conexion.commit()
conexion.close()
```

Borrado de un índice

En SQL existe la sentencia **DROP INDEX** para el borrado de un índice.

Código 9.7
Borrado de indices

```
import sqlite3
conexion=sqlite3.connect("j.db")
cursor=conexion.cursor()
cursor.execute('DROP INDEX IF EXISTS idx_nombre')
conexion.commit()
conexion.close()
```

9.3 Consultas

Para realizar consultas a la base de datos, ya sea en **MySQL** o en **SQLite**, lo primero será establecer la conexión correspondiente y crear un cursor.

Una vez hecho esto, se puede ejecutar una sentencia SQL del tipo **SELECT** utilizando el método `.execute()` para recuperar los registros deseados.

A partir de ese momento, se dispone de diferentes métodos para leer la información obtenida, dependiendo de las necesidades de la consulta y del formato en que se desee procesar los resultados.

Lectura completa

A través del método `.fetchall()` se realiza la lectura completa del archivo y devuelve una lista de tuplas.

```python
import mysql.connector
import sqlite3
conexion = mysql.connector.connect(
    host='localhost',
    user='root',
    database='test'
)
#conexion=sqlite3.connect("j.db") SQLite
cursor=conexion.cursor()
cursor.execute("SELECT id,nombre,edad
 FROM usuarios")
regs=cursor.fetchall()
print(regs) #[(9, 'Javi', 57), (10, 'Carlos', 23)]
cursor.close()
conexion.close()
```

Código 9.8
Lectura con .fetchall()

Lectura por registro

El método `.fetchone()` permite leer los resultados de una consulta fila por fila, devolviendo un único registro cada vez que se llama. Es especialmente útil cuando se espera que la consulta retorne solo una línea, como en el caso de un COUNT(*) o cualquier otra operación que arroje un único resultado.

```python
import mysql.connector
import sqlite3
conexion = mysql.connector.connect(
    host='localhost',user='root',database='test'
)
#conexion=sqlite3.connect("j.db") SQLite
cursor=conexion.cursor()
cursor.execute("SELECT COUNT(*) FROM usuarios")
regs=cursor.fetchone()
num=int(regs[0])
print(num) #2
cursor.close()
conexion.close()
```

Código 9.9
fetchone de un solo
registro

También se emplea cuando las tablas involucradas son muy grandes y la consulta devuelve una gran cantidad de registros, ya que permite procesar los datos de forma incremental, sin cargar todo el resultado en memoria. Cuando ya no hay más filas por leer, `.fetchone()` devuelve **None**.

Código 9.10
fechone de un para
varios registros

```python
import mysql.connector
import sqlite3
conexion = mysql.connector.connect(
    host='localhost', user='root', database='test'
)
#conexion=sqlite3.connect("j.db") SQLite
cursor=conexion.cursor()
cursor.execute("SELECT id,nombre,edad
 FROM usuarios")
regs=cursor.fetchone()
while regs:
    print(regs)
    regs = cursor.fetchone()
cursor.close()
conexion.close()
#(9, 'Javi', 57)
#(10, 'Carlos', 23)
```

Otra forma de leer los registros uno a uno es utilizando un bucle **for** directamente sobre el cursor. Esta estructura permite iterar automáticamente sobre los resultados de una consulta, leyendo cada fila de forma secuencial. Es una opción eficiente y muy utilizada cuando se trabaja con grandes volúmenes de datos, ya que el cursor gestiona internamente la recuperación de cada registro.

Código 9.11
Recorrer el cursor

```python
import mysql.connector
import sqlite3
conexion = mysql.connector.connect(
    host='localhost',
    user='root',
    database='test'
)
#conexion=sqlite3.connect("j.db") SQLite
cursor=conexion.cursor()
cursor.execute("SELECT * FROM usuarios")
for regs in cursor:
    print(regs)
cursor.close()
conexion.close()
#(9, 'Javi', 57)
#(10, 'Carlos', 23)
```

Filtro de registros

Es posible utilizar sentencias SQL que filtren la información en función del valor de determinadas variables. Esto permite realizar consultas dinámicas, adaptando los resultados según condiciones específicas definidas en tiempo de ejecución, lo cual es fundamental para trabajar con datos de manera flexible y eficiente.

Código 9.12
Filtro de registros

```
...
cursor=conexion.cursor()
e=30
sentencia=f"SELECT id,nombre,edad
 FROM usuarios where edad<{e}"
cursor.execute(sentencia)
for regs in cursor:
    print(regs)
cursor.close()
conexion.close()
#(10, 'Carlos', 23)
```

Una forma más segura de filtrar información en una tabla y prevenir la inyección de código es mediante el uso de parámetros en las consultas SQL. En lugar de insertar directamente los valores en la sentencia, se utilizan marcadores como %s en los lugares donde deben ir los datos. Estos valores se pasan de forma separada a través del método .execute(), lo que garantiza que sean tratados correctamente por el motor de base de datos y no como parte del código SQL.

Código 9.13
Filtro con %s

```
e=30
sentencia=f"SELECT id,nombre,edad FROM usuarios where edad<%s"
valores=(e,)
cursor.execute(sentencia,valores)
```

Uso del with

El uso de la cláusula with es una práctica altamente recomendada al trabajar con conexiones a bases de datos, ya que facilita una gestión eficiente de los recursos. Esta estructura puede aplicarse tanto a la conexión como al cursor, garantizando que ambos se cierren correctamente al finalizar su uso, incluso en caso de errores durante la ejecución.

Además, es posible utilizar un diccionario para almacenar los parámetros de conexión, los cuales se pasan a la sentencia with en el momento de establecer la conexión. Posteriormente, la cláusula as se emplea para asignar un alias al objeto creado, lo que simplifica su uso dentro del bloque.

Código 9.14
Uso del with

```
import mysql.connector
conf={'host':'localhost','user':'root','database':'test'}
with mysql.connector.connect(**conf) as conexion:
    with conexion.cursor() as cursor:
        cursor.execute("SELECT * FROM usuarios")
        for reg in cursor:
            print(reg)
#(9, 'Javi', 57)
#(10, 'Carlos', 23)
```

Uso del try

Para lograr un código más robusto, es recomendable encapsular todo el bloque de operaciones dentro de una estructura try...except. Esto permite gestionar adecuadamente cualquier error que pueda surgir durante la ejecución, evitando que el programa se interrumpa de forma inesperada y facilitando una respuesta controlada ante posibles fallos.

```
import mysql.connector
conf={'host':'localhost','user':'root','database':'test'}
try:
    with mysql.connector.connect(**conf) as conexion:
        with conexion.cursor() as cursor:
            cursor.execute("SELECT * FROM usuarios")
            for reg in cursor:
                print(reg)
except Exception as e:
    print(f"ERROR: {e}")
#ERROR: 1146 (42S02): Table 'test.user' doesn't exist
```

9.4 Inserción, modificación y borrado

Inserción

Para realizar la inserción en una base de datos relacional se utilizará la sentencia INSERT de SQL.

Para poder insertar los valores de manera segura y evitar la inyección de código, será necesario utilizar los marcadores de posición. En vez de colocar las variables directamente en la sentencia SQL, en esta se pone tanto por ciento s (%s) si estamos trabajando con MySQL o MariaDB, o interrogación (?) si se está trabajando con SQLite.

A la hora de ejecutar la sentencia se pasa como parámetro no solo esta sentencia, sino también una lista con los valores a sustituir en esta por orden de aparición.

Es importante realizar un commit después de las sentencias de inserción, modificación y borrado. El commit permitirá confirmar las operaciones. De esta manera, si alguna instrucción da error, no se confirman ninguna de las operaciones ya realizadas, impidiendo que las modificaciones en la base de datos queden incompletas.

```
import mysql.connector
conf={'host':'localhost','user':'root','database':'test'}
try:
    with mysql.connector.connect(**conf) as conexion:
        with conexion.cursor() as cursor:
            sentencia="INSERT INTO usuarios (nombre, edad)
VALUES (%s, %s)"
            valores=("Lara",19)
            cursor.execute(sentencia,valores)
            conexion.commit()
except Exception as e:
    print(f"ERROR: {e}")
```

Si se necesita realizar la inserción de varios registros en la base de datos, una forma eficiente de hacerlo es utilizar una lista de dos dimensiones que contenga todos los valores, y a continuación ejecutar el método **executemany()**. Este método permite insertar múltiples filas en una sola operación. Para conocer cuántos registros han sido insertados, modificados o eliminados como resultado de una operación, se utiliza el método **rowcount()**, que devuelve ese número de forma directa.

```
import mysql.connector
conf={'host':'localhost','user':'root','database':'test'}
try:
    with mysql.connector.connect(**conf) as conexion:
        with conexion.cursor() as cursor:
            sentencia="INSERT INTO usuarios (nombre, edad)
VALUES (%s, %s)"
            valores=(
                ("Gracia",58),
                ("Maria",22)
            )
            cursor.executemany(sentencia,valores)
            conexion.commit()
print(f"Registros añadidos:{cursor.rowcount}")
except Exception as e:
    print(f"ERROR: {e}")
```

Código 9.17
Executemany()

Actualización de registros

A través de la sentencia **UPDATE** de SQL se pueden realizar modificaciones de registros de la BBDD. Como en la inserción, se utilizarán marcadores de posición para localizar los registros e introducir los valores.

```
import mysql.connector
conf={'host':'localhost','user':'root','database':'test'}
try:
    with mysql.connector.connect(**conf) as conexion:
        with conexion.cursor() as cursor:
            sentencia="UPDATE usuarios SET nombre=%s,edad=%s
WHERE id=%s"
            valores=("Marina",23,13)
            cursor.execute(sentencia,valores)
            conexion.commit()
            print(f"Registros modificado:{cursor.rowcount}")
except Exception as e:
    print(f"ERROR: {e}")
```

Código 9.18
Modificación de datos

Al igual que la inserción, también se puede realizar una modificación de varios registros a la vez, introduciendo los valores en una lista de dos dimensiones y con el método **.executemany()**.

Código 9.19
Modificacion de varios
registros

```
import mysql.connector
conf={'host':'localhost','user':'root','database':'test'}
```

```
try:
    with mysql.connector.connect(**conf) as conexion:
        with conexion.cursor() as cursor:
            sentencia="UPDATE usuarios SET nombre=%s,edad=%s
WHERE id=%s"
            valores=(
                ("Marina",22,13),
                ("Daniela", 19, 14)
            )
            cursor.executemany(sentencia,valores)
            conexion.commit()
            print(f"Registros modificado:{cursor.rowcount}")
except Exception as e:
    print(f"ERROR: {e}")
```

Borrado de registros

Los registros se eliminan utilizando la sentencia SQL DELETE. En el siguiente ejemplo se solicita por pantalla el identificador de un registro a eliminar de la BBDD.

Código 9.20
Borrado de registros

```
import mysql.connector
conf={'host':'localhost','user':'root','database':'test'}
try:
    with mysql.connector.connect(**conf) as conexion:
        with conexion.cursor() as cursor:
            sentencia="DELETE FROM usuarios  WHERE id=%s"
            id = input("Id a eliminar: ")
            valores =(id,)
            cursor.execute(sentencia,valores)
            conexion.commit()
            print(f"Registros eliminados:{cursor.rowcount}")
except Exception as e:
    print(f"ERROR: {e}")
```

9.5 Archivos de Log

Los archivos de **Log** son archivos de texto que contienen información sobre los procesos que se están ejecutando. Funcionan como un diario de sistemas, registrando cada evento, error o transacción que ocurre.

Estos archivos permiten a los desarrolladores identificar dónde y cuándo se han producido los errores. También se pueden detectar actividades maliciosas y prevenir posibles brechas de seguridad. A su vez, pueden proporcionar información importante para mejorar el rendimiento del *software,* indicando el tiempo que tarda cada proceso.

Python proporciona el módulo **logging** que ayuda a este registro. Será necesario importarlo. Hay cinco niveles de log predefinidos:

- DEBUG: es el nivel más bajo de log. Se utiliza para mensajes de depuración
- INFO: se utiliza para mensajes informativos

- **WARNING:** indica un posible problema, aunque el programa pueda seguir funcionando.
- **ERROR:** indica que ha ocurrido un error que impide el funcionamiento del programa.
- **CRITICAL:** es el nivel más alto de log. Indica un error grave que puede llevar a la terminación del programa.

En el programa, el desarrollador colocará diferentes mensajes para grabar en el archivo de log, cada uno con el nivel adecuado. En la configuración inicial se indica el nombre del archivo y qué nivel de log será el que actúa en esa ejecución. De esta manera, cuando se está depurando el programa, se puede poner un nivel DEBUG, y cuando el programa ya está en producción, se puede poner un nivel más alto, como ERROR. En caso de que no se defina el nivel de depuración, significará que es WARNING.

La configuración se realiza con el método `.basicConfig()`, que tiene los siguientes parámetros:

`level:` nivel de depuración (`logging.DEBUG, logging.INFO...`).

`filename:` nombre del archivo de log.

`filemode:` modo de escritura en el archivo ('w': escritura, 'a':append).

`format:` determina un formato del mensaje diferente al de por defecto. Por ejemplo, '%(asctime)s - %(levelname)s - %(message)s'

Se puede personalizar el formato usando varios atributos:

`%(asctime)s`: fecha y hora del log.

`%(levelname)s`: nivel del log (DEBUG, INFO, WARNING, etc.).

`%(filename):` nombre del archivo desde el cual se emitió el mensaje.

`%(lineno):` número de línea del archivo desde el cual se emitió el mensaje.

`%(message)s`: el mensaje del log.

`%(name)s`: nombre del `logger`.

`encoding:` especifica la codificación. En nuestro caso será "`utf-8`".

`handlers`: Permite especificar dónde se envían los logs, a consola o a archivo.

Este método `.basicConfig()` solo puede ser llamado una vez para configurar el `logger`. Una vez configurado, no se puede cambiar.

Para registrar los diferentes mensajes se utilizan los métodos existentes para cada nivel:

`.debug`: mensajes de tipo DEBUG.

`.info`: mensajes de tipo INFO.

`.warning`: mensajes de tipo WARNING.

`.error`: mensajes de tipo ERROR.

`.critical`: mensajes de tipo CRITICAL.

```
import logging
logging.basicConfig(level=logging.DEBUG, filename='app.log',
filemode='w' , encoding="utf-8")
```

Codigo 9.21
Archivo de log

```
logging.debug('Este es un mensaje de depuración')
logging.info('Este es un mensaje informativo')
logging.warning('Este es un mensaje de advertencia')
logging.error('Este es un mensaje de error')
logging.critical('Este es un mensaje crítico')
```

El archivo **app.log** tendrá la siguiente información:

```
DEBUG:root:Este es un mensaje de depuración
INFO:root:Este es un mensaje informativo
WARNING:root:Este es un mensaje de advertencia
ERROR:root:Este es un mensaje de error
CRITICAL:root:Este es un mensaje crítico
```

En el siguiente ejemplo se configura el formato del mensaje para que incluya tanto la fecha como la hora. Como no se especifica un archivo de salida, los mensajes se mostrarán directamente en la consola. Además, al no definir un nivel de registro explícito, únicamente se visualizarán los mensajes que correspondan a los niveles WARNING, ERROR y CRITICAL, ya que son los niveles que se muestran por defecto en ausencia de configuración adicional.

Código 9.22
Cambio de la
configuración

```
import logging
logging.basicConfig(format='%(asctime)s - %(levelname)s -
%(message)s', encoding="utf-8")

logging.debug('Este es un mensaje de depuración')
logging.info('Este es un mensaje informativo')
logging.warning('Este es un mensaje de advertencia')
logging.error('Este es un mensaje de error')
logging.critical('Este es un mensaje crítico')
```

Esto es lo que aparece por consola:

```
2024-12-28 06:39:30,967 - WARNING - Este es un mensaje de
advertencia
2024-12-28 06:39:30,967 - ERROR - Este es un mensaje de error
2024-12-28 06:39:30,967 - CRITICAL - Este es un mensaje crítico
```

A continuación, se muestra otra configuración del log con cambio del formato de la fecha y mostrando el nombre del archivo y la línea donde se ha generado el log.

Código 9.23
Configuración
detallada

```
logging.basicConfig(format='%(asctime)s: %(levelname)s
[%(filename)s:%(lineno)s] %(message)s',
                    datefmt='%I:%M:%S %p',
                    encoding="utf-8")
```

Por consola se ve la siguiente información:

```
06:43:56 AM: WARNING [Log.py:9] Este es un mensaje de
advertencia
```

```
06:43:56 AM: ERROR [Log.py:10] Este es un mensaje de error
06:43:56 AM: CRITICAL [Log.py:11] Este es un mensaje crítico
```

9.6 Ejercicios

Ejercicio 1. Crear un programa que se conecte a una base de datos SQLite llamada "`biblioteca.db`" y cree una tabla llamada **"libros"** con los campos: id (clave primaria autoincremental), título (texto), autor (texto), año (entero) y disponible (booleano).

Ejercicio 2. Crear una función que inserte varios libros en la tabla **"libros"** de la base de datos "`biblioteca.db`". Utiliza parámetros para evitar inyección SQL y maneja las excepciones.

```
libros = [
    ("Don Quijote de la Mancha", "Miguel de Cervantes", 1605,
True),
    ("Cien años de soledad", "Gabriel García Márquez", 1967,
True),
    ("El Hobbit", "J.R.R. Tolkien", 1937, False),
    ("1984", "George Orwell", 1949, True)
]
registros_insertados = insertar_libros(libros)
print(f"Se insertaron {registros_insertados} libros en la base
de datos")
```

Ejercicio 3. Desarrollar un programa que permita buscar libros en la tabla **"libros"** por autor o por año, utilizando parámetros para la consulta. Debe mostrar los resultados por pantalla.

```
print("Búsqueda por autor:")
libros_cervantes = buscar_libros('autor', 'Cervantes')
mostrar_resultados(libros_cervantes)
print("\nBúsqueda por año:")
libros_1949 = buscar_libros('año', 1949)
mostrar_resultados(libros_1949)
```

Ejercicio 4. Crear una función que actualice la disponibilidad de un libro en la tabla **"libros"** a partir de su ID. Debes manejar el caso en que el ID no exista.

```
actualizar_disponibilidad(3, True)  # Hacer disponible el libro
con ID 3
actualizar_disponibilidad(99, False)  # ID que no existe
```

Ejercicio 5. Implementar una función que elimine un libro de la tabla **"libros"** a partir de su ID. Debe confirmar al usuario antes de eliminar y registrar la operación en un archivo de log a nivel INFO.

```
eliminar_libro(2)  # Eliminar el libro con ID 2
```

Ejercicio 6. Crear un programa que exporte todos los datos de la tabla **"libros"** de SQLite a un archivo JSON con formato legible.

```
[
    {
        "id": 1,
        "titulo": "Don Quijote de la Mancha",
        "autor": "Miguel de Cervantes",
        "año": 1605,
        "disponible": true
    },
    {
    ...
```

Ejercicio 7. Tenemos en MySQL la tabla usuarios con los campos id, nombre y edad. Crear un programa que solicite una edad por pantalla y muestre los que sean mayores de esta edad. Datos de conexión a la BBDD `conf={'host':'localhost','user':'root','database':'test'}`

Ejercicio 8. Se debe solicitar por pantalla al usuario que introduzca un nombre y una edad, y con esta información se grabará un nuevo registro en la tabla **usuarios**. Este proceso se repetirá hasta que el usuario escriba la palabra "fin" como nombre; en ese momento, el programa dejará de solicitar datos y finalizará la inserción de registros.

Ejercicio 9. Solicitar por pantalla un id de usuario. Si existe, se debe dar de baja después de que el usuario haya confirmado, en caso contrario, muestra un mensaje "No existe el usuario con id #".

Ejercicio 10. Solicitar por pantalla un id de usuario. Si existe, solicitar un nuevo nombre y modificarlo, en caso contrario, se muestra el mensaje "No existe el usuario con id #". A su vez crear el archivo de log "libros.log" y crear un registro de tipo **"INFO"** con la fecha, hora y el id usuario modificado.

```
2025-05-02 14:44:54 - INFO - Usuario modificado - ID: 2, Nuevo
nombre: Marina
```

Interfaz de usuario con Tkinter

10

Objetivos de aprendizaje:

- Creación de un interfaz de usuario en Python
- Posicionar controles en una ventana
- Vincular un control a una variable
- Utilizar diferente tipo de controles o widgets

Palabras clave: widget, rejilla, evento, padding, margen

10.1 Interfaz de usuario

Las interfaces de usuario gráficas `(GUI - Graphical User Interface)` son útiles al crear una aplicación que pretende interactuar con los usuarios de manera accesible y fácil de entender. La interacción por la consola es muy restringida y en la mayoría de los casos no es fácilmente comprensible por parte del usuario.

El uso de una GUI ofrece varias ventajas:

Interacción intuitiva: en lugar de una línea de comando, los usuarios interactúan con el programa usando elementos visuales como menús, ventanas o formularios.

Mejora de la experiencia de usuario: una buena GUI hace que la aplicación sea más atractiva de utilizar.

Accesibilidad: se pueden incorporar funciones que asistan a personas con distintas capacidades, como agrandar el tamaño del texto o crear teclas de acceso rápido.

Reducción de errores: implementando controles preestablecidos y validaciones dentro de los campos, se minimizan los errores por parte del usuario.

`Tkinter` es una biblioteca estándar incluida en Python para crear interfaces gráficas. Es fácil de usar y permite desarrollar rápidamente los primeros prototipos visuales. Además, es compatible con distintos sistemas operativos como Windows, macOS y Linux. También puede integrarse con otras bibliotecas como `Pandas` o incluir gráficos de `Matplotlib` y `Plotly`.

Toda la información referente a esta librería se puede encontrar en la dirección: https://docs.python.org/es/3/library/tkinter.html

10.2 Creación de una ventana

Lo primero que se tendrá que crear es la ventana donde se van a situar los controles. Una ventana se crea a través de una instancia de la clase de `tkinter` (que por convención se renombra como `tk`). Existen los siguientes métodos para crear y manejar una ventana.

    `.Tk():` crea la ventana.
    `.title(título):` establece el título de la ventana.

`.geometry(ancho x alto + posx + posy):` define el tamaño y posición de la ventana tomando como origen la esquina superior izquierda.

`.resizable():` determina si la ventana puede ser redimensionada.

`.iconbitmap(archivo.ico):` indica el icono de la ventana.

`.minsize():` tamaño mínimo de la ventana.

`.maxsize():` tamaño máximo.

`.iconify():` minimiza la ventana.

`.state(estado):` cambia el estado de la ventana.

   `normal:` tamaño y posición predeterminada.

   `iconic:` minimizada.

`zoomed:` ocupa toda la pantalla excepto la barra del S.O.

`.mainloop():` inicia el bucle principal de la ventana a espera de eventos

Si se quiere acceder a una amplia colección de iconos de ventanas, una web con gran cantidad de ellos es https://icon-icons.com/es/ en donde se puede bajar un archivo `.ico` de 32px, útil para la esquina de la ventana.

Código 10.1
Ventana

```
import tkinter as tk
ventana=tk.Tk()
ventana.geometry('600x400+50+300')
ventana.title("Nueva ventana")
ventana.iconbitmap("py.ico")
ventana.mainloop()
```

Figura 10.1
Ventana

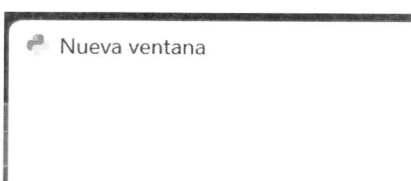

10.3 Creación de botones

Para añadir un botón a la ventana se utiliza el método `.Button()`

`.Button(ventana,parámetros):` crea un botón dentro de la ventana. Los parámetros permiten indicar su aspecto y comportamiento.

`.pack():` coloca el botón sobre la ventana.

Para crear un botón con un texto, añadimos el parámetro **text** al método.

Código 10.2
Botón

```
import tkinter as tk
ventana=tk.Tk()
ventana.geometry('600x400')
ventana.title("Nueva ventana")
ventana.iconbitmap("py.ico")
```

```
boton=tk.Button(ventana,text="Púlsame")
boton.pack()
ventana.mainloop()
```

Con el parámetro **command** se determina la función que se ejecuta cuando se pulsa el botón.

```
def saludar():
    print("¡Hola, mundo!")

boton = tk.Button(ventana, text="Púlsame", command=saludar)
boton.pack()
```

Código 10.3
Botón con función

Se puede configurar el aspecto del botón cambiando la fuente y el color de fondo.

```
def saludar():
    print("¡Hola, mundo!")

boton = tk.Button(ventana, text="Púlsame", command=saludar,
bg="blue", fg="white",font=("Arial", 12, "bold"))

boton.pack()
```

Código 10.4
Aspecto del botón

Se utiliza el método **.config()** para cambiar o añadir comportamiento al botón.

```
boton = tk.Button(ventana, text="Púlsame")
boton.pack()
def cambiar_texto():
    boton.config(text="Nuevo texto")
boton.config(command=cambiar_texto)
```

Código 10.5
Cambio del botón

Este método es común para varios elementos, permitiendo personalizarlos. A su vez, estos atributos son los que se pueden introducir como parámetros en la creación del botón.

bg o background: color de fondo del *widget*.

fg o foreground: color del texto del *widget*.

width: ancho del *widget* en caracteres.

height: altura del *widget* en líneas.

state: estado del *widget* (**normal**, **disabled**, **readonly**).

font: fuente del texto.

relief: estilo del borde (**flat**, **raised**, **sunken**, **groove**, **ridge**).

textvariable: variable de control asociada al *widget*.

command: función a ejecutar cuando se interactúa con el *widget*.

padx y pady: espacio alrededor del *widget* (para etiquetas o campos de entrada).

text: texto a mostrar en el *widget* (para botones, etiquetas, etc.).

El parámetro **state** permite habilitar y deshabilitar el botón.

Código 10.6
Deshabilitar el botón

```
boton.config(state="disabled")  # Deshabilitar
boton.config(state="normal")   # Habilitar
```

Se pueden cambiar las dimensiones del botón con los parámetros **width** y **height**.

Código 10.7
Tamaño del botón

```
boton = tk.Button(ventana, text="Púlsame",width=20, height=5)
boton.pack()
```

Para añadir una imagen al botón, esta antes hay que crearla y luego incluirla en la definición del botón.

Código 10.8
Imagen al botón

```
imagen=tk.PhotoImage(file="imagen.png")
boton = tk.Button(ventana,
text="Púlsame",image=imagen,width=40,height=40)
boton.pack()
```

10.4 Entrada de datos

El componente **Entry** es el *widget* que permite la entrada de texto en una línea por parte del usuario.

Se crea este campo a través del método **Entry(ventana)**, indicando la ventana donde se va a situar. Los parámetros principales son:

> **master**: indica la ventana donde se colocará.
>
> **width**: ancho en caracteres.
>
> **justify**: indica la alineación del texto (**tk.LEFT;tkCENTER;tk.RIGHT**).
>
> **textvariable**: variable asociada al **Entry**.
>
> **show**: carácter a mostrar en vez del texto (utilizado en contraseñas).
> > contrasena = tk.Entry(root, show="*", width=20).

Los métodos asociados a este control son:

> **.get()**: recupera el texto del campo.
>
> **.insert(índice,cadena)**: inserta una cadena a partir del índice indicado.
>
> **.delete(inicio,fin)**: borra el texto del campo desde la posición inicio hasta la posición fin. La constante **tk.END** indica hasta el final de la cadena.
>
> **.config(cfg)**: modifica la configuración del campo.
>
> **.focus()**: recibe el foco.
>
> **.select_range(inicio,fin)**: selecciona el texto desde el carácter indicado en inicio hasta fin.

En el siguiente código, cuando se pulsa el botón se muestra por consola el campo introducido.

```
import tkinter as tk

def texto():
    print(entry.get())

ventana = tk.Tk()
ventana.geometry("200x100")
entry = tk.Entry(ventana, width=20)
entry.pack()

boton = tk.Button(ventana, text="Obtener texto", command=
texto)
boton.pack()

ventana.mainloop()
```

Código 10.9
Mostrar información
introducida

Figura 10.2
Mostrar información
introducida

Se puede poner información por defecto.

```
import tkinter as tk
ventana = tk.Tk()
ventana.geometry("200x100")
entrada1 = tk.Entry(ventana,width=30, justify=tk.LEFT)
entrada1.pack()
entrada1.insert(0,"Información por defecto")
entrada1.insert(5,"-")
entrada1.insert(tk.END,":")
ventana.mainloop()
```

Código 10.10
Información por
defecto

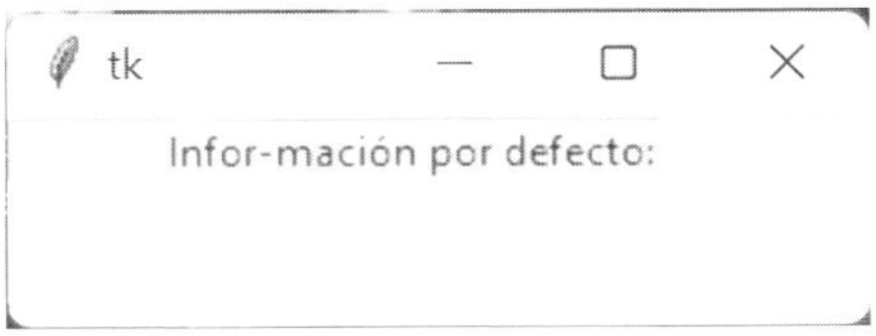

Figura 10.3
Información por
defecto

En el siguiente ejemplo se muestra cómo cambiar el estado del campo de entrada a través de funciones asociadas a botones.

```
import tkinter as tk

def desactiva():
    entrada1.config(state=tk.DISABLED)
def activa():
```

Código 10.11
Estados en el campo de
entrada

```
        entrada1.config(state=tk.NORMAL)
def lectura():
        entrada1.config(state="readonly")

ventana = tk.Tk()
entrada1 = tk.Entry(ventana,width=30, justify=tk.LEFT)
entrada1.pack()
boton1=tk.Button(ventana,text="Desactiva",command=desactiva)
boton1.pack()
boton2=tk.Button(ventana,text="Activa",command=activa)
boton2.pack()
boton3=tk.Button(ventana,text="Solo lectura",command=lectura)
boton3.pack()

ventana.mainloop()
```

Figura 10.4
Estados en el campo de
entrada

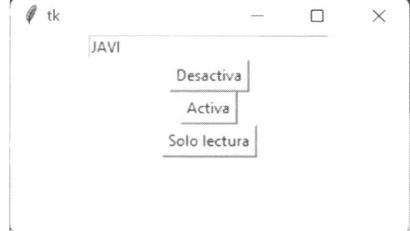

Para recuperar la información se utiliza el método `.get()`.

```
print(entrada.get())
```

También se puede borrar la información de la caja de texto con el método `.delete()`, indicando el primer y el último carácter.

```
entrada.delete(0,tk.END)
```

Si solo se busca seleccionar parte de la información escrita en el campo de texto, se puede utilizar el método `.select_range()`, indicando el carácter de inicio y final. También a través del método `.focus()` se puede colocar el foco en el campo de texto.

```
entrada.focus()
entrada.select_range(0,tk.END)
```

Asociar una variable a un campo de entrada

Un campo `Entry` se puede asociar a una variable. Para ello se crea la variable a través del método adecuado dependiendo del tipo de información que se quiera almacenar (`StringVar, IntVar, DoubleVar, o BooleanVar`) aunque lo más habitual es utilizar `StringVar()`.

A continuación, será necesario asociar esta variable al *widget* usando el argumento `textvariable`.

Una vez hecho esto, se pueden usar los métodos **get()** y **set()** para acceder a la información o modificarla.

De esta manera, cualquier modificación que se realice en la variable se verá reflejada en el control.

```python
import tkinter as tk

def mostrar_valor():
    print(f"Texto: {var_asociada.get()}")

def actualizar_valor():
    var_asociada.set("Nuevo valor")

ventana = tk.Tk()
ventana.title("Asociar variable a Entry")

var_asociada = tk.StringVar()

entrada = tk.Entry(ventana, textvariable=var_asociada,
width=30)
entrada.pack(pady=10, padx=10)

boton_mostrar = tk.Button(ventana, text="Mostrar valor",
command=mostrar_valor)
boton_mostrar.pack(pady=5)

boton_actualizar = tk.Button(ventana, text="Actualizar valor",
command=actualizar_valor)
boton_actualizar.pack(pady=5)

ventana.mainloop()
```

Código 10.12
Asociar variable a
control

10.5 Etiquetas

Para colocar información textual sobre una ventana se utiliza el método `.Label()`, indicando la ventana y el texto a mostrar.

Los atributos que se pueden utilizar son muy similares al resto de controles:

`text`: texto a mostrar.

`textvariable`: variable asociada al control.

`image`: imagen a mostrar.

`fg o foreground`: color del texto.

`bg o background`: color de fondo.

`font`: fuente y tamaño del texto.

`width`: ancho.

`height`: alto.

anchor: alineación del contenido (NW, N, NE, W, CENTER, E, SW, S, SE).

borderwidth: ancho del borde.

relief: estilo del borde (flat, raised, sunken, groove, ridge).

padx y pady: espacio alrededor del control.

Código 10.13
Etiqueta

```python
import tkinter as tk

ventana = tk.Tk()
label = tk.Label(ventana, text="Hola Mundo", fg="yellow",
bg="blue", font=("Arial", 16))
label.pack( padx=10, pady=25)

label.config(text="Nuevo Mundo")
ventana.mainloop()
```

Figura 10.5
Etiqueta

En el siguiente código se enlaza un campo de entrada con una etiqueta a través de un botón.

Código 10.14
Etiqueta, botón y
campo de texto

```python
import tkinter as tk

ventana = tk.Tk()
ventana.geometry('300x100')

entrada_var1 = tk.StringVar(value="xxx")
entrada1 = tk.Entry(ventana,width=30,textvariable=entrada_var1)
entrada1.pack(padx=10)

def enviar():
    print(entrada_var1.get())
    etiqueta1.config(text=entrada_var1.get())

boton1 = tk.Button(ventana, text="Enviar",command=enviar)
boton1.pack(padx=10,pady=10)

etiqueta1 = tk.Label(ventana,text="--Contenido--")
etiqueta1.pack(padx=10,pady=10)

ventana.mainloop()
```

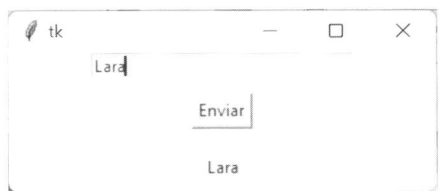

Figura 10.6
Etiqueta, botón y
campo de texto

10.6 Texto multilínea

Para mostrar y editar un texto multilínea se utiliza el control `Text()`. Los atributos son los siguientes:

width: ancho del *widget* en caracteres.

height: altura del *widget* en lineas.

wrap: controla el ajuste de línea (`'none'`, `'char'`, `'word'`).

font: especifica la fuente del texto.

bg (background): color de fondo.

fg (foreground): color del texto.

state: estado del *widget* (`'normal'`, `'disabled'`, `'readonly'`).

Los métodos disponibles en este control son:

insert(índice,cadena): inserta la cadena en la posición indicada.

```
text_widget.insert('1.0', 'Hola mundo')
```

get(ini,fin): obtiene la información del control entre los índices indicados. El final de la cadena está representado por el valor `tk.END`.

```
contenido = text_widget.get('1.0', tk.END)
```

delete(ini,fin): elimina el texto entre los índices indicados

```
text_widget.delete('1.0', 'end')
```

Código 10.15
Texto multilínea

```
import tkinter as tk

def insertar_texto():
    texto.insert(tk.END, "Hola, mundo!\n")

def obtener_texto():
    contenido = texto.get("1.0", tk.END)
    print("Contenido del Text:", contenido)

def limpiar_texto():
    texto.delete("1.0", tk.END)
def resaltar_texto():
    # Resaltar el texto desde línea 1 carácter 0 hasta línea 1
    carácter 4
```

```
    texto.tag_add("resaltado", "1.0", "1.4")
    texto.tag_config("resaltado", background="yellow",
foreground="blue")

# Crear la ventana principal
root = tk.Tk()
root.title("Ejemplo de Text Widget")

# Crear el widget Text
texto = tk.Text(root, width=40, height=10, wrap=tk.WORD)
texto.grid(column=0, row=0, columnspan=2, padx=10, pady=10)

# Botones para interactuar con el Text
btn_insertar = tk.Button(root, text="Insertar Texto",
command=insertar_texto)
btn_insertar.grid(column=0, row=1, padx=5, pady=5)

btn_obtener = tk.Button(root, text="Obtener Texto",
command=obtener_texto)
btn_obtener.grid(column=1, row=1, padx=5, pady=5)

btn_limpiar = tk.Button(root, text="Limpiar Texto",
command=limpiar_texto)
btn_limpiar.grid(column=0, row=2, padx=5, pady=5)

btn_resaltar = tk.Button(root, text="Resaltar Texto",
command=resaltar_texto)
btn_resaltar.grid(column=1, row=2, padx=5, pady=5)

# Insertar algo de texto inicial
texto.insert(tk.END, "Primera linea del Text.\n")
texto.insert(tk.END, "Segunda linea.\n")

# Iniciar el bucle principal
root.mainloop()
```

Figura 10.7
Texto multilinea

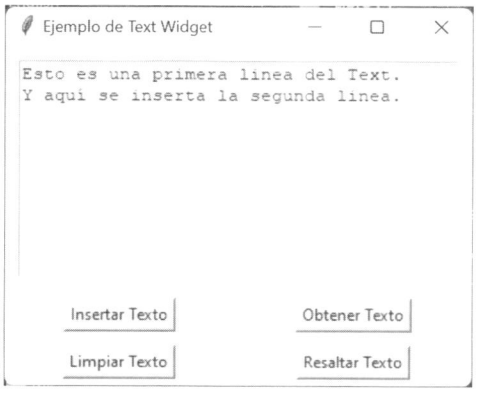

10.7 Colocación de elementos con pack()

En muchos de los ejemplos anteriores, se han colocado los componentes con la función **pack()**. A través de esta función se pueden organizar los elementos en bloques. Los atributos que permiten determinar la posición del componente son los siguientes:

expand: determina si el componente ocupa todo el espacio de su contenedor.

```
button.pack(expand=True)
```

fill: indica cómo el *widget* llena el espacio.

NONE (por defecto): no rellena espacio.

X: rellena horizontalmente.

Y: rellena verticalmente.

BOTH: Rellena en las dos direcciones.

```
Label.pack(fill=tk.BOTH)
```

Side: indica en qué lado del contenedor se coloca el componente (TOP –por defecto–, BOTTOM, LEFT, RIGHT).

```
button.pack(side=tk.LEFT)
```

padx y pady: añade espacio por la parte externa del control.

```
entry.pack(padx=10, pady=5)
```

ipadx e ipady: añade espacio por la parte interior del control.

```
iframe.pack(ipadx=5, ipady=5)
```

```
import tkinter as tk

root = tk.Tk()

# Crear y empaquetar widgets
label = tk.Label(root, text="Etiqueta")
label.pack(side=tk.TOP, fill=tk.X, padx=10, pady=5)

button = tk.Button(root, text="Botón")
button.pack(side=tk.LEFT, expand=True)

entry = tk.Entry(root)
entry.pack(side=tk.RIGHT, fill=tk.Y)

root.mainloop()
```

Código 10.16
Colocación con pack()

10.8 Colocación de elementos con grid()

El método `.grid()` es una forma eficiente de organizar y posicionar *widgets* en una ventana o marco, utilizando un sistema de rejilla basado en filas y columnas. Se divide la ventana en una cuadrícula invisible y cada *widget* se coloca en la celda especificada.

Para visualizar los elementos se utiliza el método `.grid(row=,column=)` indicando la columna y la fila donde se colocará el control.

Código 10.17
Colocación en grid

```
import tkinter as tk
ventana=tk.Tk()
ventana.geometry("600x400")

boton1 = tk.Button(ventana, text="Botón 1")
boton1.grid(row=0,column=0)
boton2 = tk.Button(ventana, text="Botón 2")
boton2.grid(row=0,column=1)
boton3 = tk.Button(ventana, text="Botón 3")
boton3.grid(row=1,column=0)
boton4 = tk.Button(ventana, text="Botón 4")
boton4.grid(row=1,column=1)

ventana.mainloop()
```

Figura 10.9
Botones en dos
columnas

Botón 1	Botón 2
Botón 3	Botón 4

Por defecto, los elementos están centrados dentro de su columna.

Las propiedades que tiene el método `.grid()` para actuar sobre los componentes son:

`row`: especifica la fila dónde se coloca. Empieza en 0.

`column`: especifica la columna.

`padx y pady`: añade espacio alrededor del *widget* en píxeles.

`ipadx y ipady:` añade espacio por dentro del *widget* en píxeles.

sticky: define cómo se alinea el *widget* dentro de su celda ("N","S","E","W","NS","EW"…).

rowspan: permite que el *widget* ocupe varias filas.

columnspan: permite que el *widget* ocupe varias columnas.

```
import tkinter as tk

ventana = tk.Tk()
ventana.geometry('300x100')
boton1 = tk.Button (ventana, text='Texto largo del botón')
boton1.grid(row=0,column=0)
boton2 = tk.Button (ventana, text='Botón 2')
boton2.grid(row=1,column=0, sticky='E')

ventana.mainloop()
```

Código 10.18
Alineación en grid

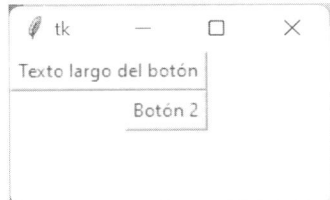

```
boton2.grid(row=1,column=0, sticky='WE')
```

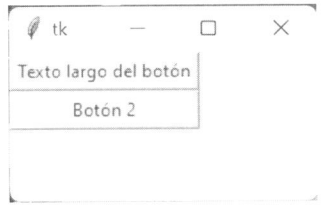

Figura 10.10
Alineación en grid

La ventana tiene métodos para configurar las proporciones del ancho y alto de las filas y columnas.

`.rowconfigure(nRow, alto)`: determina el alto de la fila indicada en `nRow`.

`.columnconfigure(nCol,ancho)`: determina el ancho de la columna indicada en `nCol`.

```
import tkinter as tk
from tkinter import ttk

ventana = tk.Tk()
ventana.geometry('600x400')
ventana.rowconfigure(0,weight=1)
ventana.rowconfigure(1,weight=2)
ventana.columnconfigure(0, weight=1)
ventana.columnconfigure(1, weight=3)
```

Código 10.19
Dimensiones de filas y columnas

```
boton1 = ttk.Button (ventana, text='Botón 1')
boton1.grid(row=0,column=0,sticky="NSWE")

boton2 = ttk.Button (ventana, text='Botón 2')
boton2.grid(row=1,column=0,sticky="NSWE")

boton3 = ttk.Button (ventana, text='Botón 3')
boton3.grid(row=0,column=1,sticky="NSWE")

boton4 = ttk.Button (ventana, text='Botón 4')
boton4.grid(row=1,column=1,sticky="NSWE")

ventana.mainloop()
```

Figura 10.11
Dimensiones de filas y columnas

Uso de padding y márgenes

El margen (espacio exterior) se marca con las propiedades **padx** y **pady,** mientras que el **padding** (espacio interior) se establece con las propiedades **ipadx** y **ipady**.

Código 10.20
Espaciado

```
import tkinter as tk
ventana = tk.Tk()
boton1=tk.Button(ventana,text="Botón 1")
boton1.grid(row=0,column=0,sticky="NSWE",padx=40,pady=20)
boton2=tk.Button(ventana,text="Botón 2  ")
boton2.grid(row=1,column=0,sticky="NSWE",ipadx=40,ipady=20)
ventana.mainloop()
```

Figura 10.12
Espaciado

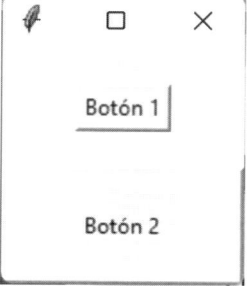

Extender celdas

Se puede configurar una celda para que ocupe dos columnas a través de la propiedad `columnspan`. También se puede hacer lo mismo con las filas con la propiedad `rowspan`.

```python
import tkinter as tk
ventana = tk.Tk()
boton1=tk.Button(ventana,text="Botón 1")
boton1.grid(row=0,column=0)
boton2=tk.Button(ventana,text="Botón 2")
boton2.grid(row=0,column=1)
boton3=tk.Button(ventana,text="dos lin")
boton3.grid(row=0,column=2,rowspan=2,sticky="NS")
boton3=tk.Button(ventana,text="Ocupa dos columnas")
boton3.grid(row=1,column=0,columnspan=2)
ventana.mainloop()
```

Código 10.21
Extender celdas

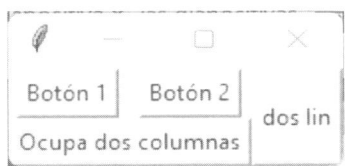

Figura 10.13
Extender celdas

10.9 Colocación de elementos con place()

Con `place()` se pueden posicionar los componentes de forma precisa dentro de la ventana. El problema es que no se adapta al tamaño de esta en caso de buscar un diseño *responsive*.

Los atributos con los que se puede configurar son los siguientes:

`x` e `y`: especifica la posición absoluta en píxeles desde la esquina superior izquierda.

```python
button.place(x=50, y=50)
```

`relx` y `rely`: da la posición relativa como fracción del ancho o alto del contenedor, con valores entre 0 y 1.

```python
label.place(relx=0.1, rely=0.1)
```

`width` y `height`: indican el ancho y alto del *widget* en píxeles.

```python
entry.place(x=10, y=20, width=100, height=30)
```

`relwidth` y `relheight`: definen el ancho y alto relativos del *widget* (valores entre 0 y 1).

```python
frame.place(relx=0.1, rely=0.1, relwidth=0.5, relheight=0.5)
```

```python
import tkinter as tk

# Crear la ventana principal
```

Código 10.22
Colocacion con place()

```
root = tk.Tk()
root.title("Ejemplo de place()")
root.geometry("300x200")

# Crear y posicionar una etiqueta
label = tk.Label(root, text="Nombre:")
label.place(x=10, y=10)

# Crear y posicionar un campo de entrada
entry = tk.Entry(root)
entry.place(x=70, y=10, width=150)

# Crear y posicionar un botón
button = tk.Button(root, text="Enviar")
button.place(relx=0.5, rely=0.8, anchor="center")

# Crear y posicionar un frame con color de fondo
frame = tk.Frame(root, bg="lightblue")
frame.place(relx=0.1, rely=0.3, relwidth=0.8, relheight=0.4)

# Añadir un texto dentro del frame
text = tk.Label(frame, text="Este es un frame", bg="lightblue")
text.place(relx=0.5, rely=0.5, anchor="center")

# Iniciar el bucle principal
root.mainloop()
```

Figura 10.14
Colocación con place()

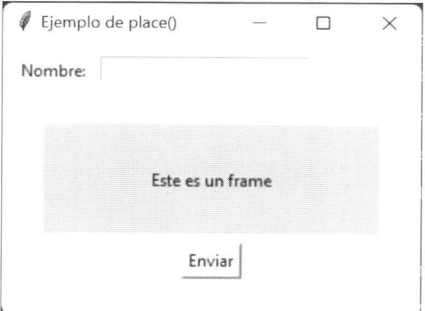

10.10 Mensajes

En **Tkinter**, los **messagebox** son cuadros de diálogo que se utilizan para mostrar mensajes al usuario. Estos cuadros de diálogo pueden ser simples alertas, mensajes de confirmación o advertencias. Hay una biblioteca llamada **tkinter. messagebox** que contiene varias funciones para crear diferentes tipos de cuadros de mensaje.

Tipos de **messagebox** disponibles son:

messagebox.showinfo(título, mensaje): muestra un cuadro de información.

`mensajebox.showwarning(título, mensaje)`: muestra un cuadro de advertencia.

`mensajebox.showerror(título, mensaje)`: muestra un cuadro de error.

`mensajebox.askquestion(título, mensaje)`: muestra un cuadro de pregunta que devuelve "yes" o "no".

`mensajebox.askokcancel(título, mensaje)`: muestra un cuadro de pregunta con opciones "OK" y "Cancel" que devuelve True o False.

`mensajebox.askyesno(título, mensaje)`: muestra un cuadro de pregunta con opciones "Yes" y "No" que devuelve True o False.

`mensajebox.askretrycancel(título, mensaje)`: muestra un cuadro con opciones "Retry" y "Cancel" que devuelve True o False.

```python
import tkinter as tk
from tkinter import messagebox


ventana = tk.Tk()
entrada1 = tk.Entry(ventana,width=30)
entrada1.grid(row=0,column=0)

def enviar():
    print(entrada1.get())
    messagebox.showinfo("Mensaje informativo", entrada1.get())
boton1 = tk.Button(ventana, text="Enviar",command=enviar)
boton1.grid(row=0, column=1)
ventana.mainloop()
```

Código 10.23
Mostrar un mensaje

Figura 10.15
Mostrar un mensaje

El código que viene a continuación muestra cómo se utilizan diferentes tipos de mensajes.

```python
import tkinter as tk
from tkinter import messagebox


ventana = tk.Tk()

entrada1 = tk.Entry(ventana,width=30)
entrada1.grid(row=0,column=0)
```

Código 10.24
Diferentes tipos de mensajes

```
def enviar():
    if entrada1.get():
        ret=messagebox.askquestion("Opciones","¿Continuar?")
        print(ret)
        if ret=="yes":
            messagebox.showwarning("Warning","Se ha querido
continuar")
        else:
            messagebox.showerror("Error","No se ha querido
continuar")
    print(entrada1.get())
    etiqueta1.config(text=entrada1.get())

boton1 = tk.Button(ventana, text="Enviar",command=enviar)
boton1.grid(row=0, column=1)

etiqueta1 = tk.Label(ventana,text="--Contenido--")
etiqueta1.grid(row=1,column=0, columnspan=2)

ventana.mainloop()
```

10.11 Menús

Los menús son la forma de organizar una interfaz gráfica estructurada, permitiendo al usuario acceder de forma sencilla a las opciones del programa.

En `Tkinter`, se puede declarar una barra de menús, que puede ser desplegable u opcionalmente un menú contextual que se abra al presionar el botón derecho.

Barra de menús

Una barra de menús se asocia a una ventana principal y puede contener submenús.

Se crea la barra de menú a través de la clase `.Menu()`.

Código 10.25
Crea la barra de menú

```
ventana = tk.Tk()
menubar=tk.Menu(ventana)
ventana.config(menu=menubar)
```

Con el método **add_cascade()** se agregan las opciones del menú.

Código 10.26
Añade una opción

```
menuArchivo=tk.Menu(menubar,tearoff=0)
menubar.add_cascade(label="Arhivo",menu=menuArchivo)
```

La opción **tearoff=0** hace que el menú no se pueda desplegar de la barra.

A través del método **.add_comand()** se añaden comandos a la opción del menú. Con el parámetro **command** se asocia la función que ejecutará cuando se pulse sobre él.

```
menuArchivo.add_command(label="Nuevo", command=fNuevo)
menuArchivo.add_command(label="Abrir", command=fAbrir)
```

Código 10.27
Añade comandos a la
opción de menú

Se puede añadir un separador a través del método `.add_separator()`.

```
menuArchivo.add_separator()
menuArchivo.add_command(label="Importar", command=fImportar)
```

Código 10.28
Añade barra de
separación

Dentro de una opción de menú, puede haber otro nivel de profundidad con más opciones de menús.

```
submenuExp = tk.Menu(menuArchivo, tearoff=0)
menuArchivo.add_cascade(label="Exportar", menu=submenuExp)
submenuExp.add_command(label="PDF", command=fExpPDF)
submenuExp.add_command(label="DOC", command=fExpDOC)
```

Código 10.29
Añade submenús

Se pueden añadir menús con atajos de teclado. Para que pueda funcionar correctamente, será necesario añadir un evento a la ventana que ejecute la misma función que en la opción del menú. Es con el método `bind_all()` como asociamos un evento a la ventana principal. La función llamada recibirá un parámetro que tendrá un valor por defecto en el caso que no se reciba.

```
def fGuardar(event=None):
    print("Guardar")

menuArchivo.add_command(label="Guardar", accelerator="Ctrl+S",
command=fGuardar)
ventana.bind_all("<Control-s>", fGuardar)
```

Código 10.30
Atajos de teclado

El código completo sería el siguiente:

```
import tkinter as tk
def fNuevo():
    print("Nuevo")
def fAbrir():
    print("Abrir")
def fImportar():
    print("Importar")
def fExpPDF():
    print("Exportar PDF")
def fExpDOC():
    print("Exportar DOC")
def fGuardar(event=None):
    print("Guardar")

ventana = tk.Tk()
menubar=tk.Menu(ventana)
ventana.config(menu=menubar)

menuArchivo=tk.Menu(menubar,tearoff=0)
```

Código 10.31
Menú completo

```
menubar.add_cascade(label="Archivo",menu=menuArchivo)

menuArchivo.add_command(label="Nuevo", command=fNuevo)
menuArchivo.add_command(label="Abrir", command=fAbrir)

menuArchivo.add_separator()
menuArchivo.add_command(label="Importar", command=fImportar)

submenuExp = tk.Menu(menuArchivo, tearoff=0)
menuArchivo.add_cascade(label="Exportar", menu=submenuExp)
submenuExp.add_command(label="PDF", command=fExpPDF)
submenuExp.add_command(label="DOC", command=fExpDOC)

menuArchivo.add_command(label="Guardar", accelerator="Ctrl+S",
command=fGuardar)
ventana.bind_all("<Control-s>", fGuardar)

ventana.mainloop()
```

Figura 10.16
Menú completo

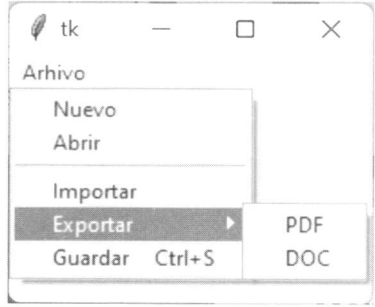

Menú contextual

Estos se crean de la misma manera que los menús en la barra, pero se asocian a
eventos de ratón.

Código 10.32
Menú contextual

```
import tkinter as tk

def fCopiar():
    print("Copiar")

ventana = tk.Tk()
contextmenu = tk.Menu(ventana, tearoff=0)
contextmenu.add_command(label="Copiar", command=fCopiar)
ventana.bind("<Button-3>", lambda event: contextmenu.
post(event.x_root, event.y_root))

ventana.mainloop()
```

En siguiente código muestra un ejemplo de menú con dos opciones.

```python
import tkinter as tk
import sys
def salir():
    ventana.quit()
    ventana.destroy()
    print("Salir...")
    sys.exit()
ventana = tk.Tk()

menubar = tk.Menu(ventana)
#tearoff = False para evitar que se separe el menú de la
interfaz
menuArchivo = tk.Menu(menubar, tearoff=False)
# Se agrega una nueva opción al menú de archivo
menuArchivo.add_command(label='Nuevo')
#Agregar un separador
menuArchivo.add_separator()
# Se agrega una nueva opción al menú de archivo
menuArchivo.add_command(label='Salir',command=salir)
# Se agrega el submenu al menú principal
menubar.add_cascade(menu=menuArchivo,label="Archivo")
#MENU AYUDA
menuAyuda = tk.Menu(menubar, tearoff=False)
# Se agrega una nueva opción al menú de archivo
menuAyuda.add_command(label='Acerca de...')
menubar.add_cascade(menu=menuAyuda, label="Ayuda")
# Se muestra el menú en la ventana principal
ventana.config(menu=menubar)

ventana.mainloop()
```

Código 10.33
Menú dos opciones

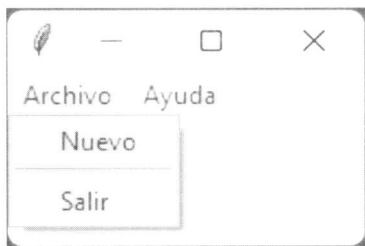 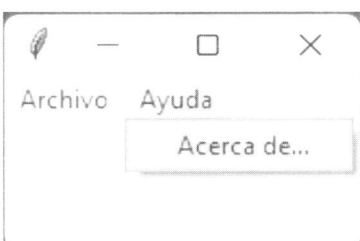

Figura 10.17
Menú dos opciones

Para implementar la opción de salir, es necesario importar la librera `sys`, y dentro de la función que ejecuta la opción, hay que salir de la ventana, destruirla y, por último, salir de la aplicación.

10.12 Creación de pestañas (tabs)

Para crear pestañas es necesario utilizar el *widget* **Notebook** que está en la librería **ttk**.

Lo primero que hay que hacer es crear la ventana principal y el *widget* **Notebook**.

```
ventana=tk.Tk()
notebook=ttk.Notebook(ventana)
notebook.pack(expand=True, fill='both')
```

El método `.pack()` posiciona las pestañas. El parámetro **expand=True** determina que debe de ocupar todo el espacio que dispone, y con el parámetro **fill** dice cómo va a ocupar ese espacio. Indicando **both** significa que se expande horizontal y verticalmente.

Lo siguiente que será necesario es la creación de los marcos o **frames** de cada pestaña.

```
tab1 = ttk.Frame(notebook)
tab2 = ttk.Frame(notebook)
```

Una vez creadas las pestañas, estas se añaden al Notebook.

```
notebook.add(tab1, text='Pestaña 1')
notebook.add(tab2, text='Pestaña 2')
```

Con esto ya se tienen las pestañas funcionando. Ya se está en disposición de añadir algún control a estas pestañas.

```
ttk.Label(tab1, text="Contenido de la pestaña 1").grid(row=0,
column=0, padx=10, pady=10)

ttk.Button(tab2, text="Botón en pestaña 2").grid(row=0,
column=0, padx=10, pady=10)

ventana.mainloop()
```

El código completo sería el siguiente:

Código 10.34
Creación de pestañas

```
import tkinter as tk
from tkinter import ttk

ventana=tk.Tk()
notebook=ttk.Notebook(ventana)
notebook.pack(expand=True, fill='both')

tab1 = ttk.Frame(notebook)
tab2 = ttk.Frame(notebook)

notebook.add(tab1, text='Pestaña 1')
notebook.add(tab2, text='Pestaña 2')

ttk.Label(tab1, text="Contenido de la pestaña 1").grid(row=0,
column=0, padx=10, pady=10)
ttk.Button(tab2, text="Botón en pestaña 2").grid(row=0,
column=0, padx=10, pady=10)

ventana.mainloop()
```

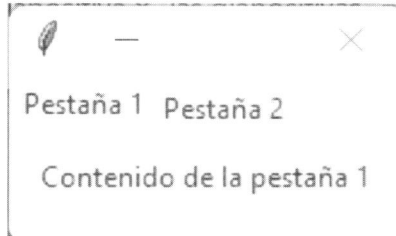
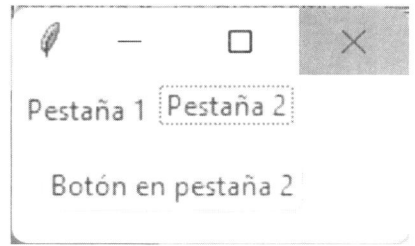

Figura 10.18
Pestañas

10.13 Scroll text

Para añadir a una pantalla una caja de texto con barra de desplazamiento se utiliza el *widget* `ScrolledText`. Este elemento combina una caja de texto multilínea con una barra de desplazamiento vertical, de manera que se puedan ver grandes cantidades de texto.

Para poder utilizar este control, será necesario importar la librería `scrolledtext`.

A continuación, se utiliza la función `ScrolledText()`. Esta tiene los siguientes parámetros:

Parámetros básicos

`ventana:` la ventana o frame padre donde se colocará el control.
`width:` ancho en caracteres.
`height:` alto en líneas de texto.

Parámetros de estilo

`bg o background:` color de fondo del área de texto.
`fg o foreground:` color del texto.
`font:` fuente del texto.

Parámetros de comportamiento

`wrap:` cuando salta de línea. Al final de carácter o al final de palabra. Puede ser `'none'`, `'char'` o `'word'`.
`state:` estado, puede ser `'normal'` o `'disabled'`.
`padx y pady:` espacio interno.

Utiliza los mismos métodos del control Text

`insert(index, texto):` inserta texto en una posición especificada.
`get(start, end):` obtiene el texto desde el índice de inicio hasta el índice de fin.
`delete(start, end):` elimina el texto desde el índice de inicio hasta el índice de fin.

```
import tkinter as tk
from tkinter import scrolledtext
```

Código 10.35
Scroll text

```
ventana = tk.Tk()

scroll = scrolledtext.ScrolledText(ventana,width=50, height=10,
wrap=tk.WORD)
scroll.insert(tk.INSERT,"Texto de ejemplo")
scroll.pack()

ventana.mainloop()
```

Figura 10.19
Scroll text

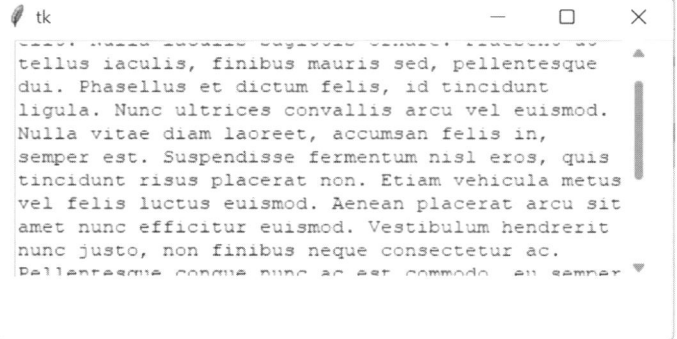

10.14 Data list o combo box

Para añadir una lista desplegable en la interfaz es necesario utilizar la función **Combobox()**. Esta función está dentro de la clase **ttk** que será necesario añadir.

Parámetros

> **ventana:** la ventana donde se coloca el control.
> **values:** lista o tupla con las opciones que se mostrarán en el desplegable.
> **textvariable:** variable asociada al control.
> **state:** puede ser **"normal"** o **"readonly"** para permitir o no la edición.
> **width:** ancho en caracteres.

Métodos

> **current(newindex):** establece o retorna el índice del elemento seleccionado.
> **get():** obtiene el valor actual seleccionado.
> **set(valor):** pone ese valor en el Combo.

Código 10.36
Combo box

```
import tkinter as tk
from tkinter import ttk,messagebox

ventana = tk.Tk()

datos=["uno","dos","tres","cuatro","cinco"]
combobox= ttk.Combobox(ventana, width=15, values=datos)
```

```
combobox.pack(padx=10, pady=10)
#seleccionar el 2º elemento
combobox.current(2)

def mostrarValor():
    messagebox.showinfo('Valor', f'Valor: {combobox.get()}')

boton=ttk.Button(ventana,text="Valor",command=mostrarValor)
boton.pack(padx=10, pady=10)

ventana.mainloop()
```

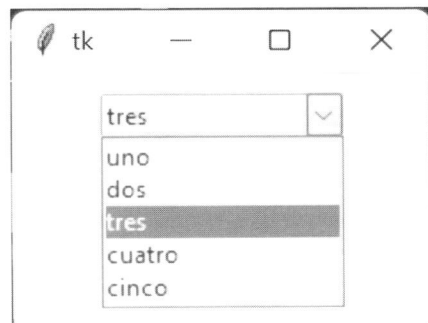

Figura 10.20
Combo box

10.15 Imágenes

Para mostrar imágenes, estas se deben asociar a cualquier otro componente, como puede ser un botón o una etiqueta.

Será necesario cargar la imagen en un objeto a través del método `.PhotoImage(file="imagen")` en donde se establece el nombre de la imagen.

Este método solo es capaz de manejar imágenes del tipo PNG, GIF y PPM/PGM.

Una vez cargada la imagen en un objeto, se asocia al botón o la etiqueta para que se muestre a través de la propiedad `image=objeto`.

```
import tkinter as tk

def mostrar():
    print("Pulsado")
ventana = tk.Tk()
imagen=tk.PhotoImage(file="imagen.png")

boton=tk.Button(ventana,image=imagen,command=mostrar)
boton.pack(padx=10,pady=10)

etiqueta=tk.Label(ventana,image=imagen)
etiqueta.pack(padx=10,pady=10)

ventana.mainloop()
```

Código 10.37
Imagen

Figura 10.21
Imagen

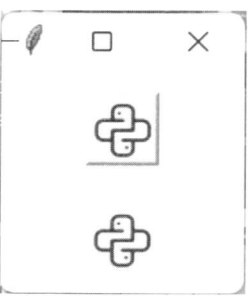

El objeto imagen tiene una serie de métodos que permiten conocer y modificar cierta información de la imagen.

width() y height(): devuelven el ancho y el alto de la imagen en píxeles.

```
ancho = imagen.width()
alto = imagen.height()
```

copy(): crea una copia de la imagen.

```
nueva_imagen = imagen.copy()
```

zoom(x, y): aumenta la imagen por factores x e y en las dimensiones horizontal y vertical, respectivamente.

```
imagen_grande = imagen.zoom(2, 2)  # Duplica el tamaño de la
imagen
```

subsample(x, y): reduce la imagen por factores x e y en las dimensiones horizontal y vertical, respectivamente.

```
imagen_pequena = imagen.subsample(2, 2)  # Reduce el tamaño de
la imagen a la mitad
```

put(data, to=(x, y)): coloca los datos de un píxel en una posición específica de la imagen. Este método puede ser usado para manipular los píxeles de la imagen.

```
imagen.put("#ff0000", to=(10, 10))  # Coloca un píxel rojo en
la posición (10, 10)
```

get(x, y): devuelve el color del píxel en la posición (x, y).

```
color = imagen.get(10, 10)
```

10.16 Barra de progreso

Este tipo de control sirve para notificar el progreso de una acción que va a tardar tiempo en realizarse. Se implementa utilizando el componente **Progressbar** de la clase **ttk**.

Tiene las siguientes propiedades:

orient: define la orientación de la barra (tk.HORIZONTAL o tk.VERTI-CAL).

```
progressbar = ttk.Progressbar(root, orient=tk.HORIZONTAL)
```

length: determina la longitud.

```
progressbar = ttk.Progressbar(root, length=200)
```

mode: determina si la barra de progreso es indeterminada (mode="inde-terminate") o determinada (mode="determinate").

```
progressbar = ttk.Progressbar(root, mode="indeterminate")
```

maximum: indica el valor máximo.

```
progressbar = ttk.Progressbar(root, maximum=100)
```

variable: vincula una variable al control.

```
var = tk.IntVar()
progressbar = ttk.Progressbar(root, variable=var)
```

Los métodos que permiten controlar el *widget* son:

step(cant): incrementa el valor de la barra.

```
progressbar.step(10)
```

start(): inicia la animación en el modo indeterminado.

```
progressbar.start()
```

stop(): para la animación.

```
progressbar.stop()
```

set(valor): pone el valor en la barra.

```
progressbar['value'] = 50
```

Código 10.38
Barra de progreso

```
import tkinter as tk
from tkinter import ttk
def avanza():
    pb_deter.step(10)
def ini():
    pb_indeter.start()
def fin():
    pb_indeter.stop()

root = tk.Tk()
root.title("Barra de progreso")

# Barra determinada
pb_deter = ttk.Progressbar(root, length=200,
mode='determinate')
pb_deter.pack(pady=10)
```

```
# Barra indeterminada
pb_indeter = ttk.Progressbar(root, length=200,
mode='indeterminate')
pb_indeter.pack(pady=10)

# Botones de control
tk.Button(root, text="Avanzar", command=avanza).pack()
tk.Button(root, text="Iniciar indet.", command=ini).pack()
tk.Button(root, text="Parar indet.", command=fin).pack()

root.mainloop()
```

Figura 10.22
Barra de progreso

10.17 Ejercicios

Ejercicio 1. Crear una ventana simple de 400x200 píxeles con el título "Mi primera ventana".

Ejercicio 2. Crear una ventana de 300x150 píxeles y asígnale un icono llamado "mi_icono.ico". Consigue cualquier icono en Internet (https://icon-icons.com/).

Ejercicio 3. Agregar un botón a la ventana que, al pulsarlo, imprima "¡Hola, mundo!" en la consola.

Ejercicio 4. Crear un botón con fondo azul, texto blanco y fuente Arial negrita de tamaño 14.

Ejercicio 5. Crear un botón y dos botones extra que permitan deshabilitar y habilitar el botón principal.

Ejercicio 6. Crear un campo de entrada y un botón que, al pulsarlo, muestre el texto introducido en la consola.

Ejercicio 7. Crear un campo de entrada con el texto por defecto "Usuario".

Ejercicio 8. Crear un campo de entrada donde el texto se muestre como asteriscos (*).

Ejercicio 9. Agregar una etiqueta con el texto "Bienvenido" en color rojo y fuente Arial 20.

Ejercicio 10. Crear un campo de entrada, un botón y una etiqueta. Al pulsar el botón, la etiqueta debe mostrar el texto del campo de entrada.

Ejercicio 11. Crear un `Text` y un botón que inserte la frase "Hola, mundo" en el Text.

Ejercicio 12. Agregar un botón que, al pulsarlo, imprima todo el contenido del `Text` en la consola.

Ejercicio 13. Crear un botón que borre todo el contenido del `Text`.

Ejercicio 14. Crear un botón que resalte de amarillo los primeros 4 caracteres del `Text`.

Ejercicio 15. Crear una ventana con una etiqueta arriba (rellenando horizontalmente), un botón a la izquierda y un campo de entrada a la derecha.

Ejercicio 16. Crear una ventana con una etiqueta en la fila 0 columna 0, un campo de entrada en la fila 1 columna 0 y un botón en la fila 2 columna 0.

Ejercicio 17. Crear un campo de entrada asociado a una variable. Agrega un botón que cambie el valor de la variable y actualice el campo.

Ejercicio 18. Crear un botón con una imagen llamada "imagen.png" y texto "Imagen".

Ejercicio 19. Crear una ventana que no pueda ser más pequeña que 300x200 ni más grande que 600x400 píxeles.

Ejercicio 20. Crear una ventana con un campo de entrada, un botón y un *widget* `Text`. Al pulsar el botón, el texto del `Entry` debe copiarse al `Text` (añadiendo una nueva línea cada vez).

Ejercicio 21. Crear una ventana con un botón que, al pulsarlo, muestre un cuadro de mensaje informativo con el texto "Operación realizada correctamente".

Ejercicio 22. Agregar un botón que muestre una advertencia al usuario con el texto "¡Cuidado con esta acción!".

Ejercicio 23. Crear un botón que pregunte al usuario "¿Desea continuar?" y muestre en consola la respuesta.

Ejercicio 24. Crear una ventana con un menú superior que tenga las opciones "Archivo" y "Salir". Al pulsar "Salir", la aplicación debe cerrarse.

Ejercicio 25. Crear un menú superior con "Archivo" (Nuevo, Abrir, Guardar, Salir) y "Ayuda" (Acerca de...). Al pulsar "Acerca de...", muestra un `messagebox` con información del programa.

Ejercicio 26. Crear una ventana con dos pestañas: "Inicio" y "Configuración", cada una con una etiqueta diferente.

Ejercicio 27. Agregar un evento que imprima en consola el nombre de la pestaña seleccionada cada vez que el usuario cambie de pestaña.

Ejercicio 28. Crear una ventana con un campo de texto multilínea con barra de desplazamiento vertical.

Ejercicio 29. Crear dos *widgets* `ScrolledText` y un botón. Al pulsar el botón, copia el texto seleccionado del primero al segundo.

Ejercicio 30. Crear una lista desplegable con las opciones "Python", "Java" y "C++".

Ejercicio 31. Agregar un botón que muestre en un `messagebox` la opción seleccionada en el `Combobox`.

Ejercicio 32. Mostrar un `messagebox` cada vez que el usuario cambie la selección en el `Combobox`.

Ejercicio 33. Crear una barra de progreso horizontal que avance un 20% cada vez que pulses un botón.

Ejercicio 34. Crear una barra de progreso indeterminada que comienza y se detiene al pulsar un botón.

Ejercicio 35. Crear una ventana con una barra de progreso y un botón "Iniciar". Al pulsar el botón, la barra debe avanzar automáticamente hasta completarse (100%), simulando una tarea en progreso

NumPy **11**

Objetivos de aprendizaje:

- Conocer las ventajas de los arrays de NumPy respecto a las listas nativas
- Generar array aleatorios
- Utilizar operaciones sobre matrices
- Consultar, filtrar y seleccionar datos de un array

Palabras clave: array, random, semilla, rango

11.1 Introducción

NumPy (https://numpy.org/) es la abreviación de *Numerical Python*. Esta es una librería capaz de manejar y operar con arrays multidimensionales y matrices de manera eficiente.

Esta librería ofrece:

- Arrays multidimensionales, que denomina `ndarrays` y que son contenedores óptimos para datos homogéneos, ofreciendo la posibilidad de manipularlos de forma sencilla.

- Operaciones matemáticas vectorizadas, permitiendo ejecución de operaciones a bajo nivel, optimizando su rendimiento.

- Funciones de álgebra lineal, generación de números aleatorios y otras operaciones utilizadas en la ciencia de datos y aprendizaje automático.

A diferencia de las listas en Python, los arrays de NumPy son compactos en el manejo de la memoria y eficientes en el tiempo de ejecución, ya que están almacenados de forma contigua en la memoria. Esto proporciona una mejora notable en el rendimiento.

Uso de Numpy

Numpy es capaz de manejar grandes cantidades de datos numéricos de forma muy eficiente, pudiendo cubrir diferentes escenarios:

- Procesamiento y manipulación de datos numéricos: a través de sus `ndarray` permite un almacenamiento eficiente y funciones vectorizadas que evitan la ejecución de bucles en Python nativo.

- Computación científica y análisis numérico: posee funciones de álgebra lineal (`numpy.linalg`), con operaciones de matrices, determinantes, valores propios, etc. También tiene evaluación y manipulación de polinomios (`numpy.plynomial`) y transformaciones de Fourier entre otras (`numpy.fft`).

- Generación de simulaciones y números aleatorios: para realizar simulaciones estadísticas es útil generar números aleatorios uniformes, normales, o distribuciones binomiales. También tiene funciones para realizar permutaciones.

- Integración con otras librerías: la librería Pandas utiliza la estructura **ndarray** para sus objetos **DataFrame** y **Series**. También es la base de algunos elementos de **SciPy** y de **Scikit-learn**.

- Uso en **machine learning** e **inteligencia artificial**: es utilizado para manejar grandes volúmenes de datos y preparar y transformar estos para ser procesados por algoritmos de aprendizaje automático y su evaluación a través de métricas estadísticas.

- Visualización y análisis gráfico: esta librería es la base para otras como **Matplotlib** y **Seaborn**, que permiten la realización de gráficos con los datos proporcionados por NumPy.

Diferencia entre listas y arrays

Aunque los dos sirven para gestionar colecciones de datos, hay diferencias importantes entre ellos:

- Homogeneidad: las listas pueden contener elementos de diferentes tipos, permitiendo flexibilidad, pero perdiendo eficiencia. En NumPy todos los datos son homogéneos para poder dar un mejor rendimiento.

- Almacenamiento en memoria: las listas almacenan referencias a los objetos contenidos, implicando mayor uso de memoria y menor eficiencia. Los arrays se almacenan de forma contigua en memoria, permitiendo un acceso más rápido a los datos.

- Rendimiento: los arrays están optimizados para realizar cálculos a gran velocidad, ya que los métodos están escritos en C, optimizando las operaciones en el procesador.

- Operaciones específicas: NumPy tiene funciones y operaciones especializadas para manejar arrays, como sumas, productos, transformadas, etc., y manipulación de datos como trasposiciones, divisiones y reformateo. Estas operaciones no existen en las listas de Python.

Código 11.1
Test de tiempo

```python
import numpy as np
import time

# lista de Python
python_list = list(range(1000000))
start_time = time.time()
python_list = [x * 2 for x in python_list] # se multiplica cada
elemento por 2
print("Tiempo lista:", time.time() - start_time)
# Tiempo lista: 0.038974761962890625

# Array de Numpy
numpy_array = np.arange(1000000)
start_time = time.time()
numpy_array = numpy_array * 2 # se multiplica cada elemento por
2
print("Tiempo array:", time.time() - start_time)
# Tiempo array: 0.0017056465148925781
```

11.2 Instalación

Dependiendo del entorno de Python con el que se trabaje, hay diferentes métodos de instalación.

Instalación con `pip`

`pip` es el gestor de paquetes oficial de Python y es la forma más común de instalar NumPy. Es necesario ejecutar el siguiente comando en la consola:

```
pip install numpy
```

Instalación con `conda`

Si se utiliza Anaconda como entorno de trabajo, se instala NumPy a través del comando **conda**.

```
conda install numpy
```

Instalación en `Jupyter Notebook`

Se puede instalar directamente desde una celda ejecutando el código:

```
!pip install numpy
```

Una vez instalada la librería se puede comprobar que todo va bien con el siguiente código

```
import numpy as np
print(np.__version__)
```

Código 11.2
Comprobación

Deberá aparecer en la consola la versión de Numpy instalada: 2.2.4.

11.3 Creación de arrays

Los arrays en NumPy son muchos más eficientes en términos de memoria, permitiendo realizar operaciones matemáticas de forma más rápida.

Estos arrays son homogéneos, todos los datos que contienen son del mismo tipo, facilitando de esta manera la realización de cálculos.

La clase **numpy.ndarray** es la que provee de las funciones para el manejo de datos.

Un array tiene tres características básicas:

• Forma: cantidad de elementos, filas o columnas que tiene.

• Dimensiones: un array puede ser de una, dos, tres o más dimensiones.

• Tipo de dato (**dtype**): es el tipo de dato almacenado en el array (float65, int32…).

La manera de crear un array es a través de la función `.array()`, que tiene como argumento una lista o tupla con los valores.

Código 11.3
Creación de un array

```
import numpy as np
ar1d=np.array([1,2,3])
ar2d=np.array([[1,2,3],[4,5,6]])
ar4d=np.arr
ay([[[[1,2,3,4],[5,6,7,8],[9,10,11,12],[13,14,15,16]]]])
print(ar1d) #array de 1 dimension
'''[1 2 3]'''
print(ar2d) #array de 2 dimensiones
'''[[1 2 3]
 [4 5 6]]'''
print(ar4d) #array de 4 dimensiones
'''[[[[ 1  2  3  4]
   [ 5  6  7  8]
   [ 9 10 11 12]
   [13 14 15 16]]]]'''
```

Hay propiedades para conocer la estructura y el contenido de los arrays:

- `.shape`: forma del array.
- `.size:` tamaño.
- `.ndim:` dimensiones.
- `.dtype`: tipo de datos.

Código 11.4
Características de un array

```
import numpy as np
ar2d=np.array([[1,2,3],[4,5,6]])
print(ar2d.shape) #(2,3)
print(ar2d.size) #6
print(ar2d.ndim) #2
print(ar2d.dtype) #int64
```

Creación de arrays desde una lista o tupla

Como ya se ha visto en el ejemplo anterior, se puede crear un array desde una lista o tupla de Python con la función `.array()`. De la misma manera, la función `.asarray()` puede crear arrays desde listas. Más adelante veremos cómo esta misma función puede transformar y copiar de otras arrays.

Código 11.5
Crear array desde una lista

```
import numpy as np
ar1d=np.array([1,2])
```

Se pueden crear arrays de 2 dimensiones a través de varias listas.

Código 11.6
Crear array con varias listas

```
import numpy as np
l1=[1,2,3]
l2=[4,5,6]
l3=[7,8,9]
ar2d=np.array([l1,l2,l3])
print(ar2d)
```

A través del método `.tolist()` se puede realizar la operación inversa, pasar de un array de NumPy a una lista de Python. Este método es útil cuando necesitas trabajar con estructuras de datos de Python puro o cuando quieres serializar el array en formatos que requieren listas, como JSON.

```
import numpy as np

arr = np.array([1, 2, 3, 4, 5])
lista = arr.tolist()
print(lista)  # [1, 2, 3, 4, 5]
print(type(lista))  # <class 'list'>
```

Código 11.7
Crear una lista de un array

Utilización de funciones predefinidas

`.zeros(forma):` crea un array de ceros.

`.ones(forma):` crea un array de unos.

`.full(forma, valor):` crea un array del valor especificado.

```
import numpy as np
c=np.zeros((3,2))# 3x2 matriz de ceros
u=np.ones((3,2))# 3x2 matriz de unos
v=np.full((3,2),5)# 3x2 matriz de cincos
```

Código 11.8
Valores predefinidos

Rango de valores

Hay funciones que crean arrays con valores secuenciales.

`.arange(ini,fin,paso):` crea un array con los valores del rango especificado, de manera similar a la función `range()`.

`.linspace(ini,fin,num):` el array tendrá números equidistantes entre los valores especificados.

```
import numpy as np
c=np.arange(0,10,2)# 0,2,4,6,8
x=np.linspace(0,10,5)# 0,2.5,5,7.5,10
```

Código 11.9
Rango de valores

Arrays vacíos

Con el método `.empty(forma)` se pueden crear arrays sin inicializar los valores. Esto se utiliza para grandes arrays que se cargan inmediatamente.

```
import numpy as np
e=np.empty((2,3)) # Matriz vacia de 2x3
```

Código 11.10
Arrays vacíos

Creación de un array a partir de una función

Con el método `.fromfuction()` se puede generar un array cuyos elementos son el resultado de la ejecución de la función especificada.

```
.fromfunction(function, shape, *, dtype=float, **kwargs)
```

- **function:** la función que se aplicará a cada coordenada del array. Debe aceptar tantas entradas como dimensiones tenga el array.
- **shape:** una tupla que especifica la forma del array deseado.
- **dtype:** el tipo de dato del array resultante. Por defecto, es **float**.
- **kwargs:** argumentos adicionales que se pueden pasar a la función.

Código 11.11
Crear array a través de una función

```python
import numpy as np
# Función que suma los índices
def suma_indices(x, y):
    return x + y
# Crear un array 3x3 usando la función suma_indices
array = np.fromfunction(suma_indices, (3, 3), dtype=int)
print(array) #[[0 1 2] [1 2 3] [2 3 4]]
```

Matrices diagonales y arrays de identidad

.eye(filas,columnas,k): crear una matriz de identidad con las filas y columnas indicadas, con el valor 1 en la diagonal principal y ceros en el resto de los elementos.

- filas: número de filas.
- columnas (opcional): número de columnas. Si no se especifica, será cuadrada.
- k (opcional): desplazamiento de la diagonal principal. Si k = 0, los unos se colocan en la diagonal principal; si k > 0, se desplazan hacia arriba, y si k < 0, hacia abajo.

.identity(N): matriz de identidad N x N.

.diag(v): si el array pasado es una matriz bidimensional, devuelve la diagonal. Si el parámetro es una lista o un array de una dimensión, devuelve un array de dos dimensiones con los valores pasados en la diagonal.

Código 11.12
Identidad y diagonales

```python
import numpy as np
e=np.eye(3)
c=np.diag([1,2,3])
print(e)
'''[[1. 0. 0.]
    [0. 1. 0.]
    [0. 0. 1.]]'''
print(c)
'''[[1 0 0]
    [0 2 0]
  [0 0 3]]'''
```

Arrays aleatorios

A través de la clase **Generator** se pueden crear arrays con valores aleatorios. Conviene establecer una semilla inicial para poder volver a reproducir los mismos números aleatorios generados. Para ello se utiliza la función **.default_rng(semilla)**. Este método devuelve una instancia a un generador de números aleatorios.

Una vez establecida la semilla, se tienen estos métodos para generar arrays aleatorios.

`.random(size)`: genera un array de la forma indicada con valores aleatorios entre 0 y 1.

`.standard_normal(size)`: genera números aleatorios siguiendo una distribución normal estándar (media 0, desviación estándar 1) en la forma indicada.

`.integers(ini,fin,size)`: genera números aleatorios entre `ini` y `fin` en la forma indicada.

```python
import numpy as np
semilla = 42
gen = np.random.default_rng(semilla)
# Generar una matriz 3x2 de números aleatorios entre 0 y 1
print(gen.random((3, 2)))
# Generar una matriz 2x3 de números estardard normales
print(gen.standard_normal((2, 3)))
# Generar una matriz 2x3 de enteros aleatorios entre 10 y 20
print(gen.integers(10, 20, size=(2, 3)))
```

Código 11.13
Aleatorios

Arrays con patrones geométricos o logarítmicos

Existen dos métodos para generar arrays en progresión geométrica o logarítmica:

`.geomspace(ini,fin,num)`: genera una progresión geométrica.

`.logspace(ini,fin,num)`: genera una progresión logarítmica.

```python
import numpy as np
geo=np.geomspace(1,16,num=5) #[1. 2. 4. 8. 16.]
log=np.logspace(0,3,num=4) # [1. 10. 100. 1000.]
```

Código 11.14
Identidad y diagonales

Leer datos de CSV

También se pueden cargar datos de un archivo externo en formato CSV con el método `.getfromtxt(archivo,delimitador,líneas ignoradas de cabecera o pie)`.

```
a.csv
Información
1,5.15
2,3.6
3,2.0
4,25.4
```

Código 11.15
Carga de CSV

```python
import numpy as np
a=np.genfromtxt('a.csv',delimiter=',',skip_header=1)
print(a)
'''[[ 1.    5.15]
   [ 2.    3.6 ]
   [ 3.    2.  ]
   [ 4.   25.4 ]]'''
```

Para estructuras más complejas del archivo CSV es mejor utilizar la librería Pandas.

11.4 Propiedades de los arrays

Los arrays disponen de una gran cantidad de atributos que ofrecen información sobre sus características.

`.dim:` número de dimensiones del array.

`.shape:` devuelve una tupla de enteros indicando el tamaño del array en cada dimensión.

`.size:` número total de elementos del array. Corresponde al producto de los valores de `.shape`.

`.dtype:` tipo de datos de los elementos.

`.itemsize:` tamaño en bytes de un solo elemento.

`.nbytes:` número total de bytes consumidos por todos los elementos. Equivalente a `size` por `itemsize`.

`.T:` cambio de orden en las dimensiones. Vista transpuesta del array.

`.real:` para arrays complejos, retorna la parte real del array.

`.imag:` para arrays complejos, retorna la parte imaginaria del array.

`.flat:` iterador que proporciona un acceso en una dimensión del array.

`.base:` si el array es una vista de otro, este indica el array base, si no lo es, retorna `None`.

`.flags:` devuelve un diccionario con información sobre la memoria del array. Tiene atributos como `C_CONTIGUOUS` o `F_CONTIGUOUS`, utilizados para la optimización de la memoria.

Código 11.16
Propiedades

```python
import numpy as np
array = np.array([[1, 2, 3], [4, 5, 6]])
num_dimensiones = array.ndim  # 2
forma = array.shape  # (2, 3)
tamano = array.size  # 6
tipo_dato = array.dtype  # int64
tamano_elemento = array.itemsize  # 8
bytes_totales = array.nbytes  # 48
transpuesto = array.T  # [[1, 4], [2, 5], [3, 6]]
array_complejo = np.array([1 + 2j, 3 + 4j])
parte_real = array_complejo.real  # [1. 3.]
parte_imaginaria = array_complejo.imag  # [2. 4.]
iterador = array.flat
flat_list = [i for i in iterador]  # [1, 2, 3, 4, 5, 6]
array_copia = array.view()
base = array_copia.base  # array original
banderas_memoria = array.flags
es_c_contiguo = banderas_memoria['C_CONTIGUOUS']  # True
```

11.5 Acceso y segmentación del contenido

Acceso a los elementos

Hay varias maneras de acceder (también llamado indexar) a la información guardada en los arrays.

Acceso por índice: en arrays de una dimensión se indica el índice para acceder.

Acceso multidimensional: si el array tiene más de una dimensión, será necesario indicar el índice de cada una de las dimensiones.

Acceso a múltiples elementos (**Fancy indexing**): se pueden indicar los diferentes índices para acceder y devuelve una lista con la información obtenida.

Acceso con condición: se puede expresar una condición para acceder a aquellos elementos que la cumplan.

```python
import numpy as np
arr = np.array([10, 20, 30, 40, 50])
print(arr[0])   # 10

arr2=np.array([[0,1,2],[3,4,5],[6,7,8]])
print(arr2[1][0]) #3
print(arr2[2][1]) #7

indices = [1, 3]
print(arr[indices])   # [20 40]
print(arr[arr > 30])   # [40 50]
```

Código 11.17
Acceso

Slicing: se utilizan operadores de rango para obtener un subconjunto de elementos.

```python
import numpy as np
arr = np.array([10, 20, 30, 40, 50])
print(arr[1:4])   # [20 30 40]
print(arr[:3])    # [10 20 30]
print(arr[::2])   # [10 30 50]
```

Código 11.18
Slicing

Acceso combinado: se pueden combinar varios métodos de acceso.

```python
import numpy as np
arr_2d = np.array([[1, 2, 3], [4, 5, 6], [7, 8, 9]])
print(arr_2d[1:, [0, 2]])   # [[4 6] [7 9]]
mask = (arr_2d % 2 == 0)
print(arr_2d[mask])   #  [2 4 6 8]
```

Acceso con rangos: utilizando el operador de rango **:**, se pueden extraer subconjuntos continuos de elementos de un array. Es necesario indicar el índice de inicio, el índice de fin y el intervalo.

```python
import numpy as np
arr = np.array([0, 1, 2, 3, 4, 5])
print(arr[:3])   #  [0 1 2]
print(arr[1:5:2])   #  [1 3]
print(arr[::2])    #  [0 2 4]
```

Código 11.19
Rangos en una
dimensión

También se puede utilizar con arrays de varias dimensiones.

Código 11.20
Rangos en dos
dimensiones

```python
import numpy as np
arr_2d = np.array([[10, 20, 30], [40, 50, 60], [70, 80, 90]])
print(arr_2d[:2, 1:])  # [[20 30] [50 60]]
print(arr_2d[:, ::2])  # [[10 30] [40 60] [70 90]]
```

Se pueden utilizar intervalos negativos.

Código 11.21
Intervalos negativos

```python
import numpy as np
arr = np.array([0, 1, 2, 3, 4, 5])
arr_2d = np.array([[10, 20, 30], [40, 50, 60], [70, 80, 90]])
print(arr[::-1])  #[5 4 3 2 1 0]
print(arr_2d[:, ::-1])  #[[30 20 10] [60 50 40] [90 80 70]]
```

11.6 Modificación de arrays

Modificación directa de elementos

Se pueden realizar modificaciones de elementos a través del índice o de un rango.

Código 11.22
Modificación a través
del índice

```python
import numpy as np
array = np.array([1, 2, 3, 4, 5])

array[0] = 10
print(array) #[10, 2, 3, 4, 5]

array[1:3] = [20, 30]
print(array) #[10, 20, 30, 4, 5]
```

Modificación condicional

Es posible modificar elementos basados en una condición lógica.

Código 11.23
Modificación a través
de una condición

```python
import numpy as np
array = np.array([1, 2, 3, 4, 5])

array[array < 3] = 0
print(array) # [0 0 3 4 5]
```

Modificación mediante operaciones

Se pueden aplicar directamente operaciones matemáticas.

Código 11.24
Operaciones
matemáticas

```python
import numpy as np
# Operaciones con escalares
array = np.array([1, 2, 3, 4, 5])
array = array * 2
# array ahora es [2, 4, 6, 8, 10]

# Operaciones vectoriales
```

```
array2 = np.array([1, 1, 1, 1, 1])
array = array + array2
# array ahora es [3, 5, 7, 9, 11]
```

Modificación mediante where

La función `.where(condición,x,y)` devuelve las posiciones de los elementos que cumplen la condición.

- condición: una expresión booleana que se evalúa elemento por elemento del array.
- x: el valor que se asigna donde la condición es True.
- y: el valor que se asigna donde la condición es False.

A través de esta función se pueden modificar los valores.

Código 11.25
Modificación con
.where()

```
import numpy as np
#pone a 0 todos los valores menores de 5
arr = np.array([1, 4, 6, 8, 3])
narr = np.where(arr < 5, 0, arr)
print(narr) #[0 0 6 8 0]
```

Modificación mediante funciones matemáticas

Código 11.26
Funciones
matematicas

```
import numpy as np
array = np.array([1, 4, 9, 16])
sqrt_array = np.sqrt(array)
print(sqrt_array)# [1.0, 2.0, 3.0, 4.0]
```

Cambio del tipo de dato

Con el método `.astype(tipo)` es posible modificar el tipo de dato del array.

Código 11.27
Cambio de tipo

```
import numpy as np
array = np.array([3.5, 4.5, 5.5])
array_int = array.astype(int)
print(array_int) # [3, 4, 5]
```

También se puede utilizar el método `.asarray(tipo)` para realizar este cambio de tipo de datos.

Código 11.28
Método asarray

```
import numpy as np
array = np.array([1, 2, 3])
float32_array = np.asarray(array, dtype='float32')
print(float32_array)# [1. 2. 3.]
```

Inserción de elementos

A través del método `.insert(arr, ind, valor,axis)` se pueden insertar valores en un array en las posiciones especificadas.

arr: array original.

ind: índice o rango donde se insertarán los valores.

valor: valores a insertar.

axis: si es None (por defecto), el array se aplana antes de insertar, en caso contrario se realiza en el eje especificado.

Código 11.29
Inserción

```python
import numpy as np
arr = np.array([1, 2, 3, 4])
new_arr = np.insert(arr, 2, 99)  # Inserta 99 en el índice 2
print(new_arr)  # [1 2 99 3 4]

arr2d = np.array([[1, 2], [3, 4]])
# Inserta una nueva fila [99, 99] en el índice 1 (axis=0)
new_arr2d = np.insert(arr2d, 1, [99, 99], axis=0)
print(new_arr2d) #[[ 1  2] [99 99] [ 3  4]]

# Inserta una nueva columna [99, 99] en el índice 1 (axis=1)
new_arr2d = np.insert(arr2d, 1, [99, 99], axis=1)
print(new_arr2d) #[[ 1 99  2] [ 3 99  4]]
```

Añadir elementos

Con el método .append(arr, valores,axis) devuelve un nuevo array con los valores añadidos al final del array origen.

Código 11.30
Añadir elementos

```python
import numpy as np
arr = np.array([1, 2, 3])
new_arr = np.append(arr, [4, 5, 6])
print(new_arr) #[1 2 3 4 5 6]
arr = np.array([[1, 2], [3, 4]])
new_arr = np.append(arr, [[5, 6]], axis=0)
print(new_arr) #[[1 2] [3 4] [5 6]]
```

Borrado de elementos

Con el método .delete(arr,ind,axis) se pueden eliminar elementos de un array.

Código 11.31
Borrado

```python
import numpy as np
arr = np.array([1, 2, 3, 4, 5])

# Eliminar el elemento en el índice 2
new_arr = np.delete(arr, 2)
print(new_arr)  # [1 2 4 5]

#Elimina los elementos con índice 3,5,7
arr=np.array(range(1,11))
print(arr) #[ 1  2  3  4  5  6  7  8  9 10]
arr_del=np.array([3,5,7])
print(arr_del)#[3 5 7]
arr_borrado=np.delete(arr,arr_del)
```

```
print(arr_borrado) #[ 1  2  3  5  7  9 10]

arr = np.array([[1, 2], [3, 4], [5, 6]])
# Eliminar la fila en el índice 1 (axis=0)
new_arr = np.delete(arr, 1, axis=0)
print(new_arr) #[[1 2] [5 6]]

arr = np.array([[1, 2, 3], [4, 5, 6]])
# Eliminar la columna en el índice 1 (axis=1)
new_arr = np.delete(arr, 1, axis=1)
print(new_arr) #[[1 3] [4 6]]
```

11.7 Copia y vista

Es importante saber la diferencia entre una vista y una copia. Una vista de un array comparte la misma información que el array original, pero de diferente forma. La modificación de una vista afecta al array original.

```
import numpy as np
array = np.array([1, 2, 3, 4, 5])
vista = array[1:4] #se crea una vista [2, 3, 4]
vista[0] = 20
print(array) # [1, 20, 3, 4, 5]
```

Código 11.32
Modificación de vista

Una copia tiene su propio conjunto de datos, de manera que la modificación de una copia no altera el original. Para realizar una copia se utiliza el método `copy()`.

```
import numpy as np
array = np.array([1, 2, 3, 4, 5])
copia = array.copy()
copia[0] = 20
print(array) # [1, 2, 3, 4, 5]
```

Código 11.33
Modificación de copia

11.8 Manipulación de dimensiones

Es posible modificar la forma de un array sin modificar sus elementos a través del método `.reshape(forma)`. Con este método es posible cambiar un array de una dimensión a uno de dos.

```
import numpy as np
array = np.arange(1, 7)
print(array) #[1 2 3 4 5 6]
# Convertir el array 1D en un array 2D de 2x3
array_2d = array.reshape(2, 3)
print(array_2d) #[[1 2 3] [4 5 6]]
```

Código 11.34
Cambio de forma

Tanto `.ravel()` como `.flatten()` se utilizan para convertir un array multidimensional en un array unidimensional (aplanado). Con `.ravel()` si los datos

original, mientras que `.flatten()` devuelve un array de una dimensión, aunque los elementos estén separados en memoria.

Código 11.35
Aplanamiento

```python
import numpy as np
arr = np.array([[1, 2, 3], [4, 5, 6]])

# Aplanar usando ravel
flat_arr = np.ravel(arr)
print(flat_arr)  # [1 2 3 4 5 6]
flat_arr = arr.flatten()
print(flat_arr)  # [1 2 3 4 5 6]
```

A través del método `.resize()` se puede cambiar la forma y el tamaño de un array.

Código 11.36
Cambio de forma y tamaño

```python
import numpy as np
arr = np.array([[1, 2, 3], [4, 5, 6]])

array_resized = np.resize(arr, (3, 2))
print(array_resized) #[[1 2] [3 4] [5 6]]
```

El método `.transpose()` cambia los ejes del array.

Código 11.37
Transposición

```python
import numpy as np
arr = np.array([[1, 2], [3,4], [5, 6]])
arrTran = arr.transpose()
print(arrTran) #[[1 3 5] [2 4 6]]
```

11.9 Combinación de arrays

Existen varios métodos que permiten la modificación de arrays por combinación con otros arrays.

`.concatenate()`: concatena arrays en el eje especificado (por defecto, el eje 0).

Código 11.38
Concatenar

```python
import numpy as np
array1 = np.array([1, 2, 3])
array2 = np.array([4, 5, 6])
# Concatenar a lo largo del eje-0
result = np.concatenate((array1, array2))
print(result)#[1, 2, 3, 4, 5, 6]
```

`.vstack()`: apila arrays en el eje vertical.

Código 11.39
Apilar verticalmente

```python
import numpy as np
array1 = np.array([[1, 2], [3, 4]])
array2 = np.array([[5, 6]])
# Apilar verticalmente
result = np.vstack((array1, array2))
print(result)# [[1 2] [3 4] [5 6]]
```

.hstack(): apila arrays en el eje horizontal.

```
import numpy as np
array1 = np.array([[1, 2], [3, 4]])
array2 = np.array([[5, 6], [7, 8]])
# Apilar horizontalmente
result = np.hstack((array1, array2))
print(result)# [[1 2 5 6] [3 4 7 8]]
```

Código 11.40
Apilar
horizontalmente

.dstack(): apila arrays en profundidad (eje 3).

```
import numpy as np
array1 = np.array([[1, 2], [3, 4]])
array2 = np.array([[5, 6], [7, 8]])
# Apilar en profundidad
result = np.dstack((array1, array2))
print(result)# [[[1 5] [2 6]] [[3 7] [4 8]]]
```

Código 11.41
Apilar en el eje Z

.column_stack(): apila arrays de 1 dimensión en columnas.

```
array1 = np.array([1, 2])
array2 = np.array([3, 4])
# Apilar como columnas
result = np.column_stack((array1, array2))
print(result)# [[1 3] [2 4]]
```

Código 11.42
Apilar en columnas

.swapaxex(): permite intercambiar dos ejes.

```
import numpy as np
array_3d = np.array([[[1, 2], [3, 4]], [[5, 6], [7, 8]]])
swapped = array_3d.swapaxes(0, 2)
print(swapped)# [[[1 5] [3 7]] [[2 6] [4 8]]]
```

Código 11.43
Intercambia ejes

.moveaxis(): reordena los ejes.

```
import numpy as np
array_3d = np.array([[[1, 2], [3, 4]], [[5, 6], [7, 8]]])
moved = np.moveaxis(array_3d, 0, -1)
print(moved)# [[[1 5] [2 6]] [[3 7] [4 8]]]
```

Código 11.44
Reordena

División de arrays

Las siguientes funciones permiten dividir arrays en diferentes partes.

.split(): divide un array en las partes que se especifica.

```
import numpy as np
array = np.array([1, 2, 3, 4, 5, 6])
# Dividir en tres partes
```

Código 11.45
Dividir en partes

```
result = np.split(array, 3)
print(result)# [array([1, 2]), array([3, 4]), array([5, 6])]
```

`.hsplit()`: divide un array en partes horizontalmente.

Código 11.46
Dividir en filas

```
import numpy as np
array = np.array([[1, 2, 3], [4, 5, 6]])
# Dividir en tres partes horizontales
result = np.hsplit(array, 3)
print(result)# [array([[1],[4]]), array([[2],[5]]),
array([[3],[6]])]
```

`.vsplit()`: divide un array en partes verticalmente.

Código 11.47
Dividir en columnas

```
import numpy as np
array = np.array([[1, 2, 3], [4, 5, 6], [7, 8, 9]])
# Dividir en tres partes verticales
result = np.vsplit(array, 3)
print(result)# [array([[1, 2, 3]]), array([[4, 5, 6]]),
array([[7, 8, 9]])]
```

`.dsplit()`: divide un array en profundidad (3er eje).

Código 11.48
Dividir en el eje Z

```
import numpy as np
array = np.array([[[1, 2], [3, 4]], [[5, 6], [7, 8]]])
# Dividir en dos partes a lo largo de la profundidad
result = np.dsplit(array, 2)
print(result)# [array([[[1],[3]],[[5],[7]]]),
array([[[2],[4]],[[6],[8]]])]
```

Operaciones de forma y tipo

Estas operaciones transforman y manipulan los arrays cambiando el tipo de dato y con transformaciones relacionadas con la memoria.

`.ascontiguousarray()`: asegura que usa memoria contigua.

Código 11.49
Memoria contigua

```
import numpy as np
arr = np.array([[1, 2], [3, 4]])
arr_cont = np.ascontiguousarray(arr)
```

11.10 Operaciones aritméticas, lógicas, ordenaciones y filtrado

Existen gran cantidad de operaciones matemáticas entre matrices.

`.add()`: suma elemento a elemento de dos arrays. Equivalente a la operación +

```
import numpy as np
a = np.array([1, 2, 3])
b = np.array([4, 5, 6])
c = a + b  # [5, 7, 9]
d = np.add(a, b)  # [5, 7, 9]
```

.subtract(): resta elemento a elemento. Equivalente a la operación −

```
import numpy as np
a = np.array([8, 6, 4])
b = np.array([1, 2, 3])
c = a - b  # [7, 4, 1]
d = np.subtract(a, b)  # [7, 4, 1]
```

.multiply(): multiplica elemento a elemento: Equivalente a la operación *

```
import numpy as np
a = np.array([1, 2, 3])
b = np.array([4, 5, 6])
c = a * b  # [4, 10, 18]
d = np.multiply(a, b)  # [4, 10, 18]
```

.divide(): divide elemento a elemento. Equivalente a la operación /

```
import numpy as np
a = np.array([10, 20, 30])
b = np.array([2, 4, 5])
c = a / b  # [5.0, 5.0, 6.0]
d = np.divide(a, b)  # [5.0, 5.0, 6.0]
```

.power(): eleva al exponente cada elemento. Equivale a la operación **

```
import numpy as np
a = np.array([2, 3, 4])
b = np.array([1, 2, 3])
c = a ** b  # [2, 9, 64]
d = np.power(a, b)  # [2, 9, 64]
```

.sqrt(): Realiza la raíz cuadrada de cada elemento.

```
import numpy as np
a = np.array([1, 4, 9, 16])
b = np.sqrt(a)  # [1.0, 2.0, 3.0, 4.0]
```

Logaritmos y trigonometría: hay diversas funciones para calcular los logaritmos en base e, 10 y 2 y funciones trigonométricas como seno, coseno y tangente.

```
import numpy as np
a = np.array([1, np.e, 10])
```

```
log_base_e = np.log(a)  # [0.0, 1.0, 2.30258509]
log_base_10 = np.log10(a)  # [0.0, 0.43429448, 1.0]
log_base_2 = np.log2(a)  # [0.0, 1.44269504, 3.32192809]

angulos = np.array([0, np.pi / 2, np.pi])
seno = np.sin(angulos)  # [0 1 1.2246468e-16]
coseno = np.cos(angulos)  # [1  6.123234e-17 -1]
tangente = np.tan(angulos)  # [0 1.63e+16 -1.22e-16]
```

`.cumsum()`: realiza una suma acumulada de los elementos del array.

Código 11.57
Acumulado

```
import numpy as np
a = np.array([1, 2, 3, 4])
cumsum = np.cumsum(a)  # [1, 3, 6, 10]
```

Operaciones de redondeo

Hay varias operaciones que permiten el redondeo de los valores de un array.

`.round(arr,dec)`: realiza un redondeo al número de decimales especificado.

`.around(arr,dec)`: realiza un redondeo al número de decimales especificado o al número de enteros especificado si el valor **dec** es negativo.

`.fix(arr)`: mantiene la parte entera.

`.trunc(arr)`: trunca los decimales. Equivalente a `.fix()`.

`.floor(arr)`: redondea al entero más bajo.

`.ceil(arr)`: redondea al entero más alto.

`.rint(arr)`: redondea al entero más cercano.

Código 11.58
Redondeos

```
import numpy as np
a = np.array([1.345, 2.678, 3.123])
b = np.round(a, 2)  # [1.34, 2.68, 3.12]
b = np.around(a, 1)  # [1.3, 2.7, 3.1]
a = np.array([1234.5678, 5678.1234])
b = np.around(a, -1)  # [1230.0, 5680.0]

a = np.array([-2.5, 2.3, 1.5, -1.4])
b = np.fix(a)  # [-2., 2., 1., -1.]
b = np.trunc(a)  # [-2.  2.  1. -1.]
b = np.floor(a)  # [-3.  2.  1. -2.]
b = np.ceil(a)  # [-2.  3.  2. -1.]
b = np.rint(a)  # [-2.  2.  2. -1.]
```

Ordenaciones

Hay diferentes formas para ordenar arrays.

`.sort(arr,axis=n)`: ordena el array a lo largo del eje especificado.

`.argsort()`: devuelve los índices de ordenación sin alterar el array.

`.lexsort()`: ordena a partir de las claves facilitadas.

`.partition()`: reordena los elementos de menor a mayor hasta el índice de pivote indicado, y luego de mayor a menor.

```python
import numpy as np
array = np.array([3, 1, 2, 5, 4])
sorted_array = np.sort(array) # [1, 2, 3, 4, 5]
# Obtener los índices de ordenación
sorted_indices = np.argsort(array) # [1, 2, 0, 4, 3]
# Usar los índices para ordenar el array
sorted_array = array[sorted_indices] # [1, 2, 3, 4, 5]

array_2d = np.array([[3, 1, 5], [2, 4, 6]])
# Ordenar el array a lo largo del eje-0 (filas)
sorted_array_0 = np.sort(array_2d, axis=0) # [[2 1 5] [3 4 6]]
# Ordenar el array a lo largo del eje-1 (columnas)
sorted_array_1 = np.sort(array_2d, axis=1) # [[1 3 5] [2 4 6]]
```

Código 11.59
Ordenaciones

Operaciones lógicas

`Igualdad (==)`: comprueba si los elementos son iguales.

`Desigualdad (!=)`: comprueba si los elementos son diferentes.

`Mayor que (>)`: comprueba si los elementos son mayores.

`Menor que (<)`: comprueba si los elementos son menores.

`Mayor o igual que (>=)`: comprueba si los elementos son mayores o iguales.

`Menor o igual que (<=)`: comprueba si los elementos son menores o iguales.

`.logical_and(arr1,arr2)`: realiza la operación **and** entre los elementos.

`.logical_or(arr1,arr2)`: realiza la operación **or** entre los elementos.

`.logical_not(arr)`: realiza la negación de los elementos

```python
import numpy as np
a = np.array([1, 2, 3])
b = np.array([3, 2, 1])

igual = a == b   # [False, True, False]
diferente = a != b  # [True, False, True]
mayor = a > b  # [False, False, True]
menor = a < b  # [True, False, False]
mayor_igual = a >= b  # [False, True, True]
menor_igual = a <= b  # [True, True, False]

a = np.array([True, False, True])
b = np.array([False, False, True])
logical_and = np.logical_and(a, b)  # [False, False, True]
logical_or = np.logical_or(a, b)  # [True, False, True]
logical_not = np.logical_not(a)  # [False, True, False]
```

Código 11.60
Comparaciones y
operaciones

Se pueden realizar comparaciones combinadas.

Código 11.61
Operaciones
combinadas

```python
import numpy as np
a = np.array([1, 2, 3, 4])
b = np.array([4, 3, 2, 1])
# Elementos de a que son mayores que 2 y menos de 4
condition = np.logical_and(a > 2, a < 4)  # [False, False,
True, False]
# Elementos de a que son mayores que 2 o menores que 2
condition = np.logical_or(a > 2, a < 2)  # [True, False, True,
True]
```

Con la función **.where()** se puede retornar un valor u otro dependiendo de la condición de un elemento.

Código 11.62
Operación where

```python
import numpy as np
a = np.array([1, 2, 3, 4])
b = np.array([4, 3, 2, 1])
# Si el elemento en a es mayor que 2, selecciona el elemento en
a; de lo contrario, selecciona el elemento en b
result = np.where(a > 2, a, b)  # [4, 3, 3, 4]
```

La función **.all()** permite saber si todos los elementos son verdaderos, mientras que la función **.any()** evalúa si alguno es verdadero.

Código 11.63
all() y any()

```python
import numpy as np
a = np.array([True, True, False])
all_true = np.all(a)  # False, no todos son True
any_true = np.any(a)  # True, hay al menos un True
```

Selección y filtrado

El poder filtrar y seleccionar elementos en un array es fundamental para realizar el análisis de los datos.

Se puede indicar un índice o un rango para seleccionar elementos.

Código 11.64
Selección por índice

```python
import numpy as np
a = np.array([1, 2, 3, 4, 5])
element = a[2]  # 3
subset = a[1:4]  # [2, 3, 4]
```

Se puede indicar una lista de elementos a seleccionar.

Código 11.65
Selección por lista

```python
import numpy as np
a = np.array([1, 2, 3, 4, 5])
selection = a[[0, 2, 4]]  # [1, 3, 5]
```

Se puede indicar una condición de selección.

Código 11.66

```python
import numpy as np
a = np.array([1, 2, 3, 4, 5])
mayor_2 = a[a > 2]  # [3, 4, 5]
```

También se puede combinar con operadores lógicos (& para AND y | para OR).

```
import numpy as np
a = np.array([1, 2, 3, 4, 5])
entre_2_y_4 = a[(a > 2) & (a < 5)]  # [3, 4]
```
Código 11.67
Combinación

Se puede utilizar la función .where() para retornar valores de uno u otro array.

```
import numpy as np
a = np.array([1, 2, 3, 4, 5])
# Si el elemento es mayor que 3, selecciona el -1; si no, el
elemento original
condition = np.where(a > 3, -1, a)  # [1, 2, 3, -1, -1]
```
Código 11.68
Con where

11.11 Funciones estadísticas

Existe una colección de operaciones estadísticas y de reducción que permiten el análisis y procesamiento de los datos.

Estas operaciones pueden actuar sobre todo el array o solo sobre un eje específico.

.mean(arr,axis=n): calcula la media. Se puede aplicar a todo el array o solo en el eje especificado.

```
import numpy as np
arr = np.array([1, 2, 3, 4, 5])
print(np.mean(arr))  # 3.0
# Media a lo largo de filas en un array bidimensional
arr_2d = np.array([[1, 2, 3], [4, 5, 6]])
print(np.mean(arr_2d, axis=0))  # [2.5 3.5 4.5]
```
Código 11.69
Media

.median(arr, axis=n): calcula la mediana, el valor central de un conjunto de datos ordenado.

```
import numpy as np
arr = np.array([1, 3, 5, 7, 9])
print(np.median(arr))  # 5.0
# Mediana a lo largo de filas en un array bidimensional
arr_2d = np.array([[1, 3, 5], [2, 4, 6]])
print(np.median(arr_2d, axis=0))  # [1.5 3.5 5.5]
```
Código 11.70
Mediana

.min(arr, axis=n) y .max(arr, axis=n) permiten encontrar el valor mínimo y el máximo de un array, pudiendo especificar si considera el array completo o solo una dimensión (0 -> columnas, 1->filas).

```
import numpy as np
arr = np.array([[10, 20, 30], [5, 15, 25]])
# Valor mínimo y máximo del array completo
print(np.min(arr))  # 5
```
Código 11.71
Máximo y mínimo

```
# Mínimo y máximo a lo largo de las columnas (axis=0)
print(np.min(arr, axis=0))  # [5 15 25]
print(np.max(arr, axis=0))  # [10 20 30]
# Mínimo y máximo a lo largo de las filas (axis=1)
print(np.min(arr, axis=1))  # [10  5]
print(np.max(arr, axis=1))  # [30 25]
```

.argmin(arr, axis=n) y .argmax(arr, axis=n) devuelve el índice del valor mínimo o máximo en un array o en una dimensión.

Código 11.72
Índice de los valores máximos y mínimos

```
arr = np.array([[10, 20, 30], [5, 15, 25]])
# Índice del valor mínimo y máximo del array aplanado
print(np.argmin(arr))  # 3 (corresponde al valor 5 en el array
aplanado)
print(np.argmax(arr))  # 2 (corresponde al valor 30 en el array
aplanado)
# Índice del mínimo y máximo a lo largo de las columnas
(axis=0)
print(np.argmin(arr, axis=0))  # [1 0 0]
print(np.argmax(arr, axis=0))  # [0 1 1]
# Índice del mínimo y máximo a lo largo de las filas (axis=1)
print(np.argmin(arr, axis=1))  # [0 0]
print(np.argmax(arr, axis=1))  # [2 2]
```

Existen funciones acumulativas que permiten realizar operaciones con los elementos del array. Estas operaciones son fundamentales en el análisis de series temporales.

.sum(arr,axis=n): devuelve la suma de todos los elementos de un array completo o de la dimensión indicada.

.cumsum(arr,axis=n): da la suma acumulada del array o del eje indicado.

.prod(arr,axis=n): devuelve el producto de todos los elementos de un array o de la dimensión indicada.

.cumprod(arr,axis=n): retorna el producto acumulado del array o del eje indicado.

Código 11.73
Sumas y productos

```
import numpy as np
arr = np.array([[1, 2, 3], [4, 5, 6]])
# Suma de todos los elementos
print(np.sum(arr))  # 21
# Suma de las columnas (axis=0)
print(np.sum(arr, axis=0))  # [5 7 9]
# Suma de las filas (axis=1)
print(np.sum(arr, axis=1))  # [6 15]
# Suma acumulada (array aplanado)
print(np.cumsum(arr))  # [1 3 6 10 15 21]
# Suma acumulada de las columnas (axis=0)
print(np.cumsum(arr, axis=0))  # [[1 2 3] [5 7 9]]
# Suma acumulada de las filas (axis=1)
print(np.cumsum(arr, axis=1))  # [[1 3 6] [4 9 15]]
```

```
# Producto de todos los elementos
print(np.prod(arr))  # 720
# Producto de las columnas (axis=0)
print(np.prod(arr, axis=0))  # [4 10 18]
# Producto de las filas (axis=1)
print(np.prod(arr, axis=1))  # [6 120]
# Producto acumulado (array aplanado)
print(np.cumprod(arr))  # [1 2 6 24 120 720]
# Producto acumulado de las columnas (axis=0)
print(np.cumprod(arr, axis=0))  # [[1 2 3] [4 10 18]]
# Producto acumulado de las filas (axis=1)
print(np.cumprod(arr, axis=1))  # [[1 2 6] [4 20 120]]
```

Percentiles

La función `.percentile()` permite calcular el percentil de un array. El percentil es el valor por debajo del cual se encuentra un porcentaje específico de los datos.

Esta métrica es ampliamente utilizada en análisis estadístico para entender la distribución de los datos y es útil en diversas aplicaciones, como estadísticas descriptivas, análisis de rendimiento, y más.

`.percentile(arr,q,axis=n,interpolation=valor,keepdims=bool)`

- `arr:` el array de entrada.
- `q:` el percentil o percentiles que se desean calcular. Puede ser un valor escalar o un array de percentiles (en el rango [0, 100]).
- `axis (opcional):` el eje a lo largo del cual se calcula el percentil.
  - Si es **None** (por defecto), se calcula sobre todo el array aplanado.
  - Si es axis=0, se calcula a lo largo de las columnas.
  - Si es axis=1, se calcula a lo largo de las filas.
- `interpolation (opcional):` Método de interpolación para los percentiles que caen entre dos datos:
  - `linear (por defecto):` calcula usando una interpolación lineal entre los dos valores más cercanos.
  - `lower:` usa el valor más bajo de los dos valores más cercanos.
  - `higher:` usa el valor más alto de los dos valores más cercanos.
  - `midpoint:` usa el promedio de los dos valores más cercanos.
  - `nearest:` usa el valor más cercano.
- `keepdims (opcional):` si es True, mantiene las dimensiones originales del array tras el cálculo.

```
import numpy as np
arr = np.array([10, 20, 30, 40, 50])
# Percentil 50 (mediana)
print(np.percentile(arr, 50))  # 30.0
# Percentil 25
print(np.percentile(arr, 25))  # 20.0
# Percentil 75
```

Código 11.74
Percentil

```
print(np.percentile(arr, 75))  # 40.0
# Percentil 45 con distintos métodos de interpolación
print(np.percentile(arr, 45, interpolation='linear'))   # 28
print(np.percentile(arr, 45, interpolation='lower'))    # 20
print(np.percentile(arr, 45, interpolation='higher'))   # 30
print(np.percentile(arr, 45, interpolation='nearest')) # 30
print(np.percentile(arr, 45, interpolation='midpoint'))# 25
```

Cuantiles

Un cuantil es un punto que divide un conjunto de datos en intervalos del mismo tamaño. Esta función es similar a `.percentile()`, pero en lugar de especificar el percentil en una escala de 0 a 100, se especifica el cuantil en una escala de 0 a 1.

Esta métrica es útil para comprender la distribución y la variabilidad de los datos.

`.quantile(a, q, axis=None, interpolation='linear', keepdims=False)`

- `a:` el array de entrada.
- `q:` el cuantil o cuantiles que se desean calcular. Puede ser un valor escalar o un array de cuantiles en el rango [0, 1].
- axis (opcional):
  - Si es **None** (por defecto), se calcula sobre todo el array aplanado.
  - Si es axis=0, se calcula a lo largo de las columnas.
  - Si es axis=1, se calcula a lo largo de las filas.
- `interpolation (opcional):` método de interpolación cuando el cuantil cae entre dos datos (igual que en `percentile()`).
- `keepdims (opcional):` si es True, mantiene las dimensiones originales del array.

Código 11.75
Cuartil

```
import numpy as np
arr = np.array([10, 20, 30, 40, 50])
# Cuantil 0.5 (mediana)
print(np.quantile(arr, 0.5))  # 30.0
# Cuantil 0.25 (primer cuartil)
print(np.quantile(arr, 0.25))  # 20.0
# Cuantil 0.75 (tercer cuartil)
print(np.quantile(arr, 0.75))  # 40.0
```

Desviación estándar

La desviación estándar mide cuánto se dispersan los valores de un conjunto de datos en relación con su media. Es una medida común de la variabilidad o dispersión.

`.std(arr, axis=None, dtype=None, ddof=0, keepdims=False)`

- `arr:` el array de entrada.
- axis (opcional):
  - Si es **None** (por defecto), se calcula la desviación estándar de todo el array aplanado.

- Si es axis=0, se calcula a lo largo de las columnas.
- Si es axis=1, se calcula a lo largo de las filas.
- ddof (opcional): significa "Delta Degrees of Freedom" (grados de libertad).
  - El valor por defecto es 0. Si se usa **ddof=1**, se calcula la desviación estándar muestral (en lugar de la poblacional).
- keepdims (opcional): si es True, mantiene las dimensiones originales del array tras el cálculo.

```
import numpy as np
arr = np.array([10, 20, 30, 40, 50])
print(np.std(arr))  # 14.142135623730951
```

Código 11.76
Desviación estándar

Varianza

La varianza es una medida estadística que describe cuánto varían los elementos de un conjunto de datos en relación con su media. Se define como el promedio de los cuadrados de las diferencias respecto a la media.

.var(arr, axis=None, dtype=None, ddof=0, keepdims=False)

- arr: el array de entrada.
- axis (opcional):
  - Si es **None** (por defecto), se calcula la varianza de todo el array aplanado.
  - Si es axis=0, se calcula a lo largo de las columnas.
  - Si es axis=1, se calcula a lo largo de las filas.
- dtype (opcional): el tipo de dato del resultado. Por defecto, se utiliza el mismo tipo de dato que el array de entrada.
- ddof (opcional): Delta Degrees of Freedom (grados de libertad).
  - Si **ddof=0**, se calcula la varianza poblacional.
  - Si **ddof=1**, se calcula la varianza muestral, dividiendo por N-1 en lugar de N.
- keepdims (opcional): si es True, mantiene las dimensiones originales del array tras el cálculo.

```
import numpy as np
arr = np.array([10, 20, 30, 40, 50])
# Varianza poblacional (por defecto)
print(np.var(arr))  # 200.0
```

Código 11.77
Varianza

Valores anómalos (outliers)

Los **outliers**, o valores anómalos, son datos que se encuentran ampliamente alejados del resto de los datos en un conjunto. Estos valores pueden indicar errores en los datos, variaciones naturales extremas o puntos de interés que merecen una investigación adicional. Su detección es importante para un análisis preciso de estos, ya que pueden distorsionar resultados y afectar la interpretación de los datos.

No hay una función para detectar estos valores, pero se puede calcular a través del rango entre cuartiles (IQR).

El IQR es el rango entre el primer cuartil (Q1) y el tercer cuartil (Q3). Los **outliers** se definen típicamente como aquellos valores que están por debajo de Q1 - 1.5 x IQR o por encima de Q3 + 1.5 x IQR.

Código 11.78
Outliers por IQR

```python
import numpy as np
data = np.array([10, 12, 14, 18, 22, 23, 24, 29, 100])
# Calculo Q1 y Q3
Q1 = np.percentile(data, 25)
Q3 = np.percentile(data, 75)
IQR = Q3 - Q1
# Límites para detectar outliers
lim_min = Q1 - 1.5 * IQR
lim_max = Q3 + 1.5 * IQR
# Identificar los outliers
outliers = data[(data < lim_min) | (data > lim_max)]
print("Outliers:", outliers) #100
```

11.12 Álgebra lineal

El álgebra lineal es una rama de las matemáticas que se ocupa del estudio de vectores, operaciones con matrices, determinantes, sistemas de ecuaciones lineales y espacios vectoriales.

Estas operaciones se van a necesitar en diferentes áreas como:

- **Ciencia de datos:** reducción de dimensionalidad, análisis de componentes principales (PCA) y regresión lineal.
- **Computación gráfica:** transformaciones de imágenes, animación 3D y videojuegos.
- **Inteligencia artificial:** redes neuronales, aprendizaje profundo, procesamiento de imágenes.
- **Economía:** modelos económicos y optimización de portafolios.
- **Ciencias sociales:** análisis de redes sociales y métodos de encuesta y análisis de datos.
- **Biología y medicina:** genómica y modelado de sistemas biológicos.

`.dot(arr1,arr2):` multiplica matrices.

`.linalg.det(arr):` calcula el determinante de un array.

`.linalg.inv(arr):` calcula la inversa de una matriz cuadrada.

`.linalg.solve(arr1,arr2):` facilita la solución de ecuaciones lineales de la forma **Ax=B**.

`.linalg.eig(arr):` descompone un array en valores y vectores propios.

`.linalg.svd:` descompone en valores singulares.

`.linalg.norm:` devuelve la norma de vectores y matrices.

11.13 Ejercicios

Ejercicio 1. Crear un array de 5 elementos, todos con valor cero.

Ejercicio 2. Crear un array de 8 elementos, todos con valor uno.

Ejercicio 3. Crear un array de 10 elementos, con valores entre 0 y 1 (incluyendo ambos extremos).

Ejercicio 4. Crear un array con los enteros del 10 al 19.

Ejercicio 5. Extraer todos los números impares de un array con los números del 1 al 10.

Ejercicio 6. Reemplazar todos los números impares de un array del 1 al 9 por -1.

Ejercicio 7. Convertir un array 1D a booleano, donde los valores positivos sean True y el resto False.

```
arr = np.array([-1, 2, 0, -4, 5])
```

Ejercicio 8. Crear una matriz identidad de 3x3.

Ejercicio 9. Crea una matriz de 5x5 donde cada fila tenga los valores del 0 al 4.

Ejercicio 10. Dado un array, encontrar los índices del valor máximo y mínimo.

```
arr = np.array([5, 2, 8, 1, 7])
```

Ejercicio 11. Reemplazar todos los valores de un array 1D por el valor medio del array

```
arr = np.array([10, 20, 30, 40, 50])
```

Ejercicio 12. Concatenar dos arrays en uno solo

```
arr1 = np.array([1,2,3])
arr2 = np.array([4,5,6])
```

Ejercicio 13. Crear una matriz 3x4 de valores aleatorios y ordena cada fila.

Ejercicio 14. Dados dos arrays, calcular el error cuadrático medio.

```
arr1 = np.array([1,2,3,4])
arr2 = np.array([2,3,4,5])
```

Ejercicio 15. Reemplazar todos los valores negativos de un array por cero.

```
arr = np.array([-1, 2, -3, 4, -5])
```

Ejercicio 16. Generar un array aleatorio de 10 elementos y calcular los percentiles 5 y 95.

Ejercicio 17. Crear una matriz aleatoria 2x2 y calcular su determinante.

Ejercicio 18. Definir una matriz cuadrada de 4x4 y verificar si es simétrica.

Ejercicio 19. Calcular el producto escalar de x = (5, -3, 2) e y = (2, 3, 4) usando `np.dot`.

Ejercicio 20. Generar una matriz aleatoria de 50x50 entre -π y π. Usar `np.where` para reemplazar negativos por -1 y positivos por 1.

Pandas 12

Objetivos de aprendizaje:

- Comprender la estructura y funcionalidad de Pandas para manipular datos
- Crear y manejar **Series** y **DataFrames** para organizar información
- Aplicar filtros, consultas y transformaciones en conjuntos de datos
- Combinar, importar y exportar datos en diversos formatos
- Realizar análisis exploratorio y limpieza de datos eficientemente

Palabras clave: Pandas, DataFrames, Series, análisis de datos, filtrado, manipulación, exportación

12.1 Introducción

`Pandas` (https://pandas.pydata.org/) es una de las librerías más utilizadas de Python, de código abierto (*open-source*) y destinada a la manipulación y análisis de datos. Proporciona unas estructuras de datos que permiten trabajar de forma muy eficiente. Así mismo, dispone de un elevado conjunto de métodos para realizar las operaciones de todo el ciclo de gestión del dato.

Esta librería se basa en `NumPy`, que es un paquete para cálculo científico basado en arrays. `Pandas` dispone de las siguientes estructuras de datos:

- `Series:` son arrays unidimensionales con indexación. Usualmente empleados para trabajar con series temporales.

- `DataFrame:` son estructuras de datos tabulares organizadas en filas y columnas similares a las tablas de bases de datos relacionales. Es la estructura más empleada en `Pandas`.

- `Panel:` estructuras de datos que permiten trabajar con más de dos dimensiones.

Uso de Pandas

En una tienda *online* se necesita analizar el comportamiento de las ventas a lo largo del año. Para ello se tiene un archivo CSV con miles de registros que incluyen la fecha de la compra, el nombre del cliente, el producto vendido, la cantidad y el precio.

Con `Pandas` se pueden cargar estos datos en un `DataFrame`, filtrar solo las ventas de un período específico, calcular el total de ingresos por mes, identificar los productos más vendidos y detectar clientes frecuentes. Además, se pueden manejar datos faltantes, agrupar las ventas por categoría y generar estadísticas clave, como el importe promedio de compra. Finalmente, se puede exportar el análisis a un archivo Excel o incluso visualizar tendencias con gráficos usando otras librerías.

12.2 Instalación

Dependiendo del entorno de Python con el que se trabaje, hay diferentes métodos de instalación.

Para trabajar con **Pandas** es necesario instalar previamente **NumPy**. Se puede comprobar si se tiene instalada la librería, sencillamente importándola dentro del código:

```
import numpy as np
```

Una vez comprobado que se tiene **NumPy**, se procede a la instalación de **Pandas**, que se realiza de distintas maneras dependiendo del entorno de nuestro proyecto.

Instalación con pip: en un terminal o línea de comandos, ejecutamos:

```
pip install pandas
```

Para instalar una versión especifica, podemos indicarla en la instrucción:
```
pip install pandas==2.0.3
```

Instalación en Jupyter Notebook: se puede instalar directamente desde una celda ejecutando el código:

```
!pip install pandas
```

Instalación en Anaconda: empleando la instrucción:

```
conda install pandas
```

Una vez instalada **Pandas**, con las siguientes instrucciones se puede comprobar que la instalación está correcta:

Código 12.1
Comprobación
instalación de Pandas

```
import pandas as pd
print(pd.__version__)
```

Aparecerá por consola la versión de Pandas instalada: 2.3.1

12.3 Creación de objeto Series

En **Pandas**, se puede crear un objeto **Series** a partir de listas, diccionarios o arrays de **NumPy**. Para crearlo a partir de una lista, sencillamente hay que pasar la lista como parámetro a la función **Series**.

Código 12.2
Creación objeto Series
a partir de una lista

```
import pandas as pd
dias=["lunes","martes","miércoles",
"jueves","viernes","sábado","domingo"]
semana = pd.Series(dias)
print(semana)
```

Este código pinta por pantalla un array con los índices numéricos predeterminados (de 0 a 6), asociados a cada día de la semana.

Para la creación de un objeto **Series** a partir de un diccionario, se realiza igual que para las listas.

```
import pandas as pd
dic = {"lunes": 100, "martes": 30, "miércoles": 50,
       "jueves": 40,"viernes":33,"sábado":44,"domingo":55}
ventas = pd.Series(dic)
print(ventas)
```

Código 12.3
Creación objeto
Series a partir de un
diccionario

En este caso, el resultado es un array que tiene por índices los días de la semana (claves del diccionario) y por valores las unidades vendidas (valores del diccionario). También se pueden indicar directamente los índices y valores del array sin crear un diccionario.

```
import pandas as pd
ventas = pd.Series(index= ["lunes","martes","miércoles",
             "jueves","viernes","sábado","domingo"],
                data=[100,30,50,40,33,44,55])
print(ventas)
```

Código 12.4
Creación objeto Series
a partir de los índices
y los valores

El objeto **Series** puede generarse seleccionando elementos de un diccionario, a partir de sus claves.

```
import pandas as pd
dic = {"lunes": 100, "martes": 30, "miércoles": 50,
       "jueves": 40,"viernes":33,"sábado":44,"domingo":55}
ventas_finde = pd.Series(dic, index = ["sábado","domingo"])
print(ventas_finde)
```

Código 12.5
Creación objeto serie
pasando las claves

En este caso, se seleccionan las ventas del fin de semana.

Parámetros para crear un objeto Series

Los parámetros del objeto **Series** se emplean para definir su estructura inicial al crear el objeto. Los principales parámetros son:

- **data:** la fuente de datos, que puede ser un diccionario, lista de listas, un array de NumPy, una serie de Pandas o incluso otro DataFrame.

- **index:** especifica los índices de las filas.

- **columns:** define los nombres de las columnas. Si no se especifica, Pandas intenta inferirlos.

- **dtype:** tipo de datos de las columnas. Puede ser especificado manualmente o inferido automáticamente.

- **copy:** si es True, se copia la estructura de datos en lugar de modificar el original.

12.4 Atributos y métodos del objeto Series

Los objetos **Series** de Pandas tienen varios atributos útiles para explorar y manipular datos. Los más importantes son:

- `index:` devuelve el índice de la Serie.
- `values:` devuelve un array de **NumPy** con los valores de la Serie.
- `name:` nombre de la Serie.
- `dtype:` devuelve el tipo de datos.
- `size:` número total de elementos en la Serie.
- `shape:` devuelve una tupla con el número de elementos.
- `empty:` indica si la serie está vacía.
- `hasnans:` indica si la serie contiene valores **NaN**.

Código 12.6
Algunos parámetros
del objeto Series

```
import pandas as pd
serie = pd.Series(index= ["lunes","martes","miércoles",
                    "jueves","viernes","sábado","domingo"],
                        data=[100,30,50,40,33,44,55])
print(serie)
# Acceder a algunas propiedades
print("Índice:", serie.index)
print("Valores:", serie.values)
print("Nombre:", serie.name)
print("Tipo de datos:", serie.dtype)
print("Número de elementos:", serie.size)
print("¿Tiene NaNs?", serie.hasnans)
```

Los objetos **Series** cuentan con una gran variedad de métodos para el análisis y transformación de los datos. Algunos de los más importantes son:

- `head(n):` muestra las primeras n filas (valor por defecto: 5).
- `tail(n):` muestra las últimas n filas.
- `info():` muestra información sobre el índice y el tipo de datos.
- `describe():` genera estadísticas descriptivas básicas.
- `value_counts():` cuenta las ocurrencias de cada valor en la Serie.
- `isna() / isnull():` devuelve True si el valor es **NaN**.
- `notna() / notnull():` devuelve True si el valor no es **NaN**.
- `dropna():` elimina los valores **NaN** de la Serie.
- `fillna(valor):` reemplaza valores **NaN** con un valor específico.
- `loc[]:` selección basada en etiquetas del índice.
- `iloc[]:` selección basada en posición numérica.
- `sum():` suma de todos los valores.
- `mean():` media aritmética.
- `median():` mediana.
- `min() / max():` valor mínimo y máximo.

Código 12.7
Algunos métodos del
objeto Series

```
import pandas as pd
serie = pd.Series(index= ["lunes","martes","miércoles",
                    "jueves","viernes","sábado","domingo"],
                        data=[100,30,50,40,33,44,55])
```

```
# Acceder a algunos métodos
print("Información de la serie")
serie.info()
print("Estadisticos de la serie\n",serie.describe())
print(f"Mediana de la serie: {serie.median()}")
```

12.5 Trabajando con objetos Series

Para trabajar con objetos **Series** en **Pandas**, es fundamental conocer una serie de operaciones básicas.

Acceso a los elementos de un objeto Series

El método **loc[]** es la forma recomendada para acceder a un elemento de un objeto **Series** a través de su índice. Si bien es posible hacerlo directamente, sin emplear el citado método.

```
import pandas as pd
dic = {"lunes": 100, "martes": 30, "miércoles": 50,
       "jueves": 40, "viernes":33,"sábado":44,"domingo":55}
ventas = pd.Series(dic)
print(f"acceso loc (recomendado): {ventas.loc["viernes"]}")
print(f"acceso directo: {ventas["viernes"]}")
```

Código 12.8
Acceso a elemento de un objeto Series por su índice

En ambos casos, se accede a un elemento de la **Serie** ventas a través del índice (viernes). Para acceder a un elemento a través de su posición, se recomienda el empleo del método **iloc[]**, que recibe como parámetro la posición del elemento al que se quiere acceder. Este método también admite un rango de posiciones.

```
import pandas as pd
dic = {"lunes": 100, "martes": 30, "miércoles": 50, "jueves":
40,
       "viernes":33,"sábado":44,"domingo":55}
ventas = pd.Series(dic)
print(f"elemento en posición 2: {ventas.iloc[2]}")
print(f"elementos desde el principio hasta la posición
2:\n{ventas[:2]}")
```

Código 12.9
Acceso a elementos de un objeto Series por su posición

Manejo de índices

El parámetro **index** de los objetos **Series** permite redefinir todos los índices del objeto. Para ello hay que pasar a este parámetro la lista de los nuevos índices.

```
import pandas as pd
ventas = pd.Series(index= ["lunes","martes","miércoles",
                "jueves","viernes","sábado","domingo"],
                    data=[100,30,50,40,33,44,55])
print(f"con índices iniciales:\n{ventas}")
ventas.index=["L","M","X","J","V","S","D"]
print(f"con nuevos índices:\n{ventas}")
```

Código 12.10
Actualización de índices

Ejecutando el código anterior se aprecia cómo se actualizan los nombres de los índices a los nuevos valores pasados en la lista.

```
con índices iniciales:           con nuevos índices:
lunes        100                 L     100
martes        30                 M      30
miércoles     50                 X      50
jueves        40                 J      40
viernes       33                 V      33
sábado        44                 S      44
domingo       55                 D      55
```

El método **rename()** posibilita cambiar los nombres a un conjunto de los índices.

Código 12.11
Actualización de índices

```python
import pandas as pd
ventas = pd.Series(index= ["lunes","martes","miércoles",
                "jueves","viernes","sábado","domingo"],
                    data=[100,30,50,40,33,44,55])
print(f"con índices iniciales:\n{ventas}")
ventas_nuevo=ventas.rename(index={"lunes":"L","martes":"M"})
print(f"nuevos índices:\n{ventas_nuevo}")
```

Filtrado de datos

Para filtrar datos de un objeto **Series**, se emplean condiciones booleanas que filtran aquellos valores que cumplan con la condición definida.

Código 12.12
Filtrado de elementos de un objeto Series

```python
import pandas as pd
dic={"lunes":100,"martes":30,"miércoles":50,"jueves":40,
        "viernes":33,"sábado":44,"domingo":55}
ventas = pd.Series(dic)
condicion=ventas>40
ventas_selec=ventas[condicion]
print(f"filtrado: {ventas_selec}")
```

En el ejemplo anterior, se seleccionan las ventas mayores de 40 del objeto ventas. El resultado sería:

```
lunes        100
miércoles     50
sábado        44
domingo       55
```

Utilizando operadores lógicos, se pueden establecer combinaciones de condiciones booleanas. Por ejemplo, que las ventas sean mayores de 30 y menores de 50:

```python
condicion=(ventas>30) & (ventas<50)
```

Operaciones aritméticas y funciones estadísticas

Los objetos **Series** son similares y compatibles con los Arrays de **NumPy**, por lo que podemos emplear las funciones del paquete **NumPy** con los objetos **Series**.

```
import numpy as np
import pandas as pd
# Creacion del objeto Series
dic = {"lunes": 100, "martes": 30, "miércoles": 50, "jueves":
40,"viernes":33,"sábado":44,"domingo":55}
ventas = pd.Series(dic)
# Operaciones aritméticas
total_ventas=np.sum(ventas)
print(f"Ventas totales: {total_ventas}")
media_ventas=np.mean(ventas)
print(f"Media de ventas: {media_ventas}")
doble_ventas=ventas * 2
print(f"El doble de las ventas: {doble_ventas}")
```

Código 12.13
Operaciones
aritméticas y
funciones estadísticas

Manejo de valores nulos

Los objetos **Series** disponen de un conjunto de métodos para trabajar con los valores nulos:

- **isna()** o **notna()**: el primero identifica los valores nulos y el segundo identifica los valores no nulos.

- **dropna()**: elimina los valores nulos.

- **fillna()**: sustituye los valores nulos por un valor de sustitución que se pasa como parámetro al método.

```
import pandas as pd
serie = pd.Series(["Juan", 22, None,"V"])
serie_nulos=serie.isna()   #nulos
print(f"nulos:\n{serie_nulos}")
serie_no_nulos=serie.notna()   #No nulos
print(f"No nulos:\n{serie_no_nulos}")
```

Código 12.14
Identificación de nulos

Para eliminar los nulos se emplea **dropna()**.

```
import pandas as pd
serie = pd.Series(["Juan", 22, None,"V"])
serie_sin_nulos=serie.dropna()
print(f"sin nulos:\n{serie_sin_nulos}")
```

Código 12.15
Eliminación de nulos

Y para sustituir los valores nulos por un valor concreto, se emplea el método **fillna()**. Por ejemplo, para sustituir nulos por cero.

```
import pandas as pd
serie = pd.Series(["Juan", 22, None,"V"])
serie_relleno_nulos=serie.fillna(0)
print(f"nulos rellenos:\n{serie_relleno_nulos}")
```

Código 12.16
Relleno de nulos

12.6 Creación de objetos DataFrames

Un objeto `DataFrame` es una estructura bidimensional de filas y columnas, que puede ser asimilado a una tabla.

Las columnas pueden ser de diferente tipo entre sí.

Creación de un objeto `DataFrame` a partir de listas

Pandas permite crear objetos `DataFrame` a partir de distintas estructuras de datos usando la función `DataFrame()`.

Por ejemplo, el siguiente programa crearía un `DataFrame` a partir de listas:

Código 12.17
Creación de un objeto DataFrame a partir de listas

```
import pandas as pd
listas=[[1,2,3],[4,5,6],[7,8,9]]
df=pd.DataFrame(listas)
print(df)
```

El resultado sería:

```
   0  1  2
0  1  2  3
1  4  5  6
2  7  8  9
```

En el ejemplo anterior, no se indican los nombres de las columnas ni de las filas, y `Pandas` numera ambas de forma secuencial, empezando por cero.

El objeto `DataFrame` proporciona los parámetros `columns` e `index` para definir los nombres de las columnas y de los índices, que equivalen a las filas.

Código 12.18
Nombrando columnas y filas de un objeto DataFrame

```
import pandas as pd
listas=[[1,2,3],[4,5,6],[7,8,9]]
titulos=["columna_1","columna_2","columna_3"]
filas=["fila_1","fila_2","fila_3"]
df=pd.DataFrame(listas,index=filas,columns=titulos)
print(df)
```

El resultado sería:

```
        columna_1  columna_2  columna_3
fila_1          1          2          3
fila_2          4          5          6
fila_3          7          8          9
```

Crear un objeto `Dataframe` a partir de un diccionario

Una forma común de crear un `DataFrame` en `Pandas` es utilizando un diccionario. En este diccionario, las claves representan los nombres de las columnas, y los valores son listas que contienen los datos correspondientes a cada columna.

```
import pandas as pd
diccionario={"empleado":["Antonio","Maria","Elena"],
             "edad":[21,22,20],
             "salario":["1.500€","2.000€","3.120€"]}
df=pd.DataFrame(diccionario)
print(df)
```

Código 12.19
Creación de un objeto
DataFrame con un
diccionario

La ejecución del código anterior arroja como resultado:

```
   empleado  edad salario
0   Antonio    21  1.500€
1     Maria    22  2.000€
2     Elena    20  3.120€
```

Los índices que representarían las filas se asignan de manera autonumérica. Una manera de definir los índices, el equivalente a los nombres de las filas es utilizar objetos Series.

Crear un DataFrame a partir de Objetos Series

También es posible crear un objeto DataFrame a partir de varios objetos Series, utilizando un diccionario donde las claves representan los nombres de las columnas y los valores son los objetos Series.

```
import pandas as pd
ventas=pd.Series(index=["Enero","Febrero","Marzo"],
data=["5.400€","3.344€","23.768€"])
stock=pd.Series(index=["Enero","Marzo"],data=["400u","23u"])
datos=pd.DataFrame({"VENTAS":ventas,"STOCK":stock})
print(datos)
```

Código 12.20
Creación de un objeto
DataFrame con Objetos
Series

El resultado sería:

```
          VENTAS STOCK
Enero      5.400€  400u
Febrero    3.344€   NaN
Marzo     23.768€   23u
```

En un objeto Series, los índices corresponden a los nombres de las filas. Al crear un objeto DataFrame a partir de múltiples Series, los valores de cada Serie se organizan en columnas, a las cuales se les puede asignar un nombre.

Durante la construcción, Pandas asigna automáticamente los valores de los objetos Series en sus posiciones correspondientes. Si un índice está presente en una Series, pero falta en otra, Pandas completa la posición vacía con NaN, que representa un valor nulo en Pandas.

Parámetros del objeto DataFrame

Los parámetros del objeto DataFrame se emplean al crear el objeto para definir su estructura inicial. Los principales parámetros son:

- **data:** la fuente de datos, que puede ser un diccionario, lista de listas, un array de **NumPy**, una serie de Pandas, o incluso otro **DataFrame**.
- **index:** especifica los índices de las filas. Si no se proporciona, **Pandas** asigna un índice numérico por defecto.
- **columns:** define los nombres de las columnas. Si no se especifican, **Pandas** intenta inferirlos.
- **dtype:** tipo de datos de las columnas. Puede ser especificado manualmente o inferido automáticamente.
- **copy:** si es True, se copia la estructura de datos en lugar de modificar el original.

Se observa que son prácticamente idénticos a los del objeto Series, con la salvedad del parámetro **columns** que no tiene el objeto Series por ser este una estructura unidimensional.

12.7 Atributos y métodos del objeto DataFrame

Los objetos **DataFrame** de **Pandas** son estructuras de datos bidimensionales que organizan la información en filas y columnas, similar a una tabla. Sus principales atributos son:

- **index:** devuelve los índices del **DataFrame** en un objeto **Index**.
- **columns:** devuelve los nombres de las columnas en un objeto **Index**.
- **shape:** devuelve una tupla (filas, columnas).
- **dtypes:** muestra los tipos de datos de cada columna.
- **values:** devuelve los datos como un array de **NumPy**.

Código 12.21
Ejemplo de uso de los atributos de un objeto DataFrame

```
import pandas as pd
ventas=pd.Series(index=["Enero","Febrero","Marzo"],
data=["5.400€","3.344€","23.768€"])
stock=pd.Series(index=["Enero","Marzo"],data=["400u","23u"])
datos=pd.DataFrame({"VENTAS":ventas,"STOCK":stock})
print(f"""indices del DataFrame:\n
    {datos.index.to_list()}""")
print(f"""columnas del DataFrame:\n
    {datos.columns.to_list()}""")
print(f"dimensiones del DataFrame:\n {datos.shape}")
print(f"tipos de datos de las columnas:\n {datos.dtypes}")
print(f"valores del DataFrame:\n {datos.values}")
```

Así mismo, el objeto **DataFrame** cuenta con una gran variedad de métodos que permiten el tratamiento y análisis de los datos. Los principales métodos son (**df** representa un **DataFrame** para los métodos de instancia y **pd** es el alias de **Pandas** para los métodos de Clase):

- **df.head(n):** muestra las primeras n filas del DataFrame (por defecto 5).
- **df.tail(n):** muestra las últimas n filas.

- `df.info()`: muestra información general sobre el DataFrame (tipo de datos, valores nulos, memoria utilizada).
- `df.describe()`: genera estadísticas descriptivas para las columnas numéricas.
- `df.loc[filas, columnas]`: selecciona filas y columnas por etiquetas.
- `df.iloc[filas, columnas]`: selecciona filas y columnas por posición numérica.
- `df.drop(columns=['col1'])`: elimina las columnas indicadas en el parámetro `columns`.
- `df.drop(index=[0, 1])`: elimina las filas indicadas en el parámetro `index`.
- `df.rename(columns={'col1': 'nuevo_nombre'})`: renombra las columnas de acuerdo con la información en el diccionario que se pasa en el parámetro `columns`. Las claves identifican los nombres de las columnas actuales y los valores los nuevos nombres a dar a dichas columnas.
- `df.sort_values(by='columna', ascending=True)`: ordena el Data-Frame por las columnas que se indican en el parámetro `by`, en el sentido que se indica en el parámetro `ascending`.
- `df.isnull()`: devuelve un DataFrame con True en los registros con algún valor nulo.
- `df.dropna()`: elimina filas con algún valor nulo.
- `df.fillna(valor)`: rellena valores nulos con un valor específico.
- `df.groupby('columna')`: agrupa datos por la columna indicada.
- `pd.concat([df1, df2], axis=0)`: une `DataFrames` por filas o columnas, según se indique en el parámetro axis.
- `df.to_csv()` y `df.to_excel()`: guarda el `DataFrame` en un archivo csv y Excel, respectivamente.
- `pd.read_csv()` y `pd.read_excel()`: carga como `DataFrame` un archivo `csv` y un Excel, respectivamente.

El funcionamiento de estos métodos se analiza en los siguientes apartados.

12.8 Empezando con los DataFrames

Carga de DataFrame de trabajo

Para explorar todas las funcionalidades de `Pandas`, es útil trabajar con `datasets` de ejemplo. Aunque Pandas no incluye `datasets` precargados, podemos usar la librería **Seaborn**, que sí los proporciona.

Para poder utilizar esta librería, será necesaria instalarla antes.

Instalación con **pip**: en un terminal o línea de comandos, ejecutamos:

```
pip install seaborn
```

Instalación en `Jupyter Notebook`: se puede instalar directamente desde una celda ejecutando el código:

```
!pip install seaborn
```

Instalación en **Anaconda**: empleando la instrucción:

```
conda install seaborn
```

Para ver la lista de **datasets** disponibles en **Seaborn**, puedes ejecutar el siguiente código:

Código 12.22
Listado de datasets de
Seaborn

```
import seaborn as sns
# Lista de datasets disponibles en Seaborn
print(sns.get_dataset_names())
```

Para cargar un **dataset** de ejemplo se emplea la función **load_dataset()** de **Seaborn**, a la que se le pasa el nombre del **dataset** que se quiere cargar.

Código 12.23
Carga de dataset
de Seaborn a un
DataFrame

```
import seaborn as sns
# Cargar un dataset de ejemplo
df = sns.load_dataset('titanic')
df.info()
```

Primer vistazo a un DataFrame

Al analizar un **DataFrame** en **Pandas**, es útil comenzar con una inspección rápida de su contenido y estructura. Con el propósito de poder trabajar con un **DataFrame**, cargamos el **dataset "Titanic"** de la librería **Seaborn**.

Uno de los métodos más utilizados cuando se explora un **DataFrame** es el método **info()**. Este método proporciona información sobre los tipos de datos y valores nulos en cada columna.

Código 12.24
Método info()

```
import seaborn as sns
df = sns.load_dataset('titanic')
df.info()
```

La información del **DataFrame** que se muestra por consola es la siguiente:

```
<class 'pandas.core.frame.DataFrame'>
RangeIndex: 891 entries, 0 to 890
Data columns (total 15 columns):
 #   Column     Non-Null Count  Dtype
---  ------     --------------  -----
 0   survived   891 non-null    int64
 1   pclass     891 non-null    int64
 2   sex        891 non-null    object
 3   age        714 non-null    float64
 4   sibsp      891 non-null    int64
 5   parch      891 non-null    int64
 6   fare       891 non-null    float64
 7   embarked   889 non-null    object
 8   class      891 non-null    category
```

```
9    who           891 non-null    object
10   adult_male    891 non-null    bool
11   deck          203 non-null    category
12   embark_town   889 non-null    object
13   alive         891 non-null    object
14   alone         891 non-null    bool
dtypes: bool(2), category(2), float64(2), int64(4), object(5)
memory usage: 80.7+ KB
```

En la información mostrada por consola se aprecia que el **DataFrame** tiene 891 entradas (filas) y 15 columnas. Además, se indica el número de valores no nulos y el tipo de los valores para cada columna.

Con los métodos **head()** y **tail()** se pueden seleccionar un número de registros al principio o al final del DataFrame.

- **head(n):** muestra los primeros n registros.
- **tail(n):** muestra los últimos n registros.

```
import seaborn as sns
df = sns.load_dataset('titanic')
print(f"los primeros 7 registros:\n{df.head(7)}")
print(f"los ultimos 7 registros:\n{df.tail(7)}")
```

Código 12.25
Métodos head() y tail()

Para obtener las dimensiones del **DataFrame** en forma de (filas, columnas), se emplea el parámetro **shape[]**.

```
import seaborn as sns
titanic = sns.load_dataset('titanic')
print(f"dimensiones: {titanic.shape}")
print(f"filas: {titanic.shape[0]}")
print(f"columna: {titanic.shape[1]}")
```

Código 12.26
Parámetro shape

El resultado de ejecución es:

```
dimensiones: (891, 15)
filas: 891
columna: 15
```

Obtención de datos estadísticos

Una parte importante del trabajo de explotación y análisis es la obtención de información estadística de los datos. Existe un amplio conjunto de métodos que permiten obtener distintos datos estadísticos de los campos numéricos de un **DataFrame**.

- **count():** conteo de valores nulos.
- **describe():** resumen de datos estadísticos básicos.
- **min(), max():** valor mínimo y máximo.
- **sum():** sumatorio.

Tabla 12.1
Métodos estadísticos

- mean(): valor medio.
- median(): mediana.
- var(): varianza.
- std(): desviación estándar.
- cumsum(): suma acumulada.
- hist(): histograma.

Para obtener el resumen de los datos estadísticos básicos de un DataFrame, Pandas proporciona el método describe() que muestra una tabla con una serie de estos valores para los distintos campos numéricos del DataFrame.

Código 12.27
Resumen de
estadísticos

```python
import seaborn as sns
titanic = sns.load_dataset('titanic')
print(titanic.describe())
```

Quedaría el siguiente resultado:

	survived	pclass	age	sibsp	parch	fare
count	891.000000	891.000000	714.000000	891.000000	891.000000	891.000000
mean	0.383838	2.308642	29.699118	0.523008	0.381594	32.204208
std	0.486592	0.836071	14.526497	1.102743	0.806057	49.693429
min	0.000000	1.000000	0.420000	0.000000	0.000000	0.000000
25%	0.000000	2.000000	20.125000	0.000000	0.000000	7.910400
50%	0.000000	3.000000	28.000000	0.000000	0.000000	14.454200
75%	1.000000	3.000000	38.000000	1.000000	0.000000	31.000000
max	1.000000	3.000000	80.000000	8.000000	6.000000	512.329200

Podemos aplicar estos métodos estadísticos a cada una de las columnas del DataFrame que contengan datos numéricos.

Código 12.28
Métodos estadísticos

```python
import seaborn as sns
titanic = sns.load_dataset('titanic')
mediana_edades=titanic["age"].median()
print(f"mediana de edades:{mediana_edades}")
media_edades=titanic["age"].mean()
print(f"media de edades:{media_edades}")
```

El código anterior presenta por consola la mediana y la media de las edades de los pasajeros del Titanic.

Tipos de datos en un DataFrame

Para conocer el tipo de dato que tiene cada columna, se emplea el parámetro dtypes.

Código 12.29
Tipos de datos de un
DataFrame

```python
import seaborn as sns
titanic = sns.load_dataset('titanic')
print(titanic.dtypes)
```

El resultado sería:

```
survived            int64
pclass              int64
sex                object
age               float64
sibsp               int64
parch               int64
fare              float64
embarked           object
class            category
who                object
adult_male           bool
deck             category
embark_town        object
alive              object
alone                bool
dtype: object
```

Puede observarse que se obtienen datos de tipo numérico: `int64` y `float64`, datos de tipo texto: `object`, datos de tipo booleano: `bool` y datos categóricos: `category`, que tienen un número finito de valores únicos.

12.9 Recorrer la estructura de un DataFrame

Acceder a los datos de las columnas en un `DataFrame`

Es muy habitual realizar operaciones con las columnas de un `DataFrame`. Se puede acceder a los datos de una columna a través de su nombre.

```
import seaborn as sns
titanic = sns.load_dataset('titanic')
print(titanic["age"])
```

Código 12.30
Acceder a una columna
de un DataFrame

Para seleccionar varias columnas, se utiliza una lista con los nombres de las columnas que se vayan a seleccionar.

```
import seaborn as sns
titanic = sns.load_dataset('titanic')
print(titanic[["sex","age"]])
```

Código 12.31
Acceder a varias
columnas

El `DataFrame` generado tiene únicamente las columnas indicadas, en el orden establecido en la lista.

Modificar los datos de las columnas en un `DataFrame`

Una de las operaciones más frecuentes a realizar con los `DataFrame` es la actualización de sus datos. En este apartado vemos cómo modificarlos por columnas.

Pandas permite trabajar con todos los datos de una columna, accediendo a ellos a partir del nombre de la columna. Por ejemplo, el código siguiente fija todas las edades de los pasajeros del Titanic a 33.

Código 12.32
Modificar datos en columnas

```
import seaborn as sns
titanic = sns.load_dataset('titanic')
titanic["age"]=33
print(titanic)
```

Con el propósito de mantener una copia de los datos iniciales, es habitual trabajar sobre una copia del `DataFrame`, que se obtiene con el método `copy()`.

Normalmente, no se querrán modificar todos los datos de una columna, sino únicamente aquellos que cumplan una determinada condición. Dicha condición se puede establecer para los datos de la columna que se quiere modificar o para los datos de cualquier otra.

Código 12.33
Modificar datos con una condición

```
import seaborn as sns
titanic = sns.load_dataset('titanic')
df=titanic.copy()
condicion=df["age"]>20
# asigna la tarifa de 100 a los mayores de 20
df.loc[condicion,"fare"]=100
# duplica las edades a los pasajeros mayores de 20
df.loc[condicion,"age"]=df["age"]*2
print(df[["age","fare"]])
```

Se puede aplicar una función a los datos de una columna empleando el método `apply()`. Por ejemplo, en el **dataset** del Titanic, para detectar los pasajeros que son menores, se programa una función: **"detectar_menores"**, que se aplica a todos los valores del campo "edad" con el método `apply()`, cuyo resultado se almacena en un campo nuevo: **"categoría_edad"**.

Código 12.34
Aplicar una función a los valores de una columna

```
import seaborn as sns
import pandas as pd
df = sns.load_dataset('titanic')
# Función para categorizar edades
def detectar_menores(edad):
    if pd.isna(edad):  # Manejar valores nulos
        return "Desconocido"
    elif edad < 18:
        return "Menor"
    else:
        return "Adulto"
# Aplicar la función a la columna 'age' con apply()
df['categoria_edad'] = df['age'].apply(detectar_menores)
# Mostrar los primeros resultados
print(df[['age', 'categoria_edad']].head(10))
```

Renombrar columnas

Antes de cambiar los nombres de las columnas, es preciso saber cómo acceder a los valores actuales de las columnas del `DataFrame`. Estos valores están almacenados en el parámetro `columns` del `DataFrame`, y pueden convertirse en una lista con el método `to_list()`.

```
import seaborn as sns
titanic = sns.load_dataset('titanic')
print(titanic.columns.to_list())
```

Código 12.35
Lista de los nombres
de las columnas

También se pueden recorrer las columnas con un bucle `for`:

```
import seaborn as sns
titanic = sns.load_dataset('titanic')
for columna in titanic.columns:
    print(columna)
```

Código 12.36
Lista de los nombres
de las columnas

Para renombrar las columnas se emplea el método `rename()`, al que se le pasa en el parámetro `columns` un diccionario con clave el nombre actual de la columna y valor el nuevo nombre. Hay que poner a True el parámetro `inplace` para que el cambio tenga lugar.

```
import seaborn as sns
titanic = sns.load_dataset('titanic')
df=titanic.copy()
df.rename(columns={"age":"Edad",
                   "alive":"Sobrevive",
                   "alone":"Solo",
                   "embark_town":"Ciudad_embarque",
                   "fare":"Tarifa"},
          inplace=True)
print(df)
```

Código 12.37
Renombrar columnas
empleando el método
rename()

Eliminar columnas

Básicamente se dispone de dos formas de eliminar columnas de un `DataFrame`. La primera es con la instrucción `del`, que únicamente permite eliminar una columna a la vez.

```
import seaborn as sns
titanic = sns.load_dataset('titanic')
df=titanic.copy()
del df["age"]
print(df.head(7))
```

Código 12.38
Eliminar una columna
con la instrucción del

La segunda forma de eliminar columnas es con el método `drop()`, que admite la eliminación de varias columnas a la vez.

```
import seaborn as sns
titanic = sns.load_dataset('titanic')
df=titanic.copy()
df.drop(["age","sex"], axis=1, inplace=True)
print(df.head(7))
```

Código 12.39
Eliminar columnas con
el método drop()

Con el método **drop()** se crea un nuevo **DataFrame** sin las columnas especifica-das. Mediante el parámetro **axis** se indica si se quiere eliminar columnas o filas (**axis=1** elimina columna, **axis=0** elimina fila). En el caso de querer eliminar filas, se pasan como parámetros los índices a eliminar. Y el parámetro **inplace** hay que ponerlo a **True** para que se ejecute la acción.

Añadir una columna

Para añadir una nueva columna a un **DataFrame**, asignamos valores directamen-te a la nueva columna. Estos valores pueden ser un valor constante, una lista, un array de **NumPy** o una Serie de Pandas.

Código 12.40
Añadir una columna

```
import seaborn as sns
titanic = sns.load_dataset('titanic')
df=titanic.copy()
identificadores=list(range(0,len(df)))
df["id"]=identificadores
print(df.head(7))
```

Como resultado de ejecutar el código anterior, el **DataFrame** de trabajo tiene una columna adicional con números enteros consecutivos que identifican a cada pasajero.

Ordenar por los valores de columnas

Para ordenar por los valores de una columna se emplea el método **sort_values()**:

Código 12.41
Ordenar por los valores de una columna

```
import seaborn as sns
titanic = sns.load_dataset('titanic')
titanic.sort_values(by="age",ascending=False,inplace=True)
print(titanic.head(7))
```

El parámetro **by** indica la columna por cuyos valores se ordena el **DataFrame**. El parámetro **inplace** debe estar a **True** para que se ejecute la ordenación. Si no se indica nada para el parámetro **ascending**, por defecto toma el valor de **True**.

También podemos ordenar por los valores de varias columnas, pasan-do la lista de los nombres de las columnas al parámetro **by** en el método **sort_values()**.

```
import seaborn as sns
titanic = sns.load_dataset('titanic')
titanic.sort_values(by=["age","sex"],
                    ascending=[False,True],
                    inplace=True)
print(titanic.head(7))
```

Acceder a los datos de las filas en un DataFrame

Pandas provee varios métodos para acceder a las filas de un **DataFrame**:

- `head(n):` recupera las primeras n líneas del `DataFrame`.
- `tail(n):` recupera las últimas n líneas del `DataFrame`.
- `take(indices):` recupera las líneas que se correspondan con los índices que se pasan al método.

Código 12.42
Ordenar por los valores de varias columnas

El método `take()` permite recuperar un conjunto de líneas específicas. Para ello hay que indicar los índices de las líneas que se quieren recuperar, tarea que habitualmente se realiza incluyendo los índices en una lista que se pasa como parámetro al método `take()`.

```
import seaborn as sns
titanic = sns.load_dataset('titanic')
registros=[1,3,7,11,17]
df=titanic.take(registros)
print(df)
```

Código 12.43
El método take()

Al manejar los índices hay que asegurarse de que estos existen en el `DataFrame`, de otra manera se obtiene el mensaje de error:

```
IndexError: indices are out-of-bounds
```

Es posible combinar el método `take()` con el método `range()` para pasar al primero un rango de índices.

```
import seaborn as sns
titanic = sns.load_dataset('titanic')
registros=[1,3,7,11,17]
df=titanic.take(range(0,125,5))
print(df)
```

Código 12.44
Combinando los métodos take() y range()

Eliminar filas

Para borrar filas se emplea el método `drop()`, igual que para borrar columnas, salvo que en este caso se indican los índices de los registros en lugar de los nombres de las columnas. Además, se marca parámetro `axis=0` para indicar que estamos borrando líneas.

```
import seaborn as sns
titanic = sns.load_dataset('titanic')
df=titanic.copy()
df.drop(df.index[2:100],axis=0,inplace=True)
print(df)
```

Código 12.45
Eliminando una fila con método drop()

Los índices de las filas a eliminar pueden indicarse por sus etiquetas o por sus números. Utilizando los números, se indica un rango empleando la misma nomenclatura que con las listas.

Una circunstancia habitual es que se quiera eliminar un conjunto de filas que cumplan con una condición. Para ello se establece la condición y, con el parámetro index se obtienen los índices de todas las filas que cumplan la condición. Posteriormente, se eliminan estas filas con el método drop().

Código 12.46
Borrando filas que
cumplan con una
condición

```
import seaborn as sns
titanic = sns.load_dataset('titanic')
df=titanic.copy()
condicion=df["age"]>40
df.drop(df[condicion].index,axis=0,inplace=True)
print(df)
```

Añadir filas

Para añadir filas se genera un DataFrame con las filas que se quieran añadir y posteriormente, empleando el método concat(), se añade este DataFrame al original.

```
import pandas as pd
import seaborn as sns
titanic = sns.load_dataset('titanic')
df=titanic.copy()
df.info()
print(df["alone"].value_counts())
df_1=pd.DataFrame({"survived":[1,0,1],
    "pclass":[3,2,1],"sex":["female","male","male"],
    "age":[5,51,32],"sibsp":[1,1,1],
    "parch":[1,5,6],"fare":[7.15,5.36,45.26],
    "embarked":["S","C","Q"],
    "class":["Second","Third","First"],
    "who":["child","man","man"],
    "adult_male":[False,True,True],
    "deck":["A","B","E"],
    "embark_town":["Southampton","Cherbourg",
                        "Queenstown"],
    "alive":["no","yes","yes"],
    "alone":[False,False,True],
    },
    index=["ad_1","ad_2","ad_3"])
print("Segundo DataFrame con las lineas a añadir")
print(df_1)
df_final=pd.concat([df,df_1],axis=0)
print("DataFrame final (ultimos 7 registros)")
print(df_final.tail(7))
```

El método concat() permite unir dos o más DataFrame verticalmente (por filas) u horizontalmente (por columnas). El parámetro axis indica la dirección en la que se unen los DataFrames, si axis=0 la unión se realiza verticalmente, si axis=1 la unión se realiza horizontalmente.

Extraer una parte de un DataFrame

Es habitual obtener un subconjunto de datos partiendo de un DataFrame, para lo que se realiza una selección de filas y columnas. Los métodos loc[] e iloc[]

nos permiten realizar estas selecciones. El primero permite acceder por las etiquetas y el método `iloc[]` por las posiciones. Estos métodos admiten dos parámetros que son las filas y columnas seleccionadas respectivamente.

```
import seaborn as sns
titanic = sns.load_dataset('titanic')
mayores_40 =titanic.loc[titanic["age"] > 40,
                        ["survived", "age", "class"]]
print(mayores_40)
```

Código 12.48
Creando un
subDataFrame con el
método loc()

El método `loc[]` admite condiciones booleanas en sus parámetros, mientras `iloc[]` no las admite. Normalmente se emplea el primero cuando se trabaja con nombres de filas y columnas, mientras que `iloc[]` se emplea cuando se trabaja con posiciones numéricas.

```
import seaborn as sns
titanic = sns.load_dataset('titanic')
subDataFrame =titanic.iloc[50:70,2:7:2]
print(subDataFrame )
```

Código 12.49
Creando un
subDataFrame con el
método iloc()

Para acceder a una celda concreta de un **DataFrame**, **Pandas** provee la función `at[]`, que es similar a `loc[]`, pero más eficiente cuando solo se necesita acceder a un elemento. Este método recibe como parámetros la fila y la columna de la celda a la que se quiere acceder.

```
import seaborn as sns
titanic = sns.load_dataset('titanic')
df=titanic.copy()
df.info()
print(df.at[7,"age"])
```

Código 12.50
Trabajar con las celdas
de un DataFrame

Transponer un DataFrame

Para transponer un **DataFrame**, **Pandas** proporciona el método `transpose()`.

```
import seaborn as sns
titanic = sns.load_dataset('titanic')
df=titanic.copy()
print("----------dataFrane inicial------------")
print(df)
print("---------dataFrane transpuesto-------")
resultado=df.transpose()
print(resultado)
```

Código 12.51
Método transpose()

12.10 Consultas de los elementos de un DataFrame

Para filtrar datos de un **DataFrame** de acuerdo con unos criterios, pueden emplearse condiciones booleanas.

Código 12.52
Consulta con
condiciones

```
import seaborn as sns
titanic = sns.load_dataset('titanic')
condicion= titanic["age"]>40
df=titanic[condicion]
print(df)
```

Es posible combinar las condiciones booleanas con operadores lógicos.

Código 12.53
Combinando
condiciones

```
import seaborn as sns
titanic = sns.load_dataset('titanic')
condicion= titanic["age"]>40
condiciones= (titanic["age"]>40) & (titanic["sex"]=="male")
df=titanic[condiciones]
print(df)
```

Pandas implementa el método query(), que resulta más intuitivo para realizar consultas a un DataFrame. Este método admite una cadena de texto con la consulta que se quiere realizar.

Código 12.54
Método query()

```
import seaborn as sns
titanic = sns.load_dataset('titanic')
print("----primera consulta--------------")
resultado=titanic.query("age>40")
print(resultado)
print("----segunda consulta--------------")
resultado=titanic.query("age>40 and sex=='male'")
print(resultado)
```

Los valores para las condiciones pueden establecerse con cualquier variable, empleando para la consulta una cadena de texto formateada.

Código 12.55
Método query() con
f-string

```
import seaborn as sns
titanic = sns.load_dataset('titanic')
min_edad=40
sexo='male'
resultado=titanic.query(f"age>{min_edad} and sex=='{sexo}'")
print(resultado)
```

El método groupby() permite agrupar datos por una o varias columnas y aplicar funciones de agregación sobre los grupos generados.

Código 12.56
Método groupby()

```
import seaborn as sns
titanic = sns.load_dataset('titanic')
df=titanic.groupby("sex")["age"].mean()
print(df)
```

Para agrupar por varias columnas, se pasa al método groupby() la lista de las columnas ordenadas de acuerdo con el orden de agrupación deseado.

```
import seaborn as sns
titanic = sns.load_dataset('titanic')
df=titanic.groupby(["sex","age"])["survived"].count()
print(df)
```

Código 12.57
Método groupby()
agrupando varias
columnas

12.11 Tratamiento de datos

Pandas dispone de varios métodos que permiten detectar y corregir nulos, manejar datos duplicados y corregir otros errores de calidad en los datos.

Trabajando con nulos

Empleando el método **info()**, se obtiene la información de los nulos en un **DataFrame**. En realidad, lo que se presenta son los no nulos, que se puede comparar con el total de entradas.

```
import seaborn as sns
titanic = sns.load_dataset('titanic')
titanic.info()
```

Código 12.58
Información de nulos
con el método info()

El resultado sería:

```
[5 rows x 15 columns]
<class 'pandas.core.frame.DataFrame'>
RangeIndex: 891 entries, 0 to 890
Data columns (total 15 columns):
 #   Column       Non-Null Count  Dtype
---  ------       --------------  -----
 0   survived     891 non-null    int64
 1   pclass       891 non-null    int64
 2   sex          891 non-null    object
 3   age          714 non-null    float64
 4   sibsp        891 non-null    int64
 5   parch        891 non-null    int64
 6   fare         891 non-null    float64
 7   embarked     889 non-null    object
 8   class        891 non-null    object
 9   who          891 non-null    object
 10  adult_male   891 non-null    bool
 11  deck         203 non-null    object
 12  embark_town  889 non-null    object
 13  alive        891 non-null    object
 14  alone        891 non-null    bool
dtypes: bool(2), float64(2), int64(4), object(7)
memory usage: 92.4+ KB
```

El ejemplo del **dataset** del Titanic tiene 891 entradas. La característica **age** tiene 714 no nulos, lo que significa que tiene 177 nulos (891-714). **Embarked** tiene 2 nulos, al igual que **embark_town**, y **deck** tiene 688 nulos.

Para detectar nulos se dispone de los métodos: `isnull()`, `isna()` y `notnull()`. El método `isnull()` detecta nulos en la columna a la que se aplica:

```
import seaborn as sns
titanic = sns.load_dataset('titanic')
nulos=titanic["age"].isnull()
print(nulos)
total_nulos_age=titanic["age"].isnull().sum()
print(f"total de nulos en age: {total_nulos_age}")
```

El método `isnull()` devuelve una serie booleana, donde cada valor es **True** si el valor en la columna **age** es nulo (**NaN**), y **False** en caso contrario. Para obtener el total de nulos en la columna se emplea el método **sum()**, dado que **True** equivale a 1 y **False** a 0.

O el porcentaje de nulos con `isnull().mean()`.

```
import seaborn as sns
titanic = sns.load_dataset('titanic')
porc_nulos=titanic["age"].isnull().mean()*100
print(f"Porcentaje de nulos en edad: {porc_nulos:.2f}%")
```

Empleando la serie booleana que devuelve `isnull()` como condición en el **Data-Frame**, podemos obtener un **DataFrame** con todos los registros nulos en la columna de trabajo.

```
import seaborn as sns
titanic = sns.load_dataset('titanic')
nulos=titanic["age"].isnull()
df_nulos=titanic[nulos]
print(df_nulos)
```

El método **notnull()** se emplea de la misma manera que el método `isnull()`, pero con el resultado opuesto. Se obtiene **True** cuando el valor no es nulo.

En general, las operaciones que se realizan con `isnull()` pueden realizarse de forma opuesta con **notnull()**. Por ejemplo, podemos contar los no nulos con `notnull().sum()`.

Eliminar valores nulos

La opción más sencilla para tratar los nulos es eliminarlos. Si no tenemos demasiados, y la pérdida de esos datos no va a ser significativa, normalmente optaremos por esta opción.

El método **dropna()** permite diferentes opciones para eliminar los nulos:

* `dropna(axis=1,how="all")`: elimina las columnas en las que todos los valores son nulos.
* `dropna(axis=1,how="any")`: elimina las columnas en las que algún valor es nulo.

- `dropna(axis=0,how="all")`: elimina las filas en las que todos los valores son nulos.
- `dropna(axis=0,how="any")`: elimina las filas en las que algún valor es nulo.

El siguiente programa es un ejemplo del uso de este método:

```
import seaborn as sns
titanic = sns.load_dataset('titanic')
print(f"Dimensiones iniciales del DataFrame: {titanic.shape}")
print("--> Se eliminan filas con todos nulos")
filas_todo_nulos=titanic.dropna(axis=0,how="all")
print(f"Dimensiones del DataFrame: {filas_todo_nulos.shape}")
print("--> Se eliminan columnas con algun nulo")
columnas_algun_nulo=titanic.dropna(axis=1,how="any")
print(f"Dimensiones del DataFrame: {columnas_algun_nulo.
shape}")
```

Código 12.62
Eliminación de nulos

Rellenar nulos con otros valores

Otra estrategia para el tratamiento de nulos es rellenar todos los valores nulos de un `DataFrame` con un valor concreto usando la función `fillna()`. Por ejemplo, se pueden rellenar los nulos con ceros, aunque en este caso tendríamos que filtrar por las columnas numéricas, ya que en una columna categórica no podríamos crear una nueva categoría.

```
import seaborn as sns
titanic = sns.load_dataset('titanic')
df=titanic.copy()
df[df.select_dtypes(include=['number']).columns] = df.select_
dtypes(include=['number']).fillna(0)
df.info()
```

Código 12.63
Rellenar nulos con
ceros

Después de rellenar los nulos, se explora el `DataFrame` resultado con el método `info()` y puede observarse que todos los campos tienen todos los registros como `non-null`.

Dependiendo de los datos de trabajo, cuando el nulo se corresponda con un faltante, puede tener más sentido rellenar los nulos con la media o la mediana. Este sería el caso de los nulos del campo `age` en el `dataset` del Titanic, donde obviamente todos los pasajeros tienen una edad.

```
import seaborn as sns
titanic = sns.load_dataset('titanic')
df=titanic.copy()
print("----rellenamos age con la media-----")
media_edad=round(df["age"].mean())
print(f"La media de edad es: {media_edad}")
df.loc[df["age"].isnull(),"age"]=media_edad
df.info()
```

Código 12.64
Rellenar nulos con la
media

Para rellenar los nulos de `age` con la mediana, se puede usar el mismo código sustituyendo el método `mean()` por el método `median()`.

Datos duplicados

Para detectar duplicados se emplea el método `duplicated()`, que devuelve una serie booleana del mismo tamaño que el `DataFrame` de trabajo, donde `True` indica que el valor es un duplicado y `False` que es la primera aparición del valor.

Código 12.65
Detectando duplicados

```
import seaborn as sns
titanic = sns.load_dataset('titanic')
duplicados=titanic.duplicated()
print(duplicados)
```

El primer registro de los duplicados no lo considera como tal, considera duplicados a todos los demás que coinciden con dicho primer registro.

Para seleccionar los registros duplicados, se emplea la serie booleana que devuelve el método `duplicated()` como condición para la selección de los registros.

Código 12.66
Selección de los
registros duplicados

```
import seaborn as sns
titanic = sns.load_dataset('titanic')
registros_duplicados=titanic[titanic.duplicated()]
print(registros_duplicados)
```

También podemos buscar duplicados entre los valores de una o varias columnas, pasando como parámetro `subset` la lista de las columnas.

Código 12.67
Detección de valores
duplicados en varias
columnas

```
import seaborn as sns
titanic = sns.load_dataset('titanic')
duplicados=titanic.duplicated(subset=["sex","age"])
print(duplicados)
```

Es habitual que un campo admita valores duplicados. En esta situación, aporta más información conocer la frecuencia de cada dato, para lo que se dispone de la función `value_counts()`. Por ejemplo, si queremos saber cuántos pasajeros embarcaron en cada puerto de embarque, empleamos el código siguiente.

Código 12.68
Frecuencia de valores

```
import seaborn as sns
titanic = sns.load_dataset('titanic')
frecuencias=titanic["embark_town"].value_counts()
print(frecuencias)
```

Empleando el método `value_counts()` junto con el método `duplicated()`, podemos saber cuántos registros duplicados tenemos.

Código 12.69
Número de duplicados

```
import seaborn as sns
titanic = sns.load_dataset('titanic')
num_duplicados=titanic.duplicated().value_counts()
print(num_duplicados)
```

Finalmente, la operación más habitual con los registros duplicados es sencillamente eliminarlos, para lo que se emplea el método `drop_duplicates()`.

```
import seaborn as sns
titanic = sns.load_dataset('titanic')
print(f"dimensiones con duplicados: {titanic.shape}")
sin_duplicados=titanic.drop_duplicates()
print(f"dimensiones sin duplicados: {sin_duplicados.shape}")
```

Código 12.70
Eliminación de
duplicados

12.12 Combinar DataFrames

Con el método `concat()` podemos concatenar varios `DataFrames` que tengan la misma estructura. Este método recibe como parámetro los `DataFrames` a combinar y los concatena a lo largo de un eje específico (filas o columnas).

Por defecto, concatena los `DataFrames` verticalmente (añadiendo filas), pero también puede unirlos horizontalmente (añadiendo columnas) si se especifica `axis=1`. Es fundamental que los `DataFrames` tengan la misma estructura cuando se concatenan por filas, es decir, las mismas columnas.

```
import pandas as pd
dic_1={"nombre":["Manolo","Ana","Lucia"],
       "apellido":["Gutierrez","Sanchez","García"],
       "año nacimiento":[2001,2002,2001]}
df_1=pd.DataFrame(dic_1)
print("Primer dataframe\n",df_1)
dic_2={"nombre":["Juan","Ricardo","Fabiola"],
       "apellido":["Mirando","Martinez","Perez"],
       "año nacimiento":[2002,2002,2003]}
df_2=pd.DataFrame(dic_2)
print("Segundo dataframe\n",df_2)
df_completo=pd.concat([df_1,df_2])
print("dataframe completo\n",df_completo)
```

Código 12.71
Concatenación de
DataFrames

Con la función `merge()` es posible combinar dos `DataFrame` de manera similar a un JOIN en SQL. Resulta muy útil cuando se tienen conjuntos de datos relacionados. La sintaxis básica de este método es:

```
pd.merge(df1, df2, on='columna_común', how='tipo_de_union')
```

Donde:

- `df1` y `df2`: `DataFrames` que queremos unir.
- `on`: nombre de la columna en común que se usará para hacer la unión.
- `how`: tipo de unión. Presenta los siguientes valores:

  1. `inner`: solo conserva las filas con valores coincidentes en ambas tablas (intersección).
  2. `left`: mantiene todas las filas de df1 y solo las coincidencias de df2 (similar a LEFT JOIN en SQL).
  3. `right`: mantiene todas las filas de df2 y solo las coincidencias de df1 (similar a RIGHT JOIN en SQL).
  4. `outer`: conserva todas las filas de ambos DataFrames, rellenando con NaN donde no haya coincidencias (FULL OUTER JOIN).

Código 12.72
Función merge()

```
import pandas as pd
df1 = pd.DataFrame({'Id': [1, 2, 3],
                    'Nombre': ['Ana', 'Luis', 'Carlos']})
df2 = pd.DataFrame({'Id': [2, 3, 4],
                    'Edad': [25, 30, 40]})
df_cruce = pd.merge(df1, df2, on='Id', how='inner')
print(df_cruce)
```

Si los `DataFrames` tienen más de una columna en común, se puede realizar la unión por varias columnas pasando al parámetro **on** la lista de columnas.

También es posible realizar la unión por columnas con distintos nombres en cada `DataFrame`, empleando los parámetros `left_on` y `right_on` para pasar al método los nombres de las columnas empleadas en la unión.

Código 12.73
Cruce de DataFrames
por columnas con
distintos nombres

```
import pandas as pd
df1 = pd.DataFrame({'Id': [1, 2, 3],
                    'Nombre': ['Ana', 'Luis', 'Carlos']})
df2 = pd.DataFrame({'Identificador': [2, 3, 4],
                    'Edad': [25, 30, 40]})
df_cruce= pd.merge(df1, df2, left_on='Id',
                   right_on='Identificador',
                   how='inner')
print(df_cruce)
```

12.13 Importar y exportar DataFrames

`Pandas` permite exportar `DataFrames` e importar archivos a `DataFrames`, lo que permite cargar datos desde diferentes fuentes y guardarlos en distintos formatos para su posterior análisis o intercambio. `Pandas` ofrece métodos sencillos y eficientes para leer y escribir archivos en formatos como `CSV, Excel, JSON` y `Parquet`, entre otros.

Exportar los datos de un `DataFrame` a un fichero

`Pandas` proporciona una serie de métodos para guardar en un fichero los datos de trabajo contenidos en un `DataFrame`. Estos métodos se llaman como `to_+<extensión del fichero>`.

- `to_csv`: ficheros `csv` (separados por comas).
- `to_excel`: ficheros Excel.
- `to_json`: ficheros formato `JSON`.
- `to_html`: ficheros formato `HTML`.
- `to_sas`: ficheros procedentes de `SAS` (Sistema estadístico).
- `to_parquet`: ficheros formato `parquet` (formato open-source para la serialización de datos).

Todos los métodos reciben un mismo parámetro que es la ruta y nombre del fichero donde se guardan los datos. Además, cada método tiene parámetros específicos.

Por ejemplo, el código siguiente guarda los datos del **DataFrame** del Titanic en un fichero Excel. Para poder crear ficheros con este formato, será necesario tener instalada la librería **openpyxl**, necesaria para escribir archivos Excel. Con el comando **pip** se instala con la siguiente instrucción:

```
pip install openpyxl
```

```
import seaborn as sns
titanic = sns.load_dataset('titanic')
ruta="c:\\data\\titanic.xlsx"
titanic.to_excel(ruta,index=False,sheet_name="Titanic")
```

Código 12.74
Exportar datos a un
fichero Excel

El método **to_excel()** nos permite exportar un DataFrame a un archivo Excel (.xlsx o .xls) y sus principales parámetros son:

- **excel_writer:** ruta del archivo de salida.
- **sheet_name:** nombre de la hoja donde se guardarán los datos (por defecto "Sheet1").
- **index:** booleano que indica si se debe incluir el índice en el archivo (por defecto True).
- **header:** booleano o lista de nombres de columnas. False indica que no se escriben los encabezados.
- **startrow / startcol:** especifican la fila y columna inicial donde se escribirán los datos en la hoja de Excel.
- **engine:** especifica el motor a utilizar (**'openpyxl'** para .xlsx o **'xlwt'** para .xls).
- **freeze_panes:** permite congelar filas o columnas, útil para mejorar la visualización.

Otro formato muy habitual es el **csv**.

```
import seaborn as sns
titanic = sns.load_dataset('titanic')
ruta="c:\\data\\titanic.csv"
titanic.to_csv(ruta,sep=";")
```

Código 12.75
Exportar datos a un
fichero csv

Los principales parámetros del método **to_csv()** son:

- **path_or_buf:** ruta del archivo de salida o un objeto buffer donde escribir los datos.
- **sep:** separador de los valores en el archivo (por defecto ","; puede ser ";", "\t", etc.).
- **index:** booleano que indica si se debe incluir el índice en el archivo (por defecto True).
- **header:** booleano o lista de nombres de columnas. False indica que no se escriben los encabezados.
- **encoding:** codificación del archivo ("utf-8" o "latin1").
- **columns:** Lista de columnas específicas a exportar.
- **line_terminator:** Carácter usado al final de cada línea (por defecto "\n").

Importación de datos

Para cargar en un `DataFrame` los datos guardados en un fichero, `Pandas` provee varios métodos. Algunos de los más utilizados son:

- `read_csv`: carga ficheros csv (separados por comas).
- `read_excel`: ficheros Excel.
- `read_json`: ficheros formato JSON.
- `read_html`: ficheros formato HTML.
- `read_sas`: ficheros procedentes de SAS (sistema estadístico).
- `read_parquet`: ficheros formato `parquet` (formato *open-source* para la serialización de datos).

Todos estos métodos tienen un parámetro común que es la ruta donde está ubicado el fichero, incluyendo el nombre del fichero.

Código 12.76
Leer datos de un fichero Excel

```
import pandas as pd
ruta="c:\\data\\titanic.xlsx"
df_excel=pd.read_excel(ruta)
print(df_excel)
```

El método `read_excel()` de Pandas se usa para importar datos desde un archivo Excel (`.xlsx, .xls`). A continuación, se describen sus principales parámetros:

- `io:` ruta del archivo de Excel o un objeto de tipo `ExcelFile`.
- `sheet_name:` nombre o número de la hoja a leer (por defecto 0, la primera hoja). Con el valor `None` se obtienen todas las hojas en un diccionario.
- `usecols:` lista de nombres de columnas o rango de columnas a importar.
- `skiprows:` número de filas a omitir al inicio del archivo o lista de filas a ignorar.
- `nrows:` número de filas a leer después de `skiprows`.
- `dtype:` diccionario con tipos de datos para columnas.
- `na_values:` valores a interpretar como `NaN`.
- `header:` número de fila que contiene los nombres de las columnas (por defecto 0).
- `index_col:` número o lista de columnas a usar como índice.
- `engine:` motor de lectura (`"openpyxl"` para .xlsx, `"xlrd"` para .xls).

El formato `csv` (valores separados por comas) es también muy habitual. Para importar datos de ficheros `csv`, `Pandas` provee el método `read_csv()`.

Código 12.77
Leer datos de un fichero csv

```
import pandas as pd
ruta="c:\\data\\titanic.csv"
df_csv=pd.read_csv(ruta,sep=";")
print(df_csv)
```

Los principales parámetros del método `read_csv()` son:

- **filepath_or_buffer:** ruta del archivo `csv` o una URL de donde leer los datos.
- **sep:** delimitador usado en el archivo (por defecto ",").
- **header:** fila donde se encuentran los nombres de las columnas (0 por defecto, **None** si no hay encabezados).
- **names:** lista de nombres de columnas si no hay encabezado en el archivo.
- **index_col:** número o lista de columnas a usar como índice (**None** para sin índice).
- **usecols:** lista de columnas específicas a leer.
- **skiprows:** número de filas a omitir al inicio o lista de filas a ignorar.
- **nrows:** número de filas a leer después de `skiprows`.
- **na_values:** lista de valores a interpretar como **NaN**.
- **encoding:** codificación del archivo (ejemplo: "utf-8", "latin1").

12.14 Ejercicios con Series

Ejercicio s1. Crear un objeto `Series` con los números del 1 al 10.

Ejercicio s2. Generar un objeto `Series` con los nombres de cinco ciudades y usa sus códigos postales como índices.

Ejercicio s3. Crear un objeto `Series` a partir de un diccionario con claves como nombres de productos y valores como precios.

Ejercicio s4. Crear un objeto `Series` de tipo `float` con valores aleatorios entre 0 y 1.

Ejercicio s5. Consultar el índice y los valores de un objeto `Series`.

Ejercicio s6. Cambiar el nombre de un objeto `Series` y consulta su tipo de datos.

Ejercicio s7. Aplicar la función `describe()` a un objeto `Series` numérica y explica su salida.

Ejercicio s8. Ordenar un objeto `Series` en orden descendente.

Ejercicio s9. Convertir un objeto `Series` de enteros en tipo `string`.

Ejercicio s10. Filtrar los valores mayores a 50 en un objeto `Series` de números aleatorios entre 0 y 100.

Ejercicio s11. Reemplazar todos los valores negativos de un objeto `Series` con 0.

Ejercicio s12. Aplicar una función personalizada a un objeto `Series` usando `.apply()`.

Ejercicio s13. Crear un objeto `Series` con valores nulos y reemplázalos por la media de los valores existentes.

Ejercicio s14. Calcular la media, mediana y desviación estándar de un objeto `Series`.

12.15 Ejercicios con DataFrame

Ejercicio df1. Crear un `DataFrame` a partir de un diccionario con tres columnas: "Nombre", "Edad" y "Ciudad".

Ejercicio df2. Generar un `DataFrame` con datos aleatorios de 5 filas y 3 columnas.

Ejercicio df3. Crear un `DataFrame` a partir de un `array` de `NumPy` con nombres de columna personalizados.

Ejercicio df4. Agregar una nueva columna a un `DataFrame` existente con valores calculados.

Ejercicio df5. Consultar los nombres de las columnas y el índice de un `DataFrame`.

Ejercicio df6. Usar `.info()` y `.describe()` en un `DataFrame` y analiza los resultados.

Ejercicio df7. Cambiar los nombres de las columnas de un `DataFrame`.

Ejercicio df8. Convertir un `DataFrame` en un array de `NumPy`.

Ejercicio df9. Usa `.head()` y `.tail()` para ver las primeras y últimas filas de un `DataFrame`.

Ejercicio df10. Mostrar un resumen de los valores únicos en cada columna de un `DataFrame`.

Ejercicio df11. Usar `df.sample(5)` para obtener una muestra aleatoria de datos.

Ejercicio df12. Recorrer todas las filas de un `DataFrame` usando un bucle `for` y `iterrows()`.

Ejercicio df13. Usar `apply()` para calcular una nueva columna en un `DataFrame`.

Ejercicio df14. Filtrar un `DataFrame` para mostrar solo las filas donde la edad sea mayor a 30.

Ejercicio df15. Seleccionar solo las columnas "Nombre" y "Ciudad" de un `DataFrame`.

Ejercicio df16. Llenar los valores nulos de un `DataFrame` con la media de la columna correspondiente.

Matplotlib 13

Objetivos de aprendizaje:

- Crear y personalizar gráficos básicos para visualizar datos
- Aplicar formatos avanzados a los gráficos, incluyendo títulos, etiquetas, colores y estilos de línea
- Integrar múltiples series de datos, subgráficos y leyendas para representar visualizaciones más complejas

Palabras clave: Visualización de datos, gráficos en Python, Matplotlib, análisis gráfico

13.1 Introducción

`Matplotlib` es una de las bibliotecas más utilizadas en Python para la visualización de datos. Es una herramienta *open-source* que permite la creación de gráficos de alta calidad de forma sencilla y flexible. Gracias a su integración con otras bibliotecas como `NumPy` y `Pandas`, `Matplotlib` es una opción ideal para la representación visual de datos en ciencia, ingeniería y análisis de datos.

Posteriormente, han surgido otras bibliotecas como `Seaborn` y `Plotly`, que amplían las funcionalidades de `Matplotlib` y simplifican la creación de gráficos avanzados. Sin embargo, `Matplotlib` sigue siendo la base de muchas herramientas de visualización en Python.

`Matplotlib` proporciona diversas formas de representar datos a través de sus principales componentes:

- Figura (`Figure`): es el contenedor principal de un gráfico, que puede contener múltiples ejes y otros elementos gráficos.
- Ejes (`Axes`): representa un área específica de la figura donde se dibuja el gráfico, incluyendo los ejes x e y.
- Trazados (`Plots`): son los diferentes tipos de gráficos que se pueden generar, como líneas, barras, dispersión, histogramas, entre otros.
- Estilos y personalización: `Matplotlib` permite modificar colores, etiquetas, leyendas y otros aspectos gráficos para mejorar la presentación de los datos.

Gracias a su versatilidad y amplio conjunto de funcionalidades, `Matplotlib` se ha convertido en una herramienta esencial para cualquier persona que trabaje con análisis de datos en Python.

13.2 Instalación

Para trabajar con `Matplotlib`, es necesario tener previamente instalada la biblioteca `NumPy`, ya que `Matplotlib` la utiliza para gestionar arrays numéricos. Se puede comprobar si está instalada ejecutando:

```
import numpy as np
```

Una vez verificado esto, se procede a la instalación de `Matplotlib`, que se realiza de distintas maneras según el entorno de trabajo.

Instalación con pip

En un terminal o línea de comandos, se ejecuta:

```
pip install matplotlib
```

Si se quiere instalar una versión específica, se puede indicar en la instrucción:

```
pip install matplotlib==3.7.1
```

Instalación en Jupyter Notebook

Si se está trabajando en un entorno de Jupyter Notebook, podemos instalar **Matplotlib** directamente desde una celda ejecutando:

```
!pip install matplotlib
```

Instalación en Anaconda

Si se usa Anaconda, se puede instalar `Matplotlib` con el siguiente comando:

```
conda install matplotlib
```

Una vez instalada la librería, se puede comprobar que la instalación fue exitosa ejecutando:

Código 13.1
Comprobación
instalación de
matplotlib

```
import matplotlib
print(matplotlib.__version__)
```

Esto imprimirá la versión instalada de `Matplotlib`, asegurando que está lista para usarse.

13.3 Dibujando el primer gráfico

Lo primero y lo más básico sería dibujar una serie de datos. Para ello, se va a probar con las ventas anuales, una lista de 12 datos.

Código 13.2
Dibujar un gráfico con
los valores de una lista

```
import matplotlib.pyplot as plt
ventas=[193,323,343,143,125,67,87,45,67,99,134,344]
fig, grafico=plt.subplots()
grafico.plot(ventas)
plt.show()
```

Primero se importa la librería con la que vamos a trabajar, en realidad es una sublibrería de **matplotlib**, y se hace con el alias `plt`.

En la segunda línea se crea la lista de valores con las ventas anuales.

En la tercera línea, con la función **subplots**, se puede generar uno o varios trazados para una misma figura. La variable **fig** representa a la figura completa, y la variable **grafico** al trazado. De momento se va a trabajar con un único trazado.

La cuarta línea dibuja el gráfico con la función **plot**.

La quinta, con la función **show()**, se abre el visor de **matplolib**.

El resultado es el siguiente:

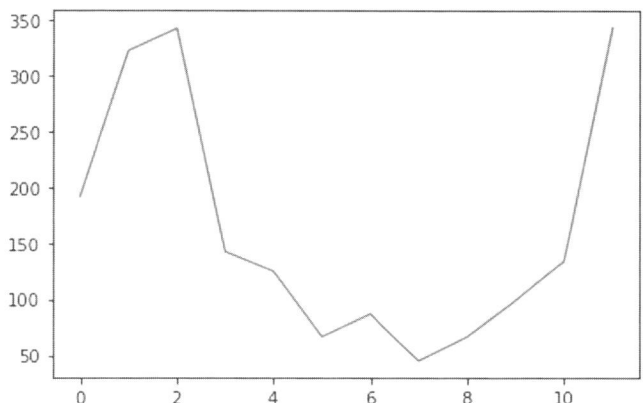

Figura 13.1
Trazado de una lista de puntos

Se ha utilizado directamente una parte del paquete **matplotlib: pyplot**, porque no vamos a necesitar más. Pero podíamos haber importado el paquete entero. El siguiente programa obtiene el mismo resultado, importando el paquete **matplotlib** completo:

```
import matplotlib as mpl
ventas=[193,323,343,143,125,67,87,45,67,99,134,344]
fig, grafico=mpl.pyplot.subplots()
grafico.plot(ventas)
mpl.pyplot.show()
```

Código 13.3
Importando el paquete completo de matplotlib

13.4 Dando formato al gráfico

Matplotlib proporciona distintas opciones para dar formato al gráfico:

- Parámetro **linewidth:** establece el grosor de la línea del gráfico.
- Función **set_title():** para ponerle un título al gráfico. Y con el parámetro **fontsize** se puede indicar el tamaño de letra.
- Función **set_xlabel():** para poner título al eje de las abscisas. También se puede indicar el tamaño de letra con el parámetro **fontsize**.
- Función **set_ylabel():** para poner título al eje de ordenadas. También se puede indicar el tamaño de letra con el parámetro **fontsize**.
- Función **tick_params:** para definir las etiquetas de los valores en los ejes.

En el programa siguiente, se emplean todas estas funciones:

Código 13.4
Funciones de formato
habituales de
Matplotlib

```python
import matplotlib.pyplot as plt
ventas=[193,323,343,143,125,67,87,45,67,99,134,344]
fig, grafico=plt.subplots()
grafico.plot(ventas,linewidth=5)
grafico.set_title("Ventas anuales",fontsize=20)
grafico.set_xlabel("Meses",fontsize=16)
grafico.set_ylabel("Unidades",fontsize=16)
grafico.tick_params(axis="x",labelsize=10)
grafico.tick_params(axis="y",labelsize=15)
plt.show()
```

El gráfico obtenido es el siguiente:

Figura 13.2
Gráfico con etiquetas

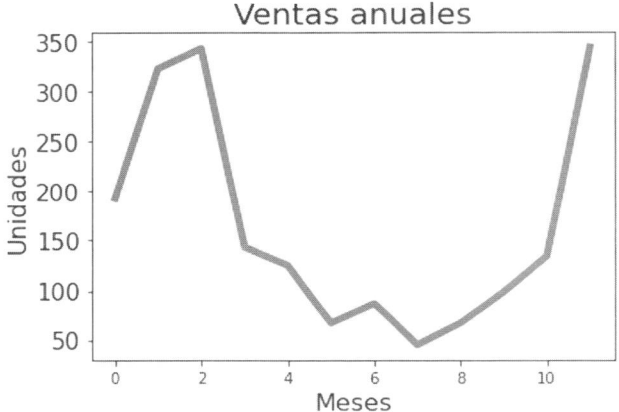

En este gráfico se observa cómo los valores de las etiquetas del eje de abscisas no son correctos. `Matplotlib` toma por defecto los índices de la lista ventas para dibujar las etiquetas del eje de abscisas, que van de 0 a 11. Sin embargo, las etiquetas para este eje son los meses de enero a diciembre.

Para corregir esto, además de indicar los valores a pintar, se indicarán los nombres de las etiquetas para las que se obtienen dichos valores.

Código 13.5
Etiquetando el eje de
abscisas

```python
import matplotlib.pyplot as plt
meses=["ene","feb","mar","abr","may",
"jun","jul","ago","sep","oct","nov","dic"]
ventas=[193,323,343,143,125,67,87,45,67,99,134,344]
fig, grafico=plt.subplots()
grafico.plot(meses,ventas,linewidth=5)
grafico.set_title("Ventas anuales",fontsize=20)
grafico.set_xlabel("Meses",fontsize=16)
grafico.set_ylabel("Unidades",fontsize=16)
grafico.tick_params(axis="x",labelsize=10)
grafico.tick_params(axis="y",labelsize=15)
plt.show()
```

Las listas de etiquetas y valores (meses y ventas) se pasan a la función **plot** y se obtiene el siguiente gráfico:

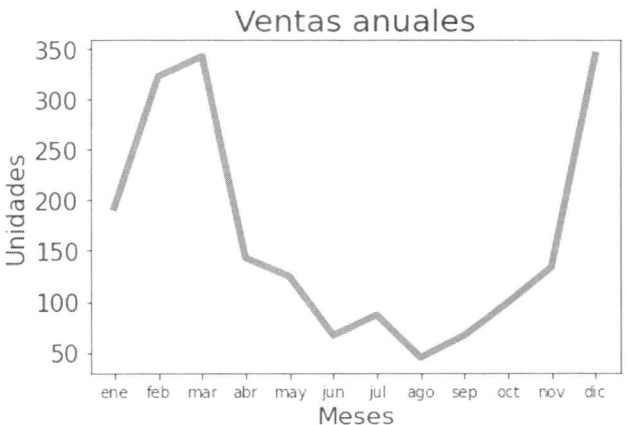

Figura 13.3
Gráfico con eje de
abscisas con etiquetas

Puede apreciarse que esta estructura de etiquetas y valores es equivalente a una serie de Pandas. El siguiente programa dibuja el mismo gráfico que antes empleando una serie:

```
import pandas as pd
import matplotlib.pyplot as plt
meses=["ene","feb","mar","abr","may","jun","jul","ago","sep",
"oct","nov","dic"]
ventas=[193,323,343,143,125,67,87,45,67,99,134,344]
serie=pd.Series(index=meses,data=ventas)
fig, grafico=plt.subplots()
grafico.plot(serie,linewidth=5)
grafico.set_title("Ventas anuales",fontsize=20)
grafico.set_xlabel("Meses",fontsize=16)
grafico.set_ylabel("Unidades",fontsize=16)
grafico.tick_params(axis="x",labelsize=10)
grafico.tick_params(axis="y",labelsize=15)
plt.show()
```

Código 13.6
Dibujo de gráfico
empleando un objeto
Series

13.5 Tipos básicos de gráficos

Matplotlib ofrece una gran variedad de funciones que permiten dibujar distintos tipos de gráficos. Las principales serían:

- **plot()**: gráfico de línea.
- **scatter()**: gráfico de puntos.
- **bar()**: gráfico de barras verticales.
- **barh()**: gráfico de barras horizontales.

Hasta ahora se ha empleado la función **plot** para dibujar gráficos de líneas. Para dibujar un gráfico de puntos se emplea la función **scatter**:

```
import matplotlib.pyplot as plt
meses=["ene","feb","mar","abr","may","jun","jul",
"ago","sep","oct","nov","dic"]
ventas=[193,323,343,143,125,67,87,45,67,99,134,344]
fig, grafico=plt.subplots()
grafico.scatter(meses,ventas,linewidth=5)
grafico.set_title("Ventas anuales",fontsize=20)
grafico.set_xlabel("Meses",fontsize=16)
grafico.set_ylabel("Unidades",fontsize=16)
grafico.tick_params(axis="x",labelsize=10)
grafico.tick_params(axis="y",labelsize=15)
plt.show()
```

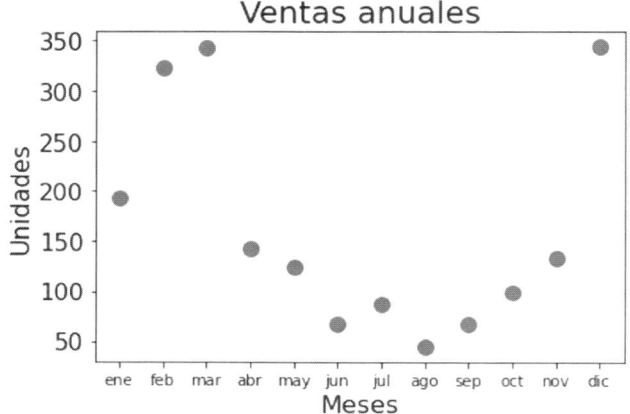

Para dibujar el de barras, se cambia la función **scatter** por **bar**.

```
grafico.bar(meses,ventas,linewidth=5)
```

Y para dibujar barras horizontales:

```
grafico.barh(meses,ventas,linewidth=5)
```

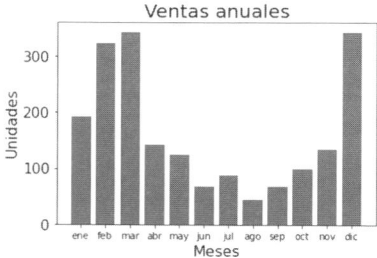

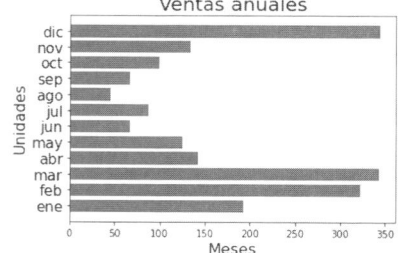

13.6 Más opciones de formato

Color del gráfico: las funciones de dibujo de los gráficos disponen del parámetro color, que permite definir el color del trazado. Por ejemplo, para cambiar a rojo se haría:

```
import matplotlib.pyplot as plt
meses=["ene","feb","mar","abr","may","jun","jul",
"ago","sep","oct","nov","dic"]
ventas=[193,323,343,143,125,67,87,45,67,99,134,344]
fig, grafico=plt.subplots()
grafico.plot(meses,ventas,linewidth=5,color="red")
grafico.set_title("Ventas anuales",fontsize=20)
grafico.set_xlabel("Meses",fontsize=16)
grafico.set_ylabel("Unidades",fontsize=16)
grafico.tick_params(axis="x",labelsize=10)
grafico.tick_params(axis="y",labelsize=15)
plt.show()
```

Código 13.8
Indicando el color del gráfico

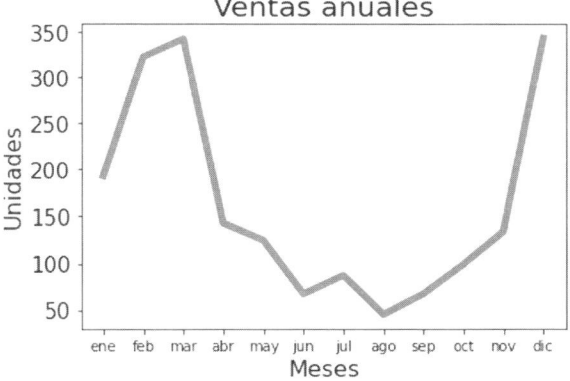

Figura 13.6
Gráfico con trazado en rojo

El parámetro color de la función **plot** admite varias formas para definir los colores:

1. Nombres de colores estándar: nombres predefinidos en inglés. Ejemplos: `red, green, blue, yellow, black, orange, purple, magenta`, etc.
2. Códigos hexadecimales. Ejemplos: #FF0000 (rojo), ##0000FF (azul).
3. Notación RGB y RGBA: con valores comprendidos entre 0 y 1. Ejemplos: RGB: (1.0,0.0,0.0) equivale al rojo, RGBA: (0.0,1.0,0.0,0.5) equivale a verde con transparencia (alfa=0.5).
4. Códigos cortos: letra única para colores básicos. Ejemplos: `b  (blue),  r  (red),  g  (green)`, etc.

Marcadores: para colocar marcadores en los puntos del gráfico se emplea el parámetro `marker`:

Código 13.9
Gráfico de puntos

```python
import matplotlib.pyplot as plt
meses=["ene","feb","mar","abr","may","jun","jul",
"ago","sep","oct","nov","dic"]
ventas=[193,323,343,143,125,67,87,45,67,99,134,344]
fig, grafico=plt.subplots()
grafico.plot(meses,ventas,linewidth=1,marker="^")
grafico.set_title("Ventas anuales",fontsize=20)
grafico.set_xlabel("Meses",fontsize=16)
grafico.set_ylabel("Unidades",fontsize=16)
grafico.tick_params(axis="x",labelsize=10)
grafico.tick_params(axis="y",labelsize=15)
plt.show()
```

Figura 13.7
Gráficos con
marcadores

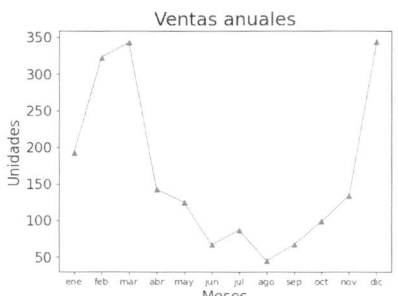 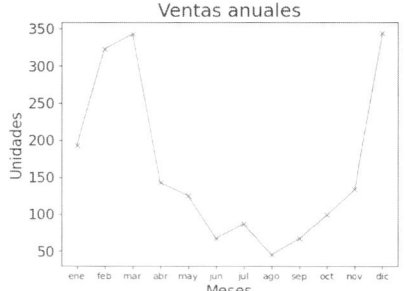

Matplotlib dispone de los siguientes marcadores:

Tabla 13.1
Cuadro de marcadores

SÍMBOLO	DESCRIPCIÓN	SÍMBOLO	DESCRIPCIÓN
.	Punto	s	Cuadrado
o	Círculo	p	Pentágono (estrella 5)
v	Triángulo hacia abajo	*	Estrella
^	Triángulo hacia arriba	h	Hexágono 1
<	Triángulo hacia la izquierda	H	Hexágono 2
>	Triángulo hacia la derecha	+	Signo más
1	Trifurcado hacia abajo	x	Signo x
2	Trifurcado hacia arriba	D	Diamante
3	Trifurcado izquierda	d	Diamante delgado
4	Trifurcado derecha	|	Línea vertical
		_	Línea horizontal

Estilo de línea: Para un gráfico de línea, se puede indicar el tipo de esta con el parámetro **linestyle**:

Código 13.10
Gráfico de puntos

```python
import matplotlib.pyplot as plt
meses=["ene","feb","mar","abr","may","jun","jul",
"ago","sep","oct","nov","dic"]
```

```
ventas=[193,323,343,143,125,67,87,45,67,99,134,344]
fig, grafico=plt.subplots()
grafico.plot(meses,ventas,linewidth=5,linestyle="dotted")
grafico.set_title("Ventas anuales",fontsize=20)
grafico.set_xlabel("Meses",fontsize=16)
grafico.set_ylabel("Unidades",fontsize=16)
grafico.tick_params(axis="x",labelsize=10)
grafico.tick_params(axis="y",labelsize=15)
plt.show()
```

Por ejemplo, dando a `linestyle` el valor `dotted`, se obtiene la siguiente gráfica:

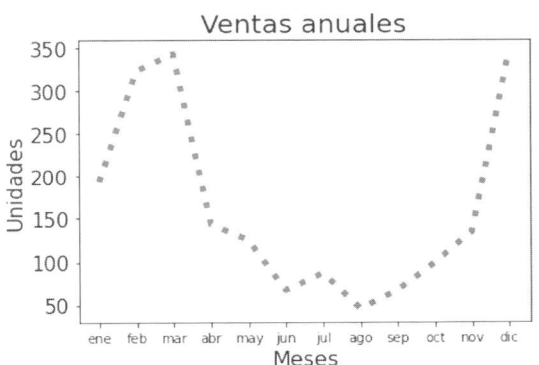

Figura 13.8
Gráfico con estilo de
línea

Los valores que admite el parámetro `linestyle` pueden indicarse en texto o mediante símbolos. Las opciones de estilo de línea que podemos aplicar son:

Tabla 13.2
Tabla de estilos de
línea

SÍMBOLO	TEXTO EQUIVALENTE	DESCRIPCIÓN
-	'solid'	Línea sólida
--	'dashed'	Línea discontinua (guiones)
-.	'dashdot'	Línea punto-guion
:	'dotted'	Línea punteada

13.7 Dibujando varias series de datos

Para representar varias series de datos en un mismo gráfico, se utilizan las funciones de trazado. Si las series comparten las mismas etiquetas en el eje de abscisas, basta con definir las distintas series de datos.

Por ejemplo, al trabajar con datos de ventas, podríamos representar visualmente las ventas correspondientes a dos años diferentes, lo que facilitaría la comparación entre ambos periodos:

```
import matplotlib.pyplot as plt
meses=["ene","feb","mar","abr","may","jun","jul",
       "ago","sep","oct","nov","dic"]
ventas2019=[193,323,343,143,125,67,87,45,67,99,134,344]
```

Código 13.11
Gráfico con varias
series de datos

```
ventas2020=[170,303,313,103,115,69,107,55,37,89,114,300]
fig, grafico=plt.subplots()
grafico.plot(meses,ventas2019,linewidth=1,
             color="r",marker="o")
grafico.plot(meses,ventas2020,linewidth=1,
             color="g",marker="^")
grafico.set_title("Ventas anuales",fontsize=20)
grafico.set_xlabel("Meses",fontsize=16)
grafico.set_ylabel("Unidades",fontsize=16)
grafico.tick_params(axis="x",labelsize=10)
grafico.tick_params(axis="y",labelsize=15)
plt.show()
```

Figura 13.9
Gráfico de varias
series de datos

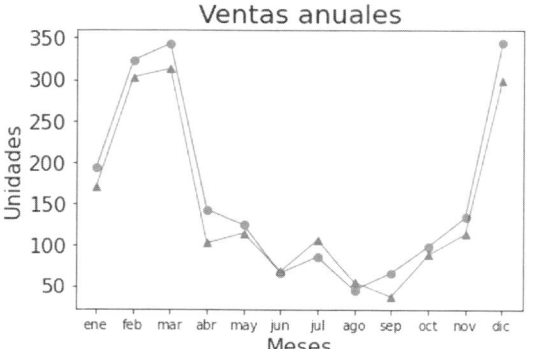

Para cada gráfico, se pueden emplear las distintas opciones de configuración explicadas en los apartados anteriores. Además, también es posible utilizar distintos tipos de gráficos. Por ejemplo, cambiando las instrucciones para dibujar los gráficos en el último código por las siguientes:

```
grafico.plot(meses,ventas2019,linewidth=1,
color="red",marker="o")
grafico.bar(meses,ventas2020,linewidth=1,color="green")
```

Obtenemos el siguiente gráfico:

Figura 13.10
Gráfico con distintos
tipos de trazados

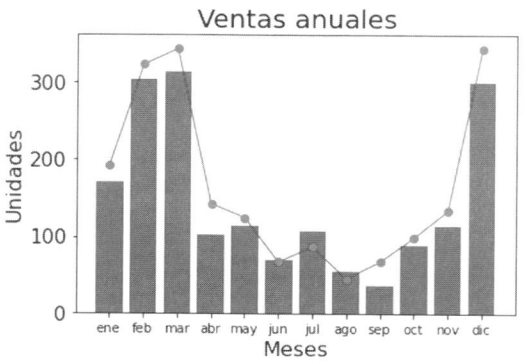

Podemos dibujar todos los trazados que queramos, cada uno de ellos con su formato especifico.

```
import matplotlib.pyplot as plt
meses=["ene","feb","mar","abr","may","jun","jul",
       "ago","sep","oct","nov","dic"]
ventas2019=[193,323,343,143,125,67,87,45,67,99,134,344]
ventas2020=[170,303,313,103,115,69,107,55,37,89,114,300]
ventas2021=[120,203,233,73,11,60,19,50,33,95,214,200]
fig, grafico=plt.subplots()
grafico.plot(meses,ventas2019,linewidth=1,color="red",
marker="o",linestyle="dashed")
grafico.plot(meses,ventas2020,linewidth=1,color="green",
marker="^")
grafico.plot(meses,ventas2021,linewidth=1,color="blue",
marker="^",linestyle="dotted")
grafico.set_title("Ventas anuales",fontsize=20)
grafico.set_xlabel("Meses",fontsize=16)
grafico.set_ylabel("Unidades",fontsize=16)
grafico.tick_params(axis="x",labelsize=10)
grafico.tick_params(axis="y",labelsize=15)
plt.show()
```

Código 13.12
Gráfico con varias
series de datos con
distintos formatos

Se obtiene el siguiente gráfico:

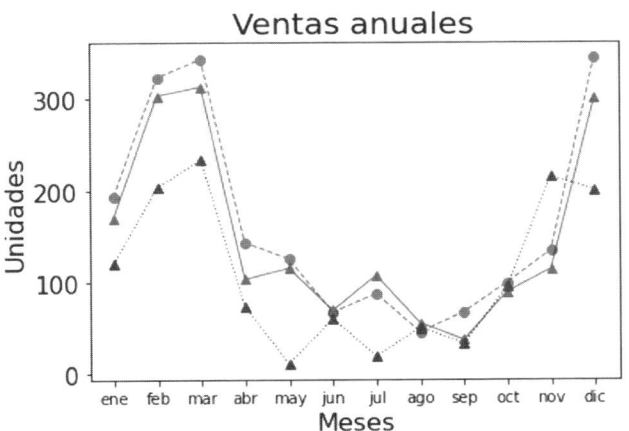

Figura 13.11
Gráfico con trazados
de distintos formatos

13.8 Colocando una leyenda

Para colocar una leyenda, lo primero que hay que hacer es definir el parámetro `label` para las series que queramos que aparezcan en la leyenda. Siguiendo con el ejemplo anterior:

```
grafico.plot(meses,ventas2019,linewidth=1,color="red",
marker="o",linestyle="dashed",label="ventas 2019")
```

Código 13.13
Código para colocar
una leyenda

```
grafico.plot(meses,ventas2020,linewidth=1,color="green",
marker="^",label="ventas 2020")
grafico.plot(meses,ventas2021,linewidth=1,color="blue",
marker="^",linestyle="dotted",label="ventas 2021")
```

Y para añadir la leyenda a la figura, se emplea la función **legend** a la que se pasa como parámetro la localización de la leyenda:

```
grafico.legend(loc="upper right")
```

El gráfico que se obtiene para este caso es:

Figura 13.12
Gráfico con leyenda

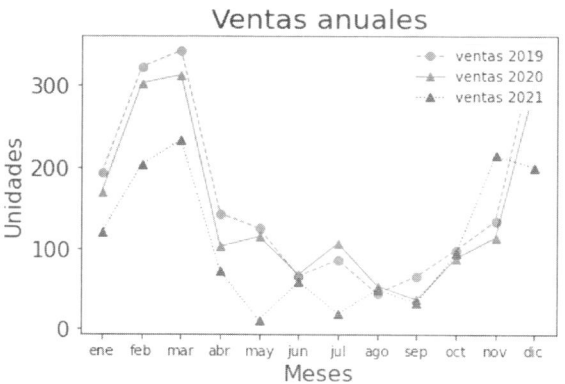

Las posibles ubicaciones de la leyenda se especifican en el parámetro **loc**.

Tabla 13.3
Posiciones de la
leyenda

PARÁMETRO LOC	UBICACIÓN
best	Mejor ubicación automática
upper right	Arriba a la derecha
upper left	Arriba a la izquierda
lower left	Abajo a la izquierda
lower right	Abajo a la derecha
right	Centro derecha
center left	Centro izquierda
center right	Centro derecha
lower center	Centro abajo
upper center	Centro arriba

13.9 Dibujar subgráficos

En ocasiones interesa separar las distintas series en gráficos diferentes, en lugar de representarlas todas en un único gráfico. Para ello, se divide la figura principal en varias subzonas llamadas subgráficos (*subplots*), donde cada uno muestra una parte distinta de la información.

Función subplot

Para lograr esto con **Matplotlib**, se debe indicar tanto el tamaño total de la figura como su disposición interna, es decir, cuántas filas y columnas de gráficos queremos. La función **subplot** permite especificar esta estructura y colocar cada subgráfico en una posición concreta dentro de una cuadrícula definida.

Por ejemplo, para representar en distintos gráficos las tres series de ventas del apartado anterior, podemos ejecutar el siguiente código:

```
import matplotlib.pyplot as plt

meses=["ene","feb","mar","abr","may","jun","jul",
       "ago","sep","oct","nov","dic"]
ventas2019=[193,323,343,143,125,67,87,45,67,99,134,344]
ventas2020=[170,303,313,103,115,69,107,55,37,89,114,300]
ventas2021=[120,203,233,73,11,60,19,50,33,95,214,200]
plt.figure(figsize=(10,6))
#primer subgrafico
plt.subplot(2,2,1)
plt.plot(meses,ventas2019,linewidth=1,color="red",
         marker="o",linestyle="dashed")
plt.title("Ventas 2019")
plt.ylabel("€")
#segundo subgrafico
plt.subplot(2,2,2)
plt.plot(meses,ventas2020,linewidth=1,color="green",
         marker="^")
plt.title("Ventas 2020")
plt.ylabel("€")
#tercer subgrafico
plt.subplot(2,2,3)
plt.plot(meses,ventas2021,linewidth=1,color="blue",
         marker="^",linestyle="dotted")
plt.title("Ventas 2021")
plt.ylabel("€")
# Pintar la figura
plt.tight_layout()
plt.show()
```

Código 13.14
Dibujo de subgraficos
con la funcion subplot

La instrucción:

```
plt.figure(figsize=(10,6))
```

crea una figura general con un ancho de 10 y un alto de 6 pulgadas.

Posteriormente, con las funciones **subplot** vamos activando cada uno de los subgráficos. Los dos primeros parámetros definen las cuadriculas en la que se divide la figura general, y el tercer parámetro activa un subgráfico. Por ejemplo, la instrucción:

```
plt.subplot(2,2,1)
```

divide la figura en dos filas y dos columnas, y activa el primer subgráfico.

Finalmente, la instrucción:

```
plt.tight_layout()
```

ajusta automáticamente los márgenes para evitar solapamiento entre títulos o etiquetas.

Y el resultado de ejecutar el anterior código es:

Figura 13.13
Subgráficos

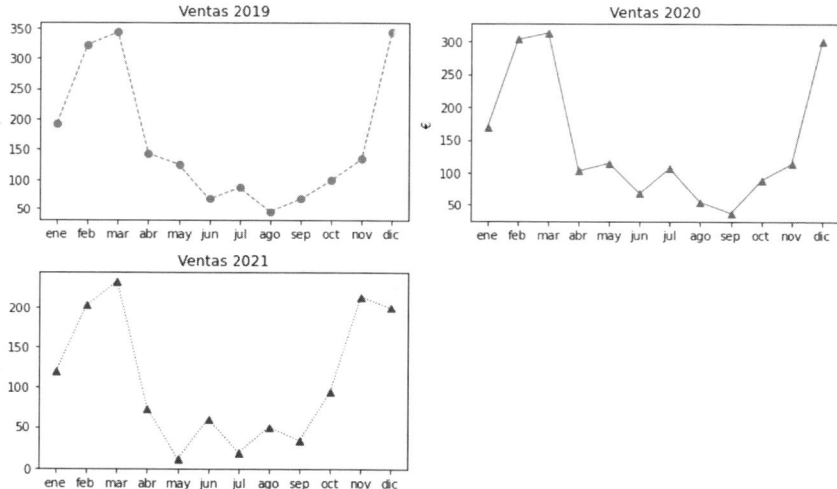

La filosofía es la misma que cuando se dibujan las tres series en una misma gráfica. Únicamente se tiene que definir el tamaño de la figura que agrupa todas las subgráficas con la función **figure**, ubicar cada gráfica en el **layout** con la función **subplot** y dibujar cada una de ellas con la función correspondiente.

Función subplots

Trabajando con la función **subplots**, se crean todos los subgráficos de una vez, en lugar de ir activándolos uno a uno. Hay que indicar el número de filas y columnas de subgráficos y el tamaño de la figura general, aunque este último parámetro no es obligatorio.

```
fig, axs = plt.subplots(2, 2,figsize=(10,6))
```

Esta función devuelve la figura general y una matriz de subgráficos, a cada uno de los cuales se accede con la función `axs`. Por ejemplo, para definir el primer subgráfico de trazado línea, se emplearía la instrucción:

```
axs[0, 0].plot(...)
```

El anterior código donde se muestran las ventas de los años 2019 a 2021, empleando la función `subplot`, quedaría:

```
import matplotlib.pyplot as plt

meses=["ene","feb","mar","abr","may","jun","jul",
       "ago","sep","oct","nov","dic"]
ventas2019=[193,323,343,143,125,67,87,45,67,99,134,344]
ventas2020=[170,303,313,103,115,69,107,55,37,89,114,300]
ventas2021=[120,203,233,73,11,60,19,50,33,95,214,200]
fig, axs = plt.subplots(2, 2,figsize=(10,6))
#primer subgrafico
axs[0,0].plot(meses,ventas2019,linewidth=1,color="red",
        marker="o",linestyle="dashed")
axs[0,0].set_title("Ventas 2019")
axs[0,0].set_ylabel("€")
#segundo subgrafico
axs[0,1].plot(meses,ventas2020,linewidth=1,color="green",
        marker="^")
axs[0,1].set_title("Ventas 2020")
axs[0,1].set_ylabel("€")
#tercer subgrafico
axs[1,0].plot(meses,ventas2021,linewidth=1,color="blue",
        marker="^",linestyle="dotted")
axs[1,0].set_title("Ventas 2021")
axs[1,0].set_ylabel("€")
# dibuja los subgráficos
plt.tight_layout()
plt.show()
```

Código 13.15
Dibujo de subgraficos
con la función
subplots

Función GridSpec

Si se necesitan crear disposiciones de subgráficos más flexibles que las que permiten las funciones `subplot` o `subplots`, podemos utilizar la función `GridSpec`, que nos permite dividir la figura en una cuadrícula personalizada y asignar a cada subgráfico una o varias celdas de esa cuadrícula. Esto es especialmente útil cuando los subgráficos no tienen el mismo tamaño o deben ocupar varias filas o columnas.

Trabajando con `GridSpec` tendremos primero que crear la figura general:

```
fig= plt.figure(figsize=(10,6))
```

A continuación, hay que crear la cuadrícula con `GridSpec`, indicando el número de filas y columnas:

```
gs = gridspec.GridSpec(2, 2)
```

Finalmente, se asignan manualmente las posiciones a los distintos subgráficos con la función **add_subplot**. Por ejemplo, si se quiere asignar la primera fila completa a un subgráfico haríamos:

```
subgraf_1 = fig.add_subplot(gs[0, :])
```

Empleando la función **GridSpec** para pintar las ventas de los años 2019 a 2021, se puede definir la distribución de los subgráficos de manera mucho más flexible. Por ejemplo, se puede emplear toda la primera línea para dibujar las ventas de 2019.

Código 13.16
Dibujo de subgráficos
con la función
GridSpec

```
import matplotlib.pyplot as plt
import matplotlib.gridspec as gridspec

meses=["ene","feb","mar","abr","may","jun","jul",
       "ago","sep","oct","nov","dic"]
ventas2019=[193,323,343,143,125,67,87,45,67,99,134,344]
ventas2020=[170,303,313,103,115,69,107,55,37,89,114,300]
ventas2021=[120,203,233,73,11,60,19,50,33,95,214,200]
fig= plt.figure(figsize=(10,6))
gs = gridspec.GridSpec(2, 2)
subgraf_1 = fig.add_subplot(gs[0, :])  # Ocupa toda la primera
fila
subgraf_2 = fig.add_subplot(gs[1,0])
subgraf_3 = fig.add_subplot(gs[1,1])
#primer subgrafico
subgraf_1.plot(meses,ventas2019,linewidth=1,color="red",
       marker="o",linestyle="dashed")
subgraf_1.set_title("Ventas 2019")
subgraf_1.set_ylabel("€")
#segundo subgrafico
subgraf_2.plot(meses,ventas2020,linewidth=1,color="green",
       marker="^")
subgraf_2.set_title("Ventas 2020")
subgraf_2.set_ylabel("€")
#tercer subgrafico
subgraf_3.plot(meses,ventas2021,linewidth=1,color="blue",
       marker="^",linestyle="dotted")
subgraf_3.set_title("Ventas 2021")
subgraf_3.set_ylabel("€")
# dibujar
plt.tight_layout()
plt.show()
```

El resultado de ejecutar el código anterior sería:

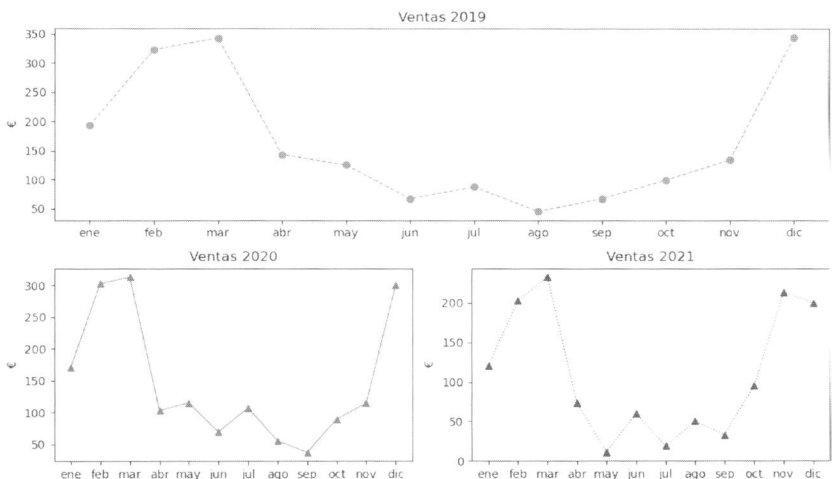

Figura 13.14
Subgráficos

13.10 Más tipos de gráficos

Aparte de los gráficos básicos: línea, dispersión (puntos) y barras, Matplotlib provee otros muchos tipos de gráficos.

Histogramas

Un histograma representa cómo se distribuyen los valores de una variable agrupándolos en intervalos `(bins)`. Cada barra indica la frecuencia con la que los valores caen en ese intervalo.

Este tipo de gráficas es muy útil para explorar la forma (simetría, sesgo), dispersión y presencia de valores atípicos en una distribución de datos continuos.

Empleamos la función: `plt.hist`, que tiene los siguientes parámetros básicos:

- `x`: datos de entrada
- `bins`: si es un número entero, indica el número de divisiones, y si es una lista de números, indica el tamaño de los intervalos.

Gráfico de pastel (*pie chart*)

Este tipo de gráficos muestra proporciones relativas de un total como sectores de un círculo. Cada sector representa una categoría del conjunto de datos.

Función: `plt.pie`

Parámetros básicos:

- `x:` valores numéricos a representar.
- `labels:` etiquetas de cada categoría
- `autopct:` formato para mostrar porcentajes

Boxplot (diagrama de caja y bigotes)

Resume la distribución de un conjunto de datos mostrando su mediana, cuartiles y posibles valores atípicos. Resulta muy útil para comparar distribuciones entre múltiples grupos y detectar asimetrías o outliers.

Función: `plt.boxplot`

Parámetros básicos:

- `x:` datos a graficar.
- `notch:` muestra una muesca en la mediana.

Gráfico de áreas (*area chart*)

Muestra la evolución de una variable a lo largo de una dimensión, típicamente el tiempo, rellenando el área bajo una línea. Indicado para mostrar acumulaciones o proporciones sobre el tiempo.

Función: `plt.fill_between`

Parámetros básicos:

- `x, y1, y2:` coordenadas para delimitar el área.
- `color:` color del área.
- `alpha:` transparencia.

Gráfico con barras de error (*error bars*)

Extiende un gráfico de líneas para incluir información sobre la variabilidad de los datos mediante barras verticales u horizontales. Útil para presentar resultados experimentales, indicando márgenes de error, desviaciones estándar o intervalos de confianza.

Función: `plt.errorbar`

Parámetros básicos:

- `x, y:` datos principales.
- `yerr / xerr:` errores en cada dirección.
- `fmt:` estilo del gráfico principal.
- `ecolor:` color de las barras de error.

Matriz de colores (*color matrix*)

Visualiza datos bidimensionales utilizando una escala de colores. Se emplea con datos espaciales, resultados de modelos, mapas o visualización de imágenes.

Función: `plt.imshow`

Parámetros básicos:

- `X:` matriz de datos.
- `cmap:` mapa de colores.

Mapa de calor (*heatmap*)

Representa valores en una cuadrícula donde el color indica la magnitud del valor Muy usado en correlaciones, tablas de confusión, patrones de comportamiento en el tiempo, etc.

Funciones: `plt.imshow` o `plt.pcolormesh`

Parámetros básicos:

- `X, Y, C:` coordenadas y datos.
- `cmap:` paleta de colores.
- `shading:` tipo de interpolación o segmentación.

Contornos (*contour plot*)

Dibuja líneas que conectan puntos de igual valor, como curvas de nivel en mapas topográficos. Empleado en representación de funciones matemáticas 2D, campos escalares o distribuciones continuas.

Funciones: `plt.contour` o `plt.contourf`

Parámetros básicos:

- `X, Y, Z:` malla de coordenadas y valores.
- `levels:` número o valores específicos de contorno.
- `cmap:` colores de relleno (en contourf).

Polígono relleno

Área cerrada delimitada por una serie de puntos conectados, rellenada con color. Para representar formas personalizadas, áreas geográficas, regiones de interés, etc.

Función: `plt.fill`

Parámetros básicos:

- `x, y:` vértices del polígono.
- `color:` color interior.
- `alpha:` nivel de transparencia.

Gráfico de tallo (*stem plot*)

Serie de líneas verticales desde un eje base hasta cada punto de datos. Se suele emplear para destacar puntos individuales en una serie.

Función: `plt.stem`

Parámetros básicos:

- `x, y:` posiciones de cada punto.
- `linefmt:` estilo de línea.
- `markerfmt:` estilo de marcador.

Gráfico de paso (*step plot*)

Conecta los datos con segmentos horizontales y verticales, mostrando cambios abruptos o discretos. Muy útil para visualizar señales digitales, conteos acumulados o decisiones por bloques.

Función: `plt.step`

Parámetros básicos:

- `x, y`: datos.
- `where`: determina cómo se alinean los pasos. El valor `pre` indica que el paso cambia antes del valor de x (escalón hacia adelante). Con el valor `mid`, el cambio ocurre a mitad del intervalo (escalón centrado). Y el valor `post` indica que el paso cambia después del valor de x (escalón hacia atrás).
- `color`: color de la línea.

Gráfico de violín (*violin plot*)

Combina un boxplot con una estimación de la densidad de la distribución, ofreciendo una visión más detallada de la forma de los datos. Funciona muy bien para comparar la distribución de varios grupos de datos, especialmente cuando hay formas no simétricas o multimodales.

Función: `plt.violinplot`

Parámetros básicos:

- `dataset`: datos de entrada.
- `vert`: vertical/horizontal.
- `showmeans, showmedians, showextrema`: mostrar elementos estadísticos.

Código 13.17
Ejemplos de distintos tipos de gráficos

```python
import matplotlib.pyplot as plt
import numpy as np

x = np.linspace(0, 10, 100)
y = np.sin(x)
y2 = np.cos(x)
categorias = ['A', 'B', 'C', 'D']
valores = [5, 7, 3, 4]
valores2 = [6, 2, 7, 5]
valores3 = [9, 1, 3, 5]
distribucion = np.random.normal(loc=0, scale=1, size=1000)
# Figura general
fig, axs = plt.subplots(4, 3, figsize=(15, 10))
# Histogramas
axs[0,0].hist(distribucion, bins=20)
axs[0,0].set_title("Histograma")
# Pastel
axs[0,1].pie(valores, labels=categorias, autopct='%1.1f%%')
```

```python
axs[0,1].set_title("Gráfico de Pastel")
# Diagrama de caja
axs[0,2].boxplot([valores, valores2, valores3])
axs[0,2].set_title("Boxplot")
# Gráfico de areas
axs[1,0].fill_between(x, y, y2, color='skyblue', alpha=0.5)
axs[1,0].set_title("Gráfico de Área")
# Barras de error
axs[1,1].errorbar(x[::10], y[::10], yerr=0.1,
                  fmt='-o',ecolor="r")
axs[1,1].set_title("Error Bars")
# Matriz de colores
matriz = np.random.rand(10,10)
axs[1,2].imshow(matriz, cmap='viridis')
axs[1,2].set_title("Matriz de Colores")
# Mapa de calor
X, Y = np.meshgrid(np.arange(7), np.arange(7))
Z = np.random.rand(7, 7)
axs[2,0].pcolormesh(X, Y, Z, cmap="bwr",shading='auto')
axs[2,0].set_title("Mapa de Calor")
# Contornos
X2, Y2 = np.meshgrid(np.linspace(-3, 3, 100),
                     np.linspace(-3, 3, 100))
Z2 = np.sin(X2**2 + Y2**2)
axs[2,1].contour(X2, Y2, Z2)
axs[2,1].set_title("Gráfico de Contorno")
# Poligono relleno
axs[2,2].fill(x, y, color='orange')
axs[2,2].set_title("Polígono Relleno")
# Grafico de tallo
axs[3,0].stem(x[:30], y[:30],linefmt="--",markerfmt="d")
axs[3,0].set_title("Stem Plot")
# Gráfico de pasos
x= np.arange(10)
y = np.array([0, 1, 2, 3, 3, 2, 1, 0, 1, 2])
axs[3,1].step(x, y, color='b')
axs[3,1].set_title("Step Plot")
# Gráfico de violín
axs[3,2].violinplot([valores,valores2,valores3],
            showmeans=True)
axs[3,2].set_title("Violin Plot")
# pintar
plt.tight_layout()
plt.show()
```

Figura 13.15
Distintos tipos de
gráficos

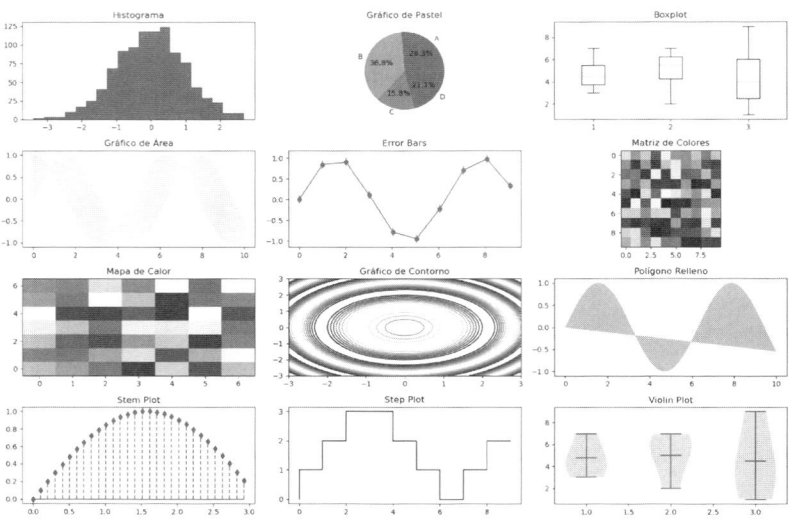

13.11 Guardar una imagen

Para guardar una imagen en el disco empleamos la función **savefig** de **Matplotlib**, que tiene los siguientes parámetros:

- **fname:** ruta completa del fichero, incluyendo nombre y extensión del archivo. Puede incluir extensión: .png, .pdf, .svg, .jpg, etc.
- **dpi:** resolución en puntos por pulgada.
- **format:** especifica el formato si no se deduce de la extensión.
- **bbox_inches:** ajusta el tamaño del gráfico.
- **transparent:** con valor True, el fondo es transparente. Resulta útil cuando queremos superponer el gráfico a otra imagen.
- **facecolor** y **edgecolor:** del fondo o borde de la figura.

Para guardar la gráfica del código del apartado anterior, a alta resolución y con el fondo transparente, se emplearía el siguiente código:

Código 13.18
Código para guardar a
disco una gráfica

```
ruta="mi_grafica.png"
plt.savefig(ruta,transparent=True)
```

Hay que llamar a la función **savefig** antes de hacer **plt.show**, para asegurarse que el gráfico se guarda correctamente.

13.12 Ejercicios

Ejercicio 1. Crear un gráfico de línea simple con datos ficticios a partir de dos listas con 4 elementos cada una (por ejemplo: [1, 2, 3, 4] vs. [10, 20, 25, 30]).

Ejercicio 2. Añadir título y etiquetas de ejes al gráfico anterior.

Ejercicio 3. Cambiar el color y el estilo de línea del gráfico.

Ejercicio 4. Crear un gráfico de barras con las ventas mensuales de una tienda.

Ejercicio 5. Realizar un gráfico de dispersión que compare altura y peso de personas.

Ejercicio 6. Dibujar una serie de datos con marcadores personalizados.

Ejercicio 7. Crear un gráfico de línea con líneas discontinuas y marcadores circulares.

Ejercicio 8. Usar diferentes tipos de línea y colores para comparar dos series en el mismo gráfico.

Ejercicio 9. Dibujar dos series de datos en el mismo gráfico y añadir una leyenda.

Ejercicio 10. Crear un gráfico con tres subgráficos en una sola figura.

Ejercicio 11. Cambiar el tamaño y la ubicación de la leyenda.

Ejercicio 12. Crear un histograma de una lista de números aleatorios.

Ejercicio 13. Hacer un gráfico de sectores (*pie chart*) con la distribución porcentual de una encuesta.

Ejercicio 14. Representar una matriz de correlación usando un mapa de calor.

Ejercicio 15. Dibujar la función matemática del seno.

Ejercicio 16. Guardar el gráfico del ejercicio anterior como imagen (seno.png) con alta resolución.

Juegos y Pygame

14

Objetivos de aprendizaje:

- Comprender la estructura básica de un juego, incluyendo el bucle de juego, la gestión de eventos y la actualización de la pantalla
- Controlar y gestionar la interacción con el usuario
- Dibujar gráficos básicos en pantalla, utilizando sprites, imágenes y formas geométricas simples. Incluir animación y movimiento de objetos
- Gestionar colisiones entre objetos
- Añadir efectos de sonido y música de fondo

Palabras clave: Pygame, Eventos, Sprites, Colisiones

14.1 El desarrollo de videojuegos

Un videojuego es similar a una película interactiva que se ejecuta en tiempo real. Lo componen una secuencia continua de imágenes, actualizadas varias veces por segundo, generando así la sensación de movimiento, de forma similar a un vídeo.

Al contrario que una película, el videojuego es interactivo, responde a las interacciones del usuario, construyendo las imágenes que se presentan en pantalla en función de dichas interacciones. Para lograr esto, todo videojuego se basa en un bucle principal, que se repite aproximadamente 60 veces por segundo, cada 17 milisegundos.

En cada iteración del bucle se realizan tres acciones fundamentales:

1. **Gestión de eventos:** captura las acciones del jugador (pulsaciones de teclas del teclado o ratón, movimientos del cursor del ratón, etc.).
2. **Actualización del estado del videojuego:** se calcula todo lo que ha cambiado (movimiento de personajes, lógica del videojuego, físicas, etc.).
3. **Renderizado:** se dibuja la nueva escena en la pantalla, creando la ilusión de movimiento.

Al repetir este proceso continuamente, el videojuego cobra vida y responde en tiempo real a las acciones del jugador. Comprender y estructurar este ciclo es la base para crear cualquier videojuego, desde los más simples hasta los más complejos.

14.2 Introducción a Pygame

Pygame es una biblioteca de Python diseñada para la creación de videojuegos y aplicaciones multimedia interactivas. Extiende las capacidades de Python en el manejo de los recursos necesarios para desarrollar un videojuego: gráficos, sonidos, música y controles. Está construida empleando SDL (Simple DirectMedia Layer), una potente biblioteca escrita en C que asegura un rendimiento aceptable incluso en sistemas modestos. Es además multiplataforma, funciona perfectamente en Windows, macOS y Linux.

¿Por qué usar Pygame?

Entre las ventajas de usar Pygame, destacan:

1. Facilidad de uso: su sintaxis es sencilla y se integra perfectamente con la lógica de Python, por lo que resulta ideal para iniciarse en el desarrollo de videojuegos.

2. Excelente documentación y comunidad de soporte: existen multitud de tutoriales, ejemplos, foros y recursos en línea disponibles.

3. Ideal para el aprendizaje de los fundamentos del desarrollo de videojuegos: conceptos básicos como bucle de videojuego, control de eventos (teclado, ratón), detección de colisiones, y movimiento de sprites y animaciones.

4. Permite un rápido prototipado: pueden probarse ideas rápidamente sin preocuparse de optimizaciones o complicaciones técnicas.

5. Es libre y de código abierto: licencia LGPL, lo que permite crear tanto proyectos personales como comerciales.

Instalación de Pygame

Pygame puede instalarse desde un terminal o consola de comandos, con el comando **pip**, ejecutando la siguiente instrucción:

```
pip install pygame
```

Esta instrucción descarga e instala la última versión estable de **Pygame** desde PyPI. La instalación puede verificarse ejecutándose el siguiente código:

Código 14.1
Comprobación de la
instalacíon de Pygame

```
import pygame
print(pygame.ver)
```

Si la instalación es correcta, se muestra por pantalla la versión de Pygame instalada:

```
pygame 2.6.1 (SDL 2.28.4, Python 3.12.11)
Hello from the pygame community. https://www.pygame.org/
contribute.html
2.6.1
```

14.3 Recursos gráficos

Para programar un juego se necesitan una serie de recursos gráficos que se emplean para construir la dinámica del juego. Los recursos gráficos hay que cargarlos, pintarlos y moverlos por el juego, comprobando las posibles colisiones entre ellos. Por ejemplo, si una bala y un enemigo ocupan un mismo espacio en pantalla, el programa debe tener una lógica definida para actuar en dichas situaciones.

Lo primero que necesitamos es una instancia de **Pygame** que dé acceso a todas las funcionalidades de la biblioteca:

```
pygame.init()
```

La ventana de juego

Empleando la instancia de `Pygame`, se crea la pantalla de juego con la función `set_mode()`, que recibe como parámetros el ancho y alto de la ventana en píxeles.

```
import pygame
from time import sleep
pygame.init()
# Creación de la ventana de juego
ventana = pygame.display.set_mode((800, 500))
ventana.fill((150,220,230)) #rellenamos de azul
pygame.display.set_caption("Mi Juego Python")
pygame.display.flip()  #actualizamos la pantalla
sleep(3) #retardo de 3 seg
pygame.quit()
```

Código 14.2
Crear la ventana de juego

En el código anterior, se rellena el fondo de la ventana con el color azul, empleando la función `fill()`. Se define el titulo para la ventana de juego con la función `set_caption()`, y se actualiza la ventana con la función `flip()`.

Adicionalmente, la función `sleep(3)` introduce una pausa de 3 segundos, lo que permite apreciar el dibujo en la pantalla, antes de que la función `quit()` termine el juego.

Se pueden establecer las dimensiones de la ventana para que ocupe toda la pantalla, pasando a la función `set_mode()` un ancho y alto de ventana de cero y la constante **FULLSCREEN** de `Pygame`:

```
ventana = pygame.display.set_mode((0,0),pygame.FULLSCREEN)
```

En este modo de funcionamiento, el juego toma el control total de la pantalla, por lo que veremos una pantalla en negro, sin título ni botones de ventana. Para jugar a pantalla completa manteniendo los controles y etiquetas de la ventana estándar, se pueden leer las dimensiones de la pantalla y generar la ventana de juego con dichas dimensiones.

```
info = pygame.display.Info()
pantalla_ancho = info.current_w
pantalla_alto = info.current_h
ventana = pygame.display.set_mode((800, 500))
```

Código 14.3
Obtener las dimensiones de la pantalla

Rectángulo contenedor

Para trabajar con un objeto del juego, se obtiene su rectángulo contenedor empleando la función `get_rect()`. Este rectángulo representa los límites del objeto y tiene cuatro parámetros fundamentales:

- `x,y:` representan las coordenadas del vértice superior izquierdo del rectángulo.
- `width:` el ancho del rectángulo.
- `height:` el alto del rectángulo.

La ventana de juego también tiene su rectángulo contenedor. Los parámetros x,y representan el origen de coordenadas (0,0), que está situado en la esquina superior izquierda.

Código 14.4
Rectángulo contenedor
de la ventana de juego

```python
import pygame
from time import sleep
pygame.init()
ventana = pygame.display.set_mode((800, 500))
rectangulo_ventana=ventana.get_rect()
x=rectangulo_ventana.x
y=rectangulo_ventana.y
ancho=rectangulo_ventana.width
alto=rectangulo_ventana.height
print(f"esquina superior izquierda: {x},{y}")
print(f"ancho: {ancho} , alto: {alto}")
sleep(1)
pygame.quit()
```

Con el código anterior se obtiene el rectángulo contenedor de la ventana de juego con la función **get_rect()**. Se extraen los cuatro parámetros principales de trabajo y se escriben sus valores. Para que se pueda apreciar que se crea la ventana de juego, se introduce una pausa de 1 segundo con la función **sleep()** antes de acabar el juego.

Carga y dibujo de una imagen en la ventana de juego

Para cargar una imagen, utilizamos la función **load()** a la que pasamos como parámetro la ruta y nombre del archivo que contiene la imagen.

```python
jugador=pygame.image.load("jugador.png")
```

El resultado es un objeto Surface, simplemente una superficie gráfica que se muestra por pantalla usando la función **blit()**.

Obtenemos su rectángulo contenedor, y dándole valores a los parámetros x,y colocamos la imagen en la ventana de juego.

Código 14.5
Dibujar una imagen

```python
import pygame
from time import sleep
pygame.init()
ventana = pygame.display.set_mode((800, 500))
ventana.fill((150,220,230))
rectangulo_ventana=ventana.get_rect()
# carga de la imagen
jugador=pygame.image.load("jugador.png")
# rectangulo contenedor
rectangulo_jugador=jugador.get_rect()
rectangulo_jugador.x =10
rectangulo_jugador.y =10
# colocación de la imagen en la pantalla
```

```
ventana.blit(jugador, rectangulo_jugador)
# actualización de la pantalla
pygame.display.flip()
sleep(3)
pygame.quit()
```

14.4 El bucle de videojuego

Un videojuego se asemeja a un vídeo en el efecto del movimiento, que se consigue por la superposición de imágenes estáticas. En un videojuego se necesita crear lo que se conoce como el bucle de juego, donde se escucha la interacción del usuario, se actualiza el estado del juego y se renderiza la imagen de este. Este bucle se repite hasta que el juego finalice.

```
import pygame
pygame.init()
ventana = pygame.display.set_mode((800, 500))
pygame.display.set_caption("Mi Juego")
salir = False   #bandera de control
# bucle de juego
while not salir:
    for event in pygame.event.get():
        if event.type == pygame.QUIT:
            salir = True
    ventana.fill("blue")
    pygame.display.flip()
pygame.quit()
```

Código 14.6
Bucle de juego

En el código anterior se define un bucle controlado con la bandera `salir`, que se activa cuando se produce el evento `pygame.QUIT`, que equivale a cerrar la ventana de juego. Con `salir` a `True`, se sale del bucle `while` y se ejecuta la función `quit()` de `Pygame`, finalizando correctamente el programa.

Moviendo objetos por la ventana

Para desplazar un objeto por la ventana, se actualizan las coordenadas de su rectángulo contenedor, y se pinta el objeto en su nueva posición empleando la función `blit()`. Por ejemplo, para desplazar un objeto hacia abajo se aumenta la coordenada y de su rectángulo contenedor, para desplazarlo a la derecha se aumenta la coordenada x. Para generar un desplazamiento a lo largo de la diagonal de la ventana, se aumentan en igual cantidad ambas coordenadas.

El código siguiente desplaza la imagen del jugador desde la esquina superior izquierda, siguiendo la diagonal hacia abajo. Se introduce un retardo de 0.1 segundos para poder apreciar el movimiento del jugador.

```
import pygame
from time import sleep
pygame.init()
ventana = pygame.display.set_mode((800, 500))
```

Código 14.7
Movimiento de objeto

```
pygame.display.set_caption("Mi Juego")
salir = False
# carga jugador y su rectangulo contenedor
jugador=pygame.image.load("jugador.png")
rectangulo_jugador=jugador.get_rect()
# bucle de juego
while not salir:
    for event in pygame.event.get():
        if event.type == pygame.QUIT:
            salir = True
    # actualización coordenadas del jugador
    rectangulo_jugador.x+=1
    rectangulo_jugador.y+=1
    # renderización de la pantalla
    ventana.fill((150,220,230))
    ventana.blit(jugador, rectangulo_jugador)
    pygame.display.flip()
    sleep(0.1)
pygame.quit()
```

Control del tiempo del bucle de juego

Con cada iteración del bucle de juego se dibuja una imagen nueva. Controlar el tiempo del bucle permite asegurar que el juego corre a una velocidad concreta, comportándose de manera similar en diferentes dispositivos, con independencia de la velocidad del dispositivo.

Para implementar esta funcionalidad, **Pygame** provee el objeto **Clock**, que permite definir la ratio de imágenes por segundo. Primero se crea el objeto:

```
clock=pygame.time.Clock()
```

Posteriormente se indica el número de imágenes por segundo, empleando la función **tick()**:

```
clock.tick(60)
```

Esta instrucción se coloca en el bucle de juego e introduce un retardo calculado para que la iteración del bucle tenga una duración precisa que asegure la ratio de imágenes por segundo definido.

Además, esto permite trabajar con valores de velocidad fijos. Por ejemplo, con la instrucción anterior se obtienen 60 iteraciones del bucle de juego por segundo. Si en cada iteración incrementamos la coordenada x en 1, el objeto se mueve a una velocidad horizontal de 60 píxeles/s.

14.5 Implementación de la física básica del juego

En un juego, normalmente se manejan tres magnitudes físicas: el espacio, la velocidad y la aceleración. La velocidad es la derivada del espacio con respecto al tiempo, es decir, cómo varía el espacio recorrido por el objeto por la unidad de tiempo. La aceleración es la derivada de la velocidad con respecto al tiempo, cómo varía la velocidad del objeto por unidad de tiempo. Trabajando en juegos 2D nos referimos a estas 3 magnitudes en los dos ejes de coordenadas. Por ejemplo, un objeto puede tener una velocidad de 10 píxeles/s en el eje x (horizontal) y de 20 píxeles/s en el eje y (vertical). Además, estas magnitudes tienen una dirección, pueden estar aumentando o decreciendo.

Por ejemplo, en el código siguiente, al introducir el objeto **Clock** para controlar la duración del bucle de juego, se asegura una velocidad de desplazamiento de 60 píxeles/s en la dirección vertical hacia abajo, y de 120 píxeles/s en la dirección horizontal hacia la derecha.

```python
import pygame
pygame.init()
ventana = pygame.display.set_mode((800, 500))
pygame.display.set_caption("Mi Juego")
clock=pygame.time.Clock()
salir = False
# carga jugador y su rectangulo contenedor
jugador=pygame.image.load("jugador.png")
rectangulo_jugador=jugador.get_rect()
# bucle de juego
while not salir:
    for event in pygame.event.get():
        if event.type == pygame.QUIT:
            salir = True
    # actualización coordenadas del jugador
    rectangulo_jugador.x+=2
    rectangulo_jugador.y+=1
    # renderización de la pantalla
    ventana.fill((150,220,230))
    ventana.blit(jugador, rectangulo_jugador)
    pygame.display.flip()
    clock.tick(60)
pygame.quit()
```

Código 14.8
Controlando la
velocidad de
desplazamiento

En el código anterior, en cada ciclo del bucle, se incrementa en 2 la coordenada horizontal y en 1 la coordenada vertical. Por otra parte, el número de iteraciones del bucle queda definido por la función **tick()** en 60 por segundo.

Implementando la aceleración

Para implementar la aceleración hay que aumentar la velocidad en cada iteración del bucle, y calcular el desplazamiento para la nueva velocidad. El incremento de la velocidad depende del tiempo transcurrido en la iteración del bucle, valor que se obtiene con el objeto **clock**:

```python
dt=clock.tick(60)/1000
```

La variable **dt** representa el tiempo en milisegundos transcurrido en una iteración del bucle. En este caso, una ratio de 60 imágenes por segundo equivale aproximadamente a 17 milisegundos.

En el código siguiente, se presenta un ejemplo para una velocidad constante en el eje horizontal de 18 píxeles/s (0.3 de incremento en cada iteración del bucle), y aceleración constante en el eje y de 10 píxeles/s, con la que se quiere simular la gravedad.

Código 14.9
Implementando la
aceleración

```python
import pygame
pygame.init()
ventana = pygame.display.set_mode((800, 500))
pygame.display.set_caption("Mi Juego")
clock=pygame.time.Clock()
velocidad_x=0.0  #velocidad x inicial
velocidad_y=0.0   #velocidad y inicial
aceleracion_y=10.0 #aceleración constante
salir = False
# carga jugador y su rectangulo contenedor
jugador=pygame.image.load("jugador.png")
rectangulo_jugador=jugador.get_rect()
x_jugador=float(rectangulo_jugador.x)
y_jugador=float(rectangulo_jugador.y)
# bucle de juego
while not salir:
    dt=clock.tick(60)/1000
    for event in pygame.event.get():
        if event.type == pygame.QUIT:
            salir = True
    # actualización coordenadas horizontales
    x_jugador+=0.3
    rectangulo_jugador.x=x_jugador
    # coordenadas verticales: aceleración constante
    velocidad_y +=aceleracion_y * dt
    y_jugador+=velocidad_y*dt
    rectangulo_jugador.y = y_jugador
    # renderización de la pantalla
    ventana.fill((150,220,230))
    ventana.blit(jugador, rectangulo_jugador)
    pygame.display.flip()
pygame.quit()
```

Las coordenadas del rectángulo contenedor se emplean para posicionar la imagen en la pantalla. Estas coordenadas están en formato **int**, y si se realizan los cálculos con ellas el resultado se redondeará, lo que puede ocasionar movimientos bruscos. Para asegurar un movimiento suave, se crean unas coordenadas del objeto en formato **float**, se realizan los cálculos con estas, y se actualizan las coordenadas del rectángulo contenedor con los resultados obtenidos.

Detectando los límites de la ventana de juego

Para darle realismo al juego, es necesario que los objetos dentro de este detecten los límites de la ventana de juego y actúen en consecuencia cuando lleguen a estos límites. Para implementar esta funcionalidad, se comparan la posición de los objetos con el rectángulo contenedor de la ventana de juego, que obtenemos con la función `get_rect()`.

Para adaptar el código anterior para que el jugador que cae por acción de la gravedad detecte cuando ha tocado el suelo y rebote, hay que comprobar la posición de este con respecto al rectángulo contenedor de la ventana de juego. Si la posición vertical del jugador es mayor o igual que el límite inferior de la ventana menos la altura del jugador, este está tocando el suelo o ya lo ha rebasado.

```
if y_jugador>=ventana.get_rect().height -rectangulo_jugador.
height:
        velocidad_y=-velocidad_y
```

Código 14.10
Comprobación de si el jugador ha tocado suelo

En el caso de que se cumpla la condición de la instrucción **if**, se cambia de dirección la velocidad vertical, obteniéndose un efecto rebote. La gravedad seguirá actuando y acabará por reducir la velocidad a cero y cambiarla de dirección, haciendo que el objeto vuelva a caer de nuevo.

14.6 Gestión de eventos

La gestión de eventos es una función fundamental en todo videojuego, ya que nos permite manejar la interacción con el usuario. En juegos de escritorio, esta se produce fundamentalmente por medio del teclado y el ratón.

Eventos de teclado

Los eventos de teclado que pueden producirse están relacionados con la pulsación y liberación de teclas. **Pygame** define dos tipos de eventos básicos de teclado: KEYDOWN para la pulsación y KEYUP para la liberación de teclas.

Para trabajar con estos eventos, se comprueba si se ha producido alguno empleando la función `pygame.event.get()`. Esta función devuelve la secuencia de objetos **Event** en la cola de eventos desde la última vez que se llamó a la función. A continuación, se evalúa el tipo de evento, KEYDOWN o KEYUP, y finalmente se detecta la tecla afectada mediante el uso de constantes de **Pygame**, como `pygame.K_SPACE` para la barra de espacio. En el siguiente código puede observarse este proceso para la pulsación de la barra de espacio en blanco.

```
import pygame
pygame.init()
pantalla = pygame.display.set_mode((800, 500))
pygame.display.set_caption("Mi Juego")

salir = False
while not salir:
```

Código 14.11
Gestión de eventos del teclado

```
        for event in pygame.event.get():
            if event.type == pygame.QUIT:
                salir = True
            elif event.type == pygame.KEYDOWN:
                if event.key==pygame.K_SPACE:
                    print("Pulsado espacio en blanco")
    pygame.quit()
```

Lógicamente, la captura de eventos se realiza para cada ciclo del bucle de juego antes de las acciones de actualización que puedan disparar estos eventos.

Algunos ejemplos de constantes de teclas comunes son:

- Letras: `pygame.K_a, pygame.K_b, ..., pygame.K_z`
- Números: `pygame.K_0 a pygame.K_9`
- Flechas: `pygame.K_LEFT, pygame.K_RIGHT, pygame.K_UP, pygame.K_DOWN`
- Espacio: `pygame.K_SPACE`
- Escape: `pygame.K_ESCAPE`
- Enter: `pygame.K_RETURN`
- Shift, Ctrl: `pygame.K_LSHIFT, pygame.K_RCTRL`

Eventos de ratón

En el caso del ratón, los eventos a gestionar están relacionados con el movimiento del cursor del ratón, la pulsación de alguno de sus botones y las acciones con la rueda del ratón. En la tabla siguiente se muestran estos eventos y las propiedades asociadas a cada uno.

Tabla 14.1
Eventos del ratón

EVENTO	PROPIEDADES
`pygame.MOUSEMOTION:` El ratón se mueve dentro de la ventana	`event.pos:` posición actual del cursor `(x, y)` `event.rel:` movimiento relativo desde la última posición `(dx, dy)` `event.buttons:` botones presionados (una tupla de 3 booleanos)
`pygame.MOUSEBUTTONDOWN:` Se presiona un botón del ratón	`event.pos:` posición del cursor `event.button:` botón presionado o soltado
`pygame.MOUSEBUTTONUP:` Se suelta un botón del ratón	
`pygame.MOUSEWHEEL:` Se desplaza la rueda del ratón	`event.x, event.y:` dirección del desplazamiento (vertical/horizontal)

La propiedad **event.button** se emplea para identificar el botón accionado y presenta los siguientes valores:

VALOR	BOTÓN DEL RATÓN
1	Botón izquierdo
2	Botón del medio (rueda)
3	Botón derecho
4	Rueda hacia arriba
5	Rueda hacia abajo
6	Rueda a la izquierda (horizontal scroll)
7	Rueda a la derecha

Tabla 14.2
Valores de la propiedad event.button

Para trabajar con los eventos de ratón se emplea la misma estrategia que para los de teclado. Se evalúa el tipo de evento y se obtiene la información de este a partir de los valores que devuelven sus parámetros.

```
import pygame
pygame.init()
pantalla = pygame.display.set_mode((800, 500))
pygame.display.set_caption("Mi Juego")
salir = False
while not salir:
    for event in pygame.event.get():
        if event.type == pygame.QUIT:
            salir = True
        elif event.type == pygame.MOUSEBUTTONDOWN:
            if event.button==1:
                print("Pulsado el botón izquierdo")
                print(f"Posición del cursor: {event.pos}")
pygame.quit()
```

Código 14.12
Gestión de eventos del ratón

En el código anterior, si el usuario pulsa una de las teclas del ratón, se detecta un evento de tipo **pygame.MOUSEBUTTONDOWN**. A continuación, se comprueba si el botón pulsado es el izquierdo (valor 1 para la propiedad **event.button**), y se indica por pantalla que ha sido pulsado el botón izquierdo y la posición actual del cursor del ratón, recogida en la propiedad **event.pos**.

14.7 La clase Sprite

El objeto Surface que se obtiene al cargar una imagen es una superficie gráfica que resulta limitada para trabajar con ella. En su lugar se usan **sprites**, objetos que pueden moverse, animarse e interactuar con el entorno del juego.

Un Sprite es una clase que combina la imagen del objeto con su lógica y comportamiento. Cuando se define un objeto del juego, se define una clase que lo representa y hereda de **pygame.sprite.Sprite**, accediendo de esta forma a las funcionalidades que provee dicha clase. Las principales ventajas de usar **sprites** se encuentran en la facilidad del manejo de grupos de objetos y en la detección de colisiones.

```python
import pygame
from time import sleep
class Jugador(pygame.sprite.Sprite):
    def __init__(self):
        super().__init__()
        self.image=pygame.image.load("jugador.png")
        self.rect=self.image.get_rect()
        self.rect.x=50
        self.rect.y=50
pygame.init()
pantalla = pygame.display.set_mode((800, 500))
pygame.display.set_caption("Mi Juego")
pantalla.fill((150,220,230))
#Se crea el jugador
jugador=Jugador()
#Dibujo del Sprite del jugador
pantalla.blit(jugador.image,jugador.rect)
#Actualización de la pantalla
pygame.display.flip()
sleep(5)
pygame.quit()
```

El código define la clase Jugador que hereda de **pygame.sprite.Sprite**. El constructor de dicha clase carga la imagen "jugador.png" en el atributo imagen, crea el atributo **rect** obteniendo el rectángulo contenedor de la imagen y sitúa el Sprite en las coordenadas (50,50). Posteriormente, se genera una instancia del jugador, se dibuja con la función **blit()** y se actualiza la pantalla.

Sprite animado

Para conseguir el efecto de animación en un Sprite, hay que ir actualizando el parámetro imagen del Sprite a una determinada velocidad. Para ello se necesita una lista de imágenes que se muestran de manera secuencial, después de haber transcurrido un determinado tiempo, y al llegar a la última imagen se vuelve a empezar por la primera. El código siguiente muestra el programa para la animación de un fuego ardiendo.

```python
import pygame
class AnimacionJugador(pygame.sprite.Sprite):
    def __init__(self):
        super().__init__()
        self.imagenes=[pygame.image.load("Fuego_1.png"),
                       pygame.image.load("Fuego_2.png"),
                       pygame.image.load("Fuego_3.png")]
        self.index=0
        self.image=self.imagenes[self.index]
        self.rect=self.image.get_rect()
        self.rect.x=50
        self.rect.y=50
        self.t_acumulado=0.0
```

```
                self.t_fotograma=0.1
        def update_animacion(self,dt):
                self.t_acumulado += dt
                if self.t_acumulado>=self.t_fotograma:
                    self.t_acumulado=0
                    self.index=(self.index+1)%len(self.imagenes)
                    self.image=self.imagenes[self.index]
pygame.init()
pantalla = pygame.display.set_mode((800, 500))
pygame.display.set_caption("Mi Juego")
clock=pygame.time.Clock()
jugadorAnimado=AnimacionJugador()
salir = False
while not salir:
    dt=clock.tick(60)/1000
    for event in pygame.event.get():
        if event.type == pygame.QUIT:
            salir = True
    jugadorAnimado.update_animacion(dt)
    pantalla.fill((150,220,230))
    pantalla.blit(jugadorAnimado.image,jugadorAnimado.rect)
    pygame.display.flip()
pygame.quit()
```

En el constructor de la clase, se carga una lista de imágenes que será recorrida empleando el parámetro **index**, que representa el índice en la lista. También se establece el tiempo que se quiere que transcurra entre imágenes.

Esta clase implementa la función **update_animacion**, que recibe como parámetro el tiempo en milisegundos que ha pasado entre dos iteraciones del bucle de juego, teniendo fijado en 60 el número de fotogramas por segundo.

```
dt=clock.tick(60)/1000
```

Esto equivale a unos 16-17 milisegundos por iteración. Con este tiempo se actualiza el tiempo transcurrido desde la última imagen de la animación:

```
self.t_acumulado += dt
```

Posteriormente, si ha transcurrido suficiente tiempo para presentar una nueva imagen, se reinicia el contador **t_acumulado** y se cambia a la imagen siguiente. Si se llega a la última imagen de la lista, el índice se reinicia:

```
self.index=(self.index+1)%len(self.imagenes)
```

Desde el bucle de juego, en cada iteración, se llama a la función **update_animacion()** para su actualización, y posteriormente se actualiza la pantalla del juego.

Colecciones de Sprites

Cuando tenemos muchos objetos del mismo tipo en pantalla, es interesante agruparlos en colecciones para trabajar con todos ellos de manera eficiente, actualizando y dibujando todos los objetos de manera coordinada. Por ejemplo, si tenemos varias balas en un juego, las agrupamos para trabajar directamente con el conjunto, sin tener que ir bala por bala.

Las colecciones de Sprites se crean con la clase `pygame.sprite.Group`. Primero se crea la agrupación y luego se van añadiendo objetos a dicha agrupación con la función `add()`. Una vez tenemos los objetos en la colección, podemos actualizarlos todos a la vez con la función `update()` y dibujarlos con la función `draw()`. Para poder usar estas funciones tendremos que nombrar al parámetro imagen del Sprite como `image` y al rectángulo contenedor como `rect`.

Código 14.15
Colección de sprites

```python
import pygame
class Bala(pygame.sprite.Sprite):
    def __init__(self,coord_x,coord_y):
        super().__init__()
        self.image=pygame.image.load("bala.png")
        self.rect=self.image.get_rect()
        self.rect.x=coord_x
        self.rect.y=coord_y
    def update(self):
        self.rect.x+=1
        self.rect.y+=1
pygame.init()
pantalla = pygame.display.set_mode((800, 500))
pygame.display.set_caption("Mi Juego")
# Crea coleccion de balas
balas=pygame.sprite.Group()
for i in range(10):
    balas.add(Bala(i*100,i*50))
salir = False
while not salir:
    for event in pygame.event.get():
        if event.type == pygame.QUIT:
            salir = True
    balas.update()
    pantalla.fill((150,220,230))
    balas.draw(pantalla)
    pygame.display.flip()
    pygame.time.Clock().tick(60)
pygame.quit()
```

14.8 Gestión de colisiones

Se produce una colisión entre dos objetos del juego cuando un mismo espacio de la pantalla es ocupado por ambos objetos, basta con un único píxel. Cómo actuar cuando se produce una colisión es una parte importante de la lógica del juego, para lo que es necesario detectarlas y actualizar el juego de acuerdo con estas (detener movimiento, sumar puntos, restar vidas, etc.).

Colisiones entre dos objetos

Las colisiones se pueden detectar empleando la función **colliderect()** de uno de los rectángulos contenedores, pasando como parámetro el rectángulo contenedor del otro objeto. La función devuelve **True** si los dos rectángulos se están tocando.

```
if jugador_rect.colliderect(bala_rect):
    jugador.vida -= 1
```

Código 14.16
Detección de colisión entre dos objetos

Esta manera de detectar las colisiones resulta efectiva si se manejan dos objetos pero resulta ineficiente cuando se maneja un grupo de **sprites**.

Colisiones entre un **sprite** y un grupo de **sprites**

En estos casos, se emplea la función **spritecollide()** que proporciona la clase **Sprite** para el manejo de colisiones entre un **sprite** y un grupo de **sprites**. Dicha función recibe tres parámetros:

1. **sprite**: un solo objeto **sprite**.
2. **group**: el grupo de **sprites**.
3. **dokill**: un parámetro booleano (True: se eliminan los **sprites** del grupo que colisionaron, False: no se eliminan).

```
if pygame.sprite.spritecollide(jugador, balas, True):
    jugador.vida -= 1
```

Código 14.17
Detección de colisiones entre un sprite y un grupo de sprites

La función **spritecollide()** devuelve una lista con los **sprites** del grupo que colisionan con el **sprite** que se pasa como primer parámetro. Si se quiere realizar alguna acción específica con los **sprites** del grupo que han colisionado, podríamos ejecutarla recorriendo la lista. Por ejemplo, el código siguiente comprueba las colisiones entre el jugador y un grupo de zombis, y reduce la vida del jugador en un 10 % si se produce una colisión, y la vida de los zombis que han colisionado en un 50 %. Aunque esta última actualización no tenga mucho sentido, ya que por definición un zombi está muerto.

```
colisiones = pygame.sprite.spritecollide(jugador,
 zombies, False)
if colisiones:
    jugador.vida -= 0.1
for zombie in colisiones:
 zombie.vida -= 0.5
```

Código 14.18
Actuando sobre cada uno de los sprites del grupo que colisionan

Colisiones entre grupos de **sprites**

Para detectar colisiones entre grupos de **sprites**, la clase **Sprite** proporciona la función **groupcollide()**. Esta función admite cuatro parámetros:

1. `group1`: primer grupo de `sprites`.
2. `group2`: segundo grupo de `sprites`.
3. `dokill1`: se eliminan los `sprites` de group1 que colisionan si es `True`.
4. `dokill2`: se eliminan los `sprites` de group2 que colisionan si es `True`.

Por ejemplo, para detectar las colisiones entre un grupo de jugadores y un grupo de balas, e implementar la lógica de eliminar las balas que colisionen y restar un 10 % de vida a los jugadores que colisionen, se podría emplear el código siguiente:

Código 14.19
Detectar colisiones entre dos grupos de sprites

```
colisiones = pygame.sprite.groupcollide(jugadores,
  balas, False, True)
for jugador in colisiones:
    jugador.vida -= 0.1
```

La función **groupcollide()** devuelve un diccionario que indica todas las colisiones ocurridas entre los dos grupos que se comparan. Cada **sprite** de **group1** que ha colisionado es una clave del diccionario, y el valor para cada clave es una lista de los **sprites** de **group2** que colisionaron con el **sprite** de **group1** que es la clave.

14.9 Uso de fuentes

Otro recurso necesario en un juego son los textos, por ejemplo, para dibujar por pantalla botones con texto o un marcador con la puntuación. **Pygame** proporciona el módulo **pygame.font** para poder trabajar con texto. Este proceso es sencillo: se carga la fuente, se renderiza el texto convirtiéndolo en un objeto **Surface**, se dibuja en la pantalla y se actualiza esta para que sea visible.

Código 14.20
Escribiendo texto

```
pygame.init()
pantalla = pygame.display.set_mode((200, 200))
pygame.display.set_caption("Mostrar Texto")
# Crear fuente
fuente = pygame.font.SysFont("Arial", 50)
# Renderizar el texto
texto = fuente.render("¡Hola!", True, (255, 255, 255))
salir = False
while not salir:
    for event in pygame.event.get():
        if event.type == pygame.QUIT:
            salir = True
    # Dibujar texto
    pantalla.blit(texto, (20, 20))
    # actualizar la pantalla
    pygame.display.update()
pygame.quit()
```

En este ejemplo, con la función `SysFont()` se carga la fuente Arial con un tamaño de 50 puntos tipográficos. Y se renderiza el texto empleando la función `render()` a la que se le pasan tres parámetros: "¡Hola!" (texto a dibujar), `True` (indica que los bordes son suaves) y (255,255,255) (representa el color del texto, blanco en formato RGB).

Para utilizar fuentes personalizadas, se usa la función `Font()` en lugar de la función `SysFont()`, que daba acceso a las fuentes del sistema. `Font()` recibe dos parámetros: el fichero ttf que contiene la definición de la fuente, y el tamaño que se quiere dar a la fuente:

```
fuente = pygame.font.Font("Nise.ttf", 50)
```

Figura 14.1
Escribir texto con
fuente personalizada

14.10 Efectos de sonido

`Pygame` proporciona el módulo `mixer` para trabajar con sonidos. Este módulo se emplea fundamentalmente para reproducir una música de fondo a modo de hilo musical o reproducir efectos de sonidos cortos, que enfaticen algún evento del juego, como puede ser un disparo, explosión, etc. Para usarlo, hay que inicializarlo después de inicializar el juego.

```
import pygame
pygame.init()
pygame.mixer.init() # Inicializa módulo de sonido
```

Código 14.21
Inicialización del
módulo de sonido

Reproducir música de fondo

Para reproducir una música de fondo se emplea `pygame.mixer.music`, un módulo que está incluido en `pygame.mixer`. Se carga el fichero de música con la función `load()` y se reproduce con la función `play()`. Para indicar que se reproduzca de manera ininterrumpida, pasamos el valor -1 a la función `play()`.

```
import pygame
from time import sleep
pygame.init()
pygame.mixer.init()
# Cargar y reproducir música de fondo
pygame.mixer.music.load("Lucky_Day.mp3")
```

Código 14.22
Música de fondo

```
# Fijar volumen entre 0.0 y 1.0
pygame.mixer.music.set_volume(0.5)
# Repetir la música de manera ininterrumpida
pygame.mixer.music.play(-1)
sleep(10)
pygame.quit()
```

El módulo **pygame.mixer.music** proporciona varias funciones que nos permiten controlar el sonido. Las más habituales son:

Tabla 14.3
Funciones del módulo
Pygame.mixer.music

FUNCIÓN	TAREA QUE REALIZA
load()	Carga el archivo de música
play()	Reproduce la música
stop()	Detiene la música
pause()	Pausa la música
unpause()	Reanuda la música pausada
set_volume()	Ajusta el volumen de la música (0.0 a 1.0)

Efectos de sonidos cortos

Para reproducir efectos de sonidos del juego, como podría ser una explosión, se emplea la clase **pygame.mixer.Sound**. Se pasa el fichero de sonido al constructor de la clase, obteniéndose una instancia que es el propio sonido. La clase incorpora una serie de funciones que permiten trabajar con el sonido. Las principales son:

Tabla 14.4
Funciones de la clase
pygame.mixer.Sound

FUNCIÓN	TAREA QUE REALIZA
play()	Reproduce el sonido
stop()	Detiene el sonido
set_volume()	Ajusta el volumen del sonido

En este caso, no preocupa la duración del sonido, pues este es un efecto que tiene una duración corta, con lo que se suele reproducir entero. En cualquier caso, se puede interrumpir la reproducción empleando la función **stop()**.

Código 14.23
Efecto de sonido

```
import pygame
from time import sleep
pygame.init()
pygame.mixer.init()
# Crear una instancia de Sound
caida = pygame.mixer.Sound("caida.wav")
# Reproducir el sonido
caida.play()
sleep(3)
pygame.quit()
```

14.11 Caso práctico: construyendo un primer juego

En este capítulo, se plantea la programación de un videojuego básico con el que practicar todos los conceptos explicados en esta unidad. El jugador será un mono en un monopatín, que tendrá que recolectar monedas y esquivar bolas de fuego y fogatas. Las monedas y las bolas de fuego llegan por el aire, mientras que las fogatas están en el suelo. El jugador podrá desplazarse hacia adelante o atrás, y saltar para evitar las fogatas. El juego se juega en apaisado, los objetos aparecen por la derecha moviéndose hacia el borde izquierdo de la pantalla.

Recursos necesarios

En un juego hay que manejar varios ficheros de código y otros tantos de distintos tipos de recursos, fundamentalmente gráficos y de sonido. Los recursos gráficos empleados en este proyecto se muestran en la siguiente figura, indicando las dimensiones en píxeles de cada imagen. Los recursos se pueden encontrar en https://github.com/jago-de67/Solucionario-Programacion-Python/tree/main/U14/MonoMonopatin/recursos

Figura 14.2
Recursos gráficos

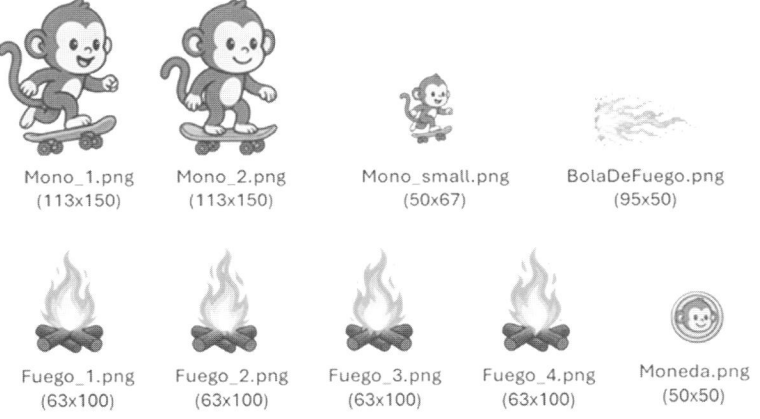

- "Mono_1.png" y "Mono_2.png": imágenes para la animación del jugador.
- "Mono_small.png": imagen del jugador de tamaño reducido para el marcador.
- "BolaDeFuego.png": fuego desplazándose en horizontal hacia la izquierda que restará vida al jugador cuando le impacte.
- "Fuego_1.png", "Fuego_2.png", "Fuego_3.png" y "Fuego_4.png": imágenes para la animación de la fogata en el suelo.
- "Moneda.png": monedas que se desplazan hacia la izquierda y proporcionan puntos al jugador cuando las captura.

Los recursos de sonido empleados en el juego son:

- "Lucky_Day.mp3": música de fondo que suena mientras se juega.
- "cash.wav": efecto de sonido de monedas que se reproduce cuando el jugador captura una moneda.

- "PierdeVida.wav": efecto de sonido que se reproduce cuando el jugador es alcanzado por una bola de fuego o una fogata, y pierde vida.

Para hacer el juego más atractivo, se emplea la fuente **Nise**, que encaja muy bien con los gráficos del juego. La descripción de la fuente está en el fichero "Nise.ttf".

Inicio del proyecto

Lo primero es crear un proyecto de estructura simple. En la carpeta recursos se cargan todos los recursos anteriores y en la raíz del proyecto se guardan los archivos de código. El proyecto se inicia programando la clase Juego en el fichero principal que hay que ejecutar para iniciar el juego.

Código 14.24
La clase Juego
(main.py)

```python
import pygame
class Juego:
    def __init__(self):
        pygame.init()
        info = pygame.display.Info()
        self.pantalla_ancho = info.current_w-50
        self.pantalla_alto = info.current_h-250
        self.ventana=pygame.display.set_mode((
            self.pantalla_ancho,self.pantalla_alto))
        pygame.display.set_caption("Mono Monopatín")
        self.salir=False
    def arrancarJuego(self):
        while not self.salir:
            #gestion de eventos
            for event in pygame.event.get():
                if event.type == pygame.QUIT:
                    self.salir=True
            #actualizaciones
            #renderizacion
            self.ventana.fill((150,220,230))
            pygame.display.flip()
        pygame.quit()
if __name__ == "__main__":
    juego=Juego()
    juego.arrancarJuego()
```

Se crea una instancia de la clase Juego y se inicia el juego con la función **arrancarJuego()**. El constructor de la clase inicializa la ventana de juego a pantalla completa y la función **arrancarJuego()** ejecuta el bucle de juego.

El jugador

Inicialmente se programa la clase del jugador con los parámetros necesarios para dibujarlo en pantalla. Según se desarrolle el juego se va completando la clase con los parámetros necesarios para su gestión.

```
import pygame
class Jugador(pygame.sprite.Sprite):
    def __init__(self,juego):
        super().__init__()
        self.pa_alto=juego.pantalla_alto
        self.pa_ancho=juego.pantalla_ancho
        # animación
        mono_1=pygame.image.load("recursos/Mono_1.png")
        mono_2=pygame.image.load("recursos/Mono_2.png")
        self.imagenes=[mono_1,mono_2]
        self.index=0
        self.image=self.imagenes[self.index]
        self.t_acumulado=0.0
        self.t_fotograma=0.1
        # posición inicial del jugador
        self.rect=self.image.get_rect()
        self.alto=self.rect.height
        self.ancho=self.rect.width
        self.x=0.0
        self.y=juego.pantalla_alto-
    self.image.get_rect().height
        self.rect.x=self.x
        self.rect.y=self.y
    def update(self,dt):
        self.t_acumulado+=dt
        if self.t_acumulado>=self.t_fotograma:
            self.t_acumulado=0
            self.index=(self.index+1)%len(self.imagenes)
            self.image=self.imagenes[self.index]
```

Código 14.25
La clase Jugador
(jugador.py)

La clase Jugador hereda de Sprite para obtener todas las ventajas que ello conlleva, como el manejo de las colisiones. La instancia de la clase es una animación de dos imágenes, que se actualiza con la función update().

Para colocar el jugador en el juego, se crea una instancia de jugador en la clase Juego y se define la tasa de fotogramas por segundos en el bucle de juego.

```
import pygame
from jugador import Jugador
class Juego:
    def __init__(self):
<--------fragmento de código omitido ---------->
        self.jugador= Jugador(self)
        self.clock=pygame.time.Clock()
    def arrancarJuego(self):
        while not self.salir:
            dt=self.clock.tick(60)/1000
            #gestion de eventos
<--------fragmento de código omitido ---------->
            #actualizaciones
            self.jugador.update(dt)
```

Código 14.26
Clase Juego
actualizada

```
                    #renderizacion
                    self.ventana.fill((150,220,230))
                    self.ventana.blit(self.jugador.image,
                                            self.jugador.rect)
                    pygame.display.flip()
        <--------fragmento de código omitido ---------->
```

El resultado de ejecutar el juego es la imagen siguiente:

Figura 14.3
Jugador

Movimiento del jugador

El jugador, cuando está en el suelo, se mueve hacia la derecha cuando se pulsa la tecla: ">", y hacia la izquierda cuando se pulsa la tecla: "<". Además, puede saltar para esquivar las fogatas cuando se pulsa la barra del espacio en blanco.

Otras restricciones que hay que considerar es que el jugador tiene que estar en el suelo para poder saltar, y una vez esté en el aire actúa la gravedad que tira de él hacia abajo.

Para implementar esta lógica, se actualiza la clase Jugador, donde se definen e inicializan varios parámetros. El parámetro **ensuelo** indica si el jugador está en el suelo y se inicializa a **True**, ya que el jugador comienza el juego en el suelo:

```
    self.ensuelo=True
```

Se necesita otro parámetro que indique si el jugador salta, el cual se inicializa a False y se hará True cuando el usuario pulse la tecla de salto.

```
    self.salto=False
```

También se definen e inicializan los parámetros que indican la velocidad en ambos ejes, así como la aceleración en el eje y.

```
self.velocidad_x=0.0
self.velocidad_y=0.0
self.aceleracion_y=100.0
```

En lo referente a la interacción del usuario, es necesario gestionar los eventos de las teclas de manejo del jugador, lo que se hace dentro del bucle de juego. Por ejemplo, para gestionar el movimiento en el eje horizontal actuamos sobre la velocidad horizontal dependiendo de la tecla pulsada o liberada.

```
<--------fragmento de código omitido ---------->
class Juego:
<--------fragmento de código omitido ---------->
    def arrancarJuego(self):
        while not self.salir:
            dt=self.clock.tick(60)/1000
            #gestion de eventos
            for event in pygame.event.get():
                if event.type == pygame.QUIT:
                    self.salir=True
                if event.type==pygame.KEYDOWN:
                    if event.key==pygame.K_LEFT:
                        self.jugador.velocidad_x=-200.0
                    if event.key==pygame.K_RIGHT:
                        self.jugador.velocidad_x=200.0
                if event.type==pygame.KEYUP:
                    if event.key==pygame.K_LEFT or
                            event.key==pygame.K_RIGHT:
                        self.jugador.velocidad_x=0.0
            #actualizaciones
<--------fragmento de código omitido ---------->
```

Código 14.27
Gestión de eventos

El valor de velocidad escogido representa el número de píxeles por segundo que se recorren, y es un valor arbitrario, se pueden probar distintos valores y ver cuál proporciona mejor experiencia de juego. Si se mantiene la tecla pulsada, el jugador se mueve a velocidad constante. Cuando se suelta cualquiera de las teclas del movimiento horizontal, la velocidad se hace cero y el jugador se para.

Con la información de los eventos, hay que actualizar las coordenadas del jugador, lo que se realiza en la función **update()** de la clase Jugador.

```
<--------fragmento de código omitido ---------->
class Jugador(pygame.sprite.Sprite):
<--------fragmento de código omitido ---------->
    def update(self,dt):
<--------fragmento de código omitido ---------->
        if self.ensuelo:
            if self.velocidad_x<0 and self.x>0:
                self.x+=self.velocidad_x*dt
            if self.velocidad_x>0 and
                    self.x<self.pa_ancho-self.ancho:
```

Código 14.28
Actualización de la posición horizontal del jugador

```
            self.x+=self.velocidad_x*dt
        self.rect.x=self.x
```

En este código se comprueba que el jugador esté en el suelo, ya que si no no puede desplazarse horizontalmente. Se comprueba también que el jugador no rebase los limites izquierdo y derecho de la ventana de juego. Y, finalmente, se actualiza su posición horizontal.

Para gestionar el salto únicamente hay que hacer el parámetro salto de jugador a True en la gestión de eventos.

Código 14.29
Detección del salto

```
<--------fragmento de código omitido ---------->
class Juego:
<--------fragmento de código omitido ---------->
    def arrancarJuego(self):
        while not self.salir:
<--------fragmento de código omitido ---------->
            if event.type==pygame.KEYDOWN:
                if event.key==pygame.K_SPACE:
                    if self.jugador.ensuelo:
                        self.jugador.salto=True
<--------fragmento de código omitido ---------->
```

Se actualiza la función update() de la clase Jugador. Se actualizan los parámetros ensuelo y salto, y se fija una velocidad inicial hacia arriba.

Código 14.30
Actualización del salto

```
<--------fragmento de código omitido ---------->
class Jugador(pygame.sprite.Sprite):
<--------fragmento de código omitido ---------->
    def update(self,dt):
<--------fragmento de código omitido ---------->
        if self.salto:
            self.velocidad_y=-300.0
            self.ensuelo=False
            self.salto=False
```

Posteriormente se actualiza la posición vertical del jugador mientras este no esté en el suelo. En esta actualización, la gravedad va disminuyendo la velocidad ascendente hasta hacerla cero y cambiarla de dirección, pasando a ser una velocidad positiva en dirección descendente. En esta actualización hay que comprobar cuándo el jugador toca suelo y actualizar su estado.

Código 14.31
Actualización de la posición vertical del jugador

```
<--------fragmento de código omitido ---------->
class Jugador(pygame.sprite.Sprite):
<--------fragmento de código omitido ---------->
    def update(self,dt):
<--------fragmento de código omitido ---------->
        if not self.ensuelo:
            self.velocidad_y+=self.aceleracion_y*dt
            self.y+=self.velocidad_y*dt
            if self.y>self.pa_alto-self.alto:
```

```
                self.ensuelo=True
                self.velocidad_y=0.0
            else:
                self.rect.y=self.y
```

Se refactoriza la función `arrancarJuego()`, creando funciones específicas para la gestión de eventos, las actualizaciones y la renderización.

```
import pygame
from jugador import Jugador
class Juego:
    def __init__(self):
<--------fragmento de código omitido ---------->
    def arrancarJuego(self):
        while not self.salir:
            dt=self.clock.tick(60)/1000
            self.gestionEventos()
            self.actualizaciones(dt)
            self.renderizacion()
        pygame.quit()
    def gestionEventos(self):
        for event in pygame.event.get():
            if event.type == pygame.QUIT:
                self.salir=True
            if event.type==pygame.KEYDOWN:
                if event.key==pygame.K_LEFT:
                    self.jugador.velocidad_x=-200.0
                if event.key==pygame.K_RIGHT:
                    self.jugador.velocidad_x=200.0
                if event.key==pygame.K_SPACE:
                    if self.jugador.ensuelo:
                        self.jugador.salto=True
            if event.type==pygame.KEYUP:
                if event.key==pygame.K_LEFT or
  event.key==pygame.K_RIGHT:
                    self.jugador.velocidad_x=0.0
    def actualizaciones(self,dt):
        self.jugador.update(dt)
    def renderizacion(self):
        self.ventana.fill((150,220,230))
        self.ventana.blit(self.jugador.image,
  self.jugador.rect)
        pygame.display.flip()
if __name__ == "__main__":
    juego=Juego()
    juego.arrancarJuego()
```

Código 14.32
Clase Juego
actualizada

Las monedas

Se define la clase Moneda que hereda de Sprite. El constructor de la clase se ocupa de cargar la imagen del objeto e inicializar todos los parámetros necesarios para su posterior uso.

La función **update()** actualiza la posición de la moneda en la pantalla de acuerdo con la velocidad establecida, comprobando cuándo una moneda desaparece por el borde izquierdo de la pantalla. Cuando esto sucede, incrementa la velocidad de la moneda y la coloca fuera de la pantalla a una distancia aleatoria del borde derecho y a una altura aleatoria pero superior al alto del jugador, de manera que el jugador no pueda capturar ninguna moneda estando en el suelo, tiene que saltar. También se deja un espacio del alto de dos monedas en la parte superior de la pantalla para ubicar un marcador.

Código 14.33
Clase Moneda
(moneda.py)

```python
import pygame
import random
class Moneda(pygame.sprite.Sprite):
    def __init__(self,juego,x,y):
        super().__init__()
        self.pa_alto=juego.pantalla_alto
        self.pa_ancho=juego.pantalla_ancho
        self.image= pygame.image.load("recursos/Moneda.png")
        self.x=float(x)
        self.y=float(y)
        # rectángulo contenedor
        self.rect=self.image.get_rect()
        self.rect.x=self.x
        self.rect.y=self.y
        self.alto=self.rect.height
        self.ancho=self.rect.width
        self.velocidad=-300.0
        self.incremento_velocidad=-10.0
        self.n_monedas=juego.numero_monedas
        self.limite_y=self.pa_alto-
                           juego.jugador.alto-self.alto
    def update(self,dt):
        if self.x<-self.ancho:
            self.velocidad+=self.incremento_velocidad
            self.x=float(self.pa_ancho+
                    random.randint(0,self.pa_ancho))
            self.y=float(random.randint(2*self.alto,
                                self.limite_y))
            self.rect.x=self.x
            self.rect.y=self.y
        self.x+=self.velocidad*dt
        self.rect.x=self.x
```

Las monedas se manejan en un grupo de sprites que se crea en el constructor de Juego. Inicialmente se ubican de forma secuencial separadas horizontalmente un número de píxeles igual al ancho de la pantalla. El número total de monedas del juego es registrado en el parámetro **numero_monedas**.

Código 14.34
Creación del grupo de
sprites de monedas

```python
import pygame
from jugador import Jugador
from moneda import Moneda
```

```
class Juego:
    def __init__(self):
<--------fragmento de código omitido ---------->
        self.clock=pygame.time.Clock()
        self.numero_monedas=50
        self.monedas=pygame.sprite.Group()
        for i in range(self.numero_monedas):
            self.monedas.add(Moneda(self,
                         self.pantalla_ancho*(i+1),
                         self.pantalla_alto/2))
    <--------fragmento de código omitido ---------->
```

La velocidad de desplazamiento de cada moneda aumenta cada vez que esta desaparece por la parte izquierda de la pantalla. En esas situaciones, la posición horizontal se actualiza al límite derecho de la pantalla y la vertical se generará de manera aleatoria. De esta forma, las monedas se mueven cada vez más rápido y cada vez se muestran más monedas por pantalla.

También hay que actualizar el grupo de monedas desde la función de `actualizaciones()` de la clase Juego.

```
    self.monedas.update(dt)
```

Y renderizarlas en la función `renderizacion()` después de `.fill()`:

```
    self.monedas.draw(self.ventana)
```

Captura de monedas

En la función `actualizaciones()`, se detectan las colisiones entre el jugador y el grupo de monedas y se eliminan del grupo las monedas colisionadas. La función `actualizaciones()` queda:

```
def actualizaciones(self,dt):
    self.jugador.update(dt)
    self.monedas.update(dt)
    colisiones_monedas=pygame.sprite.spritecollide(
            self.jugador, self.monedas,True)
```

Código 14.35
Colisiones con el grupo
de sprites de monedas

Implementar el marcador

A continuación, se implementa un marcador que muestra el número de monedas capturadas. Se muestra de manera gráfica, dibujando apiladas en una fila tantas monedas como se han capturado, e indicando el número de ellas.

```
import pygame
class Marcador():
    def __init__(self,juego):
        self.ventana=juego.ventana
        self.num_monedas=0
```

Código 14.36
Clase Marcador
(marcador.py)

```
        self.img_moneda= pygame.image.load(
                        "recursos/Moneda.png")
        self.alto_moneda=self.img_moneda.get_rect().height
        self.ancho_moneda=self.img_moneda.get_rect().width
        self.fuente=pygame.font.Font(
                        "recursos/Nise.ttf", 50)
    def update(self,monedas_capturadas):
        self.num_monedas+=monedas_capturadas
    def render_marcador(self):
        if self.num_monedas>0:
            x,y = 5,5
            for i in range(self.num_monedas):
                self.ventana.blit(self.img_moneda,(x,y))
                x+=10
            x+=1.5*self.ancho_moneda
            texto= str(self.num_monedas)
            texto_render=self.fuente.render(texto,
                                    True, (0,0,0))
            self.ventana.blit(texto_render,(x,y))
```

La clase Marcador tiene el parámetro **num_monedas**, que acumula el número de monedas capturadas durante el juego. Este parámetro se actualiza con la función **update()**, que recibe el número de monedas capturadas en cada iteración del bucle de juego.

La función **render_marcador()** dibuja en fila tantas monedas como indique **num_monedas** y el número de estas empleando la fuente **Nise**.

Para integrar el marcador en el juego, se crea una instancia de este en el constructor de Juego.

Código 14.37
Instancia de Marcador

```
<--------fragmento de código omitido ---------->
from marcador import Marcador
class Juego:
    def __init__(self):
<--------fragmento de código omitido ---------->
        self.marcador=Marcador(self)
<--------fragmento de código omitido ---------->
```

Se actualiza el marcador en la función **actualizaciones()** de Juego:

```
self.marcador.update(len(colisiones_monedas))
```

Y se dibuja en la función **renderización()**, también en Juego:

```
self.marcador.render_marcador()
```

Si se ejecuta el juego, el marcador se hace visible cuando se captura la primera moneda.

Figura 14.4
Juego con marcador

Comenzar y terminar el juego

En este punto, se implementa la lógica de comienzo y fin de juego. Al inicio del juego se presenta un botón de Play que el usuario debe pulsar para comenzar a jugar. El juego termina cuando el usuario captura todas las monedas.

En la clase Juego se define un nuevo parámetro que indique si el juego está activo, y se inicializa a False:

```
self.activo= False
```

En el bucle de juego, solo se actualiza el estado de juego si este está activo.

```
<--------fragmento de código omitido ---------->
class Juego:
<--------fragmento de código omitido ---------->
    def arrancarJuego(self):
        while not self.salir:
            dt=self.clock.tick(60)/1000
            self.gestionEventos()
            if self.activo:
                self.actualizaciones(dt)
            self.renderizacion()
    pygame.quit()
<--------fragmento de código omitido ---------->
```

Código 14.38
Bucle de juego

Se define la clase Botón, que contiene los parámetros necesarios para trabajar con un botón, una función que permite dibujarlo en pantalla y otra que detecta si el botón ha sido pulsado.

```
import pygame
class Boton():
    def __init__(self,juego,texto):
```

Código 14.39
Clase Botón (botón.py)

```
        self.ventana=juego.ventana
        self.ventana_rect=self.ventana.get_rect()
        #dimensiones del boton
        self.ancho, self.alto= 200,70
        self.color=(0,0,0)
        self.color_texto =(255,255,255)
        self.fuente=pygame.font.Font(
                        "recursos/Nise.ttf", 50)
        #rectangulo contenedor centrado en pantalla
        self.rect=pygame.Rect(0,0,self.ancho,self.alto)
        self.rect.center=self.ventana_rect.center
        # Mensaje del boton
        self.label=self.fuente.render(texto,True,
                        self.color_texto,self.color)
        self.label_rect=self.label.get_rect()
        self.label_rect.center=self.rect.center
    def render_boton(self):
        self.ventana.fill(self.color,self.rect)
        self.ventana.blit(self.label,self.label_rect)
    def pulsado(self,pos):
        if self.rect.collidepoint(pos):
            return True
        else:
            return False
```

Se importa la clase Botón en el programa principal:

```
from boton import Boton
```

Se crea el botón de **play** en el constructor de Juego:

```
self.boton_play=Boton(self,"Play")
```

Se actualiza la función de **renderizacion()** para que solo se dibuje el botón de **play** si el juego no está activo.

Código 14.40
Actualización
de la función
Renderización()

```
<--------fragmento de código omitido ---------->
class Juego:
<--------fragmento de código omitido ---------->
    def renderizacion(self):
        self.ventana.fill((150,220,230))
        self.ventana.blit(self.jugador.image,
                        self.jugador.rect)
        self.monedas.draw(self.ventana)
        self.marcador.render_marcador()
        if not self.activo:
            self.boton_play.render_boton()
        pygame.display.flip()
<--------fragmento de código omitido ---------->
```

Se actualiza la función de **gestionEventos()** para que responda a la pulsación del botón de **play**.

```
<-------fragmento de código omitido ---------->
class Juego:

<-------fragmento de código omitido ---------->
    def gestionEventos(self):
        for event in pygame.event.get():
            if event.type == pygame.QUIT:
                self.salir=True
            elif event.type == pygame.MOUSEBUTTONDOWN:
                pos= pygame.mouse.get_pos()
                if self.boton_play.pulsado(pos):
                    self.activo=True
<-------fragmento de código omitido ---------->
```

Código 14.41
Función
gestionEventos()

En este punto, cuando se ejecuta el código, el juego no entra en ejecución, sino que presenta el botón **play** por pantalla y el usuario tiene que pulsarlo para iniciar el juego.

Figura 14.5
Juego inactivo
esperando la pulsación
de Play

Para implementar la terminación del juego cuando se hayan capturado todas las monedas, sencillamente se hace **False** el parámetro **activo** cuando se detecta que no quedan monedas en el grupo de monedas.

```
<-------fragmento de código omitido ---------->
class Juego:
<-------fragmento de código omitido ---------->
    def actualizaciones(self,dt):
        self.jugador.update(dt)
        self.monedas.update(dt)
```

Código 14.42
Función
actualizaciones()

```
            colisiones_monedas=pygame.sprite.spritecollide(
                    self.jugador, self.monedas,True)
            self.marcador.update(len(colisiones_monedas))
            if len(self.monedas)==0:
                self.activo=False
        <--------fragmento de código omitido ---------->
```

Las fogatas

Hasta ahora, el jugador no ha tenido ningún peligro, ha podido recolectar las monedas sin ninguna amenaza. Es el momento de introducir las fogatas que se desplazan a ras de suelo y que dañan al jugador cuando colisionan con este.

Se define la clase Fogata como un Sprite, una animación de 4 figuras.

Código 14.43
Clase Fogata
(fogata.py)

```python
import pygame
class Fogata(pygame.sprite.Sprite):
    def __init__(self,juego,x):
        super().__init__()
        self.pa_alto=juego.pantalla_alto
        self.pa_ancho=juego.pantalla_ancho
        # animación
        fuego_1=pygame.image.load("recursos/Fuego_1.png")
        fuego_2=pygame.image.load("recursos/Fuego_2.png")
        fuego_3=pygame.image.load("recursos/Fuego_3.png")
        fuego_4=pygame.image.load("recursos/Fuego_4.png")
        self.imagenes=[fuego_1,fuego_2,fuego_3,fuego_4]
        self.index=0
        self.image=self.imagenes[self.index]
        self.t_acumulado=0.0
        self.t_fotograma=0.1
        # posición inicial
        self.x=float(x)
        # rectángulo contenedor
        self.rect=self.image.get_rect()
        self.alto=self.rect.height
        self.ancho=self.rect.width
        self.rect.x=self.x
        self.rect.y=self.pa_alto-self.alto
        self.velocidad=-50.0
    def update(self,dt):
        # actualización de la posición
        self.x+=self.velocidad*dt
        self.rect.x=self.x
        #actualización de la animación
        self.t_acumulado+=dt
        if self.t_acumulado>=self.t_fotograma:
            self.t_acumulado=0
            self.index=(self.index+1)%len(self.imagenes)
            self.image=self.imagenes[self.index]
```

```
        # detecta choque con borde izquierdo
        if self.x<-self.ancho:
            self.x=self.pa_ancho
            self.rect.x=self.x
```

En el constructor de juego, se crea fogatas, un grupo de sprites Fogata.

```
<--------fragmento de código omitido ---------->
from fogata import Fogata
class Juego:
    def __init__(self):
<--------fragmento de código omitido ---------->
        self.fogatas=pygame.sprite.Group()
        self.fogatas.add(Fogata(self,self.pantalla_ancho))
        self.fogatas.add(Fogata(self,
                             self.pantalla_ancho*1.5))
<--------fragmento de código omitido ---------->
```

Código 14.44
Grupo de sprites
Fogata

Se definen solo dos fogatas en pantalla. Este obstáculo permanece constante, no se aumenta su número ni su velocidad de desplazamiento horizontal.

Como todos los objetos del juego, se actualiza en **actualizaciones()**:

```
self.fogatas.update(dt)
```

Y se dibuja en pantalla en la función **rederización()**:

```
self.fogatas.draw(self.ventana)
```

Cuando una fogata alcance al jugador, este pierde un 10 % de vida. En la clase Jugador, se define el parámetro que representa la vida del jugador:

```
self.vida=100
```

Para implementar esta lógica se detectan las colisiones del jugador con las fogatas. En **actualizaciones()** se comprueban las colisiones del grupo de fogatas con el jugador. Cuando se produce una colisión, se elimina la fogata del grupo, se resta 10 a la vida del jugador, y se añade otra fogata al grupo de fogatas a la derecha de la pantalla.

Código 14.45
Colisiones en
actualizaciones()

```
def actualizaciones(self,dt):
    self.jugador.update(dt)
    self.fogatas.update(dt)
    self.monedas.update(dt)
    colisiones_monedas=pygame.sprite.spritecollide(
            self.jugador, self.monedas,True)
    self.marcador.update(len(colisiones_monedas))
```

```
        self.fogatas.update(dt)
        colisiones_fogatas=pygame.sprite.spritecollide(
            self.jugador,self.fogatas,True)
        if colisiones_fogatas:
            self.jugador.vida-=10
            self.fogatas.add(Fogata(self,self.pantalla_ancho))
        if len(self.monedas)==0:
            self.activo=False
```

Para mostrar al jugador la vida que le queda, esta se presenta en el marcador. En el constructor del marcador se carga la imagen del jugador, que se coloca en el marcador junto a la vida que le queda. Y se actualiza la función render_marcador(), a la que se le pasa el parámetro vida del jugador.

Código 14.46
Actualización de
Marcador

```
<--------fragmento de código omitido ---------->
class Marcador():
    def __init__(self,juego):
<--------fragmento de código omitido ---------->
        self.img_jugador=pygame.image.load(
                        "recursos/Mono_small.png")
        self.alto_jugador=self.img_jugador.get_rect().height
        self.ancho_jugador=self.img_jugador.get_rect().width
<--------fragmento de código omitido ---------->
    def render_marcador(self,vida):
        if self.num_monedas>0:
            x,y = 5,5
            self.ventana.blit(self.img_jugador,(x,y))
            x+=self.ancho_jugador*1.5
            texto_vida=str(vida)+" %"
            texto_vida_render=self.fuente.render(
                texto_vida,True,(0,0,0))
            self.ventana.blit(texto_vida_render,(x,y))
            x+=texto_vida_render.get_rect().width
            for i in range(self.num_monedas):
                self.ventana.blit(self.img_moneda,(x,y))
                x+=10
            x+=1.5*self.ancho_moneda
            texto= str(self.num_monedas)
            texto_render=self.fuente.render(texto,
                                        True, (0,0,0))
            self.ventana.blit(texto_render,(x,y))
```

Además, hay que actualizar la llamada que se hace al método render_marcador() en el método de renderizacion() del programa principal. Ahora, hay que pasarle la vida del jugador:

```
    self.marcador.render_marcador(self.jugador.vida)
```

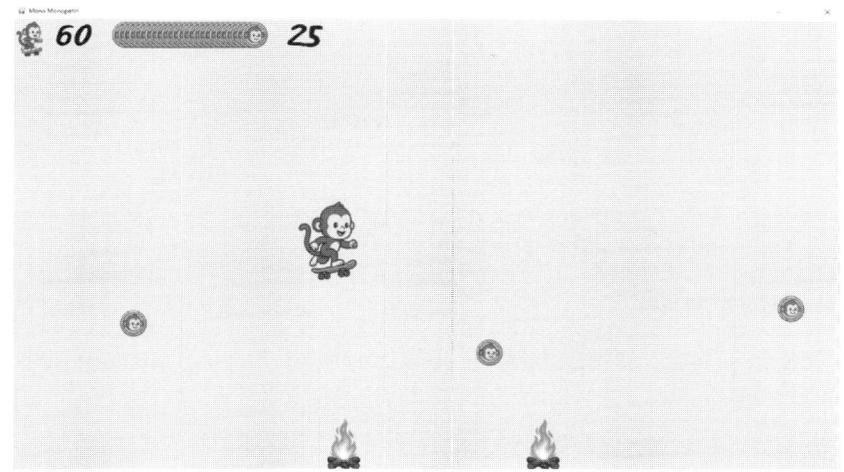

Figura 14.6
Marcador con la vida
del jugador

Las bolas de fuego

El otro enemigo del jugador son las bolas de fuego, que se mueven más rápido que las fogatas y lo hacen desplazándose en horizontal y vertical. Este objeto no esta animado y se define en la clase Bola

```python
import pygame
import random
class Bola(pygame.sprite.Sprite):
    def __init__(self,juego,x,y):
        super().__init__()
        self.pa_alto=juego.pantalla_alto
        self.pa_ancho=juego.pantalla_ancho
        self.image= pygame.image.load("recursos/BolaDeFuego.
png")
        self.x=float(x)
        self.y=float(y)
        # rectángulo contenedor
        self.rect=self.image.get_rect()
        self.rect.x=self.x
        self.rect.y=self.y
        self.alto=self.rect.height
        self.ancho=self.rect.width
        self.velocidad_x=-300.0
        self.velocidad_y=0.0
    def update(self,dt):
        if self.x<-self.ancho or self.y<-self.alto:
            self.x=float(self.pa_ancho)
            self.y=float(200)
            self.velocidad_y=float(random.randint(0,200))
        self.x+=self.velocidad_x*dt
        self.y+=self.velocidad_y*dt
```

Código 14.47
Clase Bola (bola.py)

```
        self.rect.x=self.x
        self.rect.y=self.y
```

Se importa la clase Bola en el programa principal:

```
from bola import Bola
```

Y también la librería random que utilizaremos para generar unos números aleatorios para posicionar las bolas de fuego:

```
import random
```

Se genera el grupo de bolas de fuego en el constructor del juego, sin añadir ninguna bola:

```
self.bolas=pygame.sprite.Group()
```

En la función **actualizaciones()**, se añade una bola de fuego cada vez que el jugador captura una moneda. Esta bola se sitúa en el límite derecho de la pantalla, a una altura aleatoria entre el 80 % y el 20 % de la altura de la pantalla.

Cuando se producen colisiones entre el jugador y las bolas de fuego, se resta 2 de vida al jugador y se vuelve a generar la bola de fuego que colisionó. De esta forma, el juego tiene cada vez más bolas de fuego surcando la pantalla, tantas como monedas capturemos, aunque el daño que producen es muy leve.

Código 14.48
Función
actualizaciones()

```
def actualizaciones(self,dt):
<--------fragmento de código omitido ---------->
    self.bolas.update(dt)
<--------fragmento de código omitido ---------->
    limite_alto=int(self.pantalla_alto*0.8)
    limite_bajo=int(self.pantalla_alto*0.2)
    if colisiones_monedas:
        self.bolas.add(Bola(self,self.pantalla_ancho,
            random.randint(limite_bajo,limite_alto)))
    colisiones_bolas=pygame.sprite.spritecollide(
                        self.jugador,self.bolas,True)
    if colisiones_bolas:
        self.jugador.vida-=2
        self.bolas.add(Bola(self,self.pantalla_ancho,
            random.randint(limite_bajo,limite_alto)))
    if self.jugador.vida<=0:
        self.activo=False
    if len(self.monedas)==0:
        self.activo=False
```

Al final de la función **actualizaciones()**, se comprueba si el jugador se ha quedado sin vida y se para el juego si se da esta circunstancia.

Tras la actualización, se renderiza el grupo de bolas de fuego.

```
self.bolas.draw(self.ventana)
```

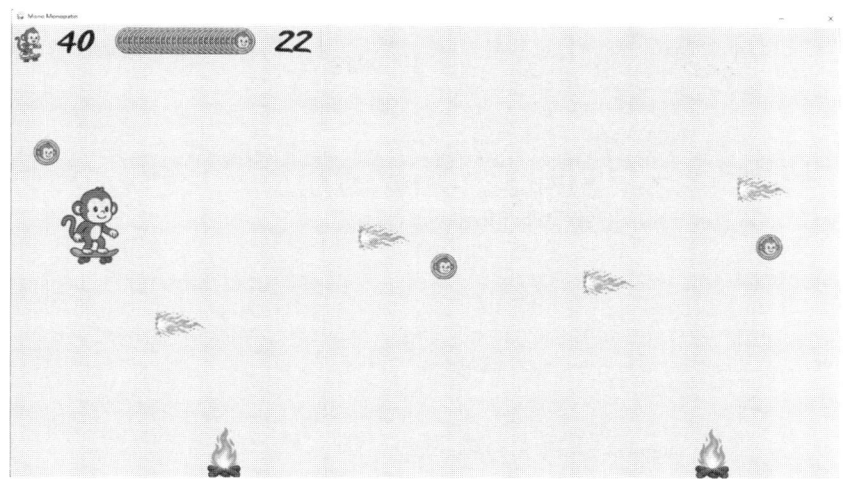

Figura 14.7
Pantalla de juego con
todos los objetos

Reinicio del juego

El juego finaliza porque el jugador se queda sin vida o porque captura todas las monedas. En ambos casos, el parámetro **activo** de Juego se hace **False** y se vuelve a presentar el botón de Play. Sin embargo, para reiniciar el juego, es necesario hacer algunas actualizaciones. Se vuelve a dotar al jugador de toda la vida, se vacía el grupo de bolas de fuego, y si se capturaron todas las monedas, se vuelve a generar el grupo de monedas. La función **gestionEventos()**, que controla la pulsación del botón Play, queda:

```
def gestionEventos(self):
    for event in pygame.event.get():
<--------fragmento de código omitido ---------->
        elif event.type == pygame.MOUSEBUTTONDOWN:
            pos= pygame.mouse.get_pos()
            if self.boton_play.pulsado(pos):
                self.activo=True
                self.jugador.vida=100
                self.bolas.empty()
                if len(self.monedas)==0:
                    for i in range(self.numero_monedas):
                        self.monedas.add(Moneda(self,
                                self.pantalla_ancho*(i+1),
                                self.pantalla_alto/2))
        if event.type==pygame.KEYDOWN:
<--------fragmento de código omitido ---------->
```

Código 14.49
Actualización
de la función
gestionEventos()

Implementación de sonidos

Para integrar sonidos en el juego, hay que inicializar el módulo de sonido, cargar el fichero de música y establecer el volumen. Esto se hace en el constructor de Juego, después de inicializar pygame.

Código 14.50
Configuración de
música

```
<--------fragmento de código omitido ---------->
class Juego:
    def __init__(self):
        pygame.init()
        pygame.mixer.init()
        pygame.mixer.music.load("recursos/Lucky_Day.mp3")
        pygame.mixer.music.set_volume(0.3)
<--------fragmento de código omitido ---------->
```

Para reproducir la música se emplea la función `play()`, con el parámetro -1 para que se ejecute de manera ininterrumpida. La música sólo debe reproducirse mientras el juego esté activo, lo que sucede cuando se pulsa el botón de **play**. Es entonces cuando se ejecuta la función `play()`.

Código 14.51
Reproducción de
música

```
def gestionEventos(self):
<--------fragmento de código omitido ---------->
        elif event.type == pygame.MOUSEBUTTONDOWN:
            pos= pygame.mouse.get_pos()
            if self.boton_play.pulsado(pos):
                self.activo=True
                pygame.mixer.music.play(-1)
<--------fragmento de código omitido ---------->
```

De manera similar, la música debe interrumpirse cuando termine el juego, ya sea porque el jugador capture todas las monedas o porque pierda toda la vida. En esas circunstancias, se para la música empleando la función `stop()`.

Código 14.52
Parar la música

```
def actualizaciones(self,dt):
<--------fragmento de código omitido ---------->
    if len(self.monedas)==0:
        self.activo=False
        pygame.mixer.music.stop()
    if self.jugador.vida<=0:
        self.activo=False
        pygame.mixer.music.stop()
```

Finalmente, en el constructor de Juego se implementan algunos efectos de sonido empleando una instancia **Sound** por cada efecto de sonido.

Código 14.53
Efectos de sonido

```
<--------fragmento de código omitido ---------->
class Juego:
    def __init__(self):
        pygame.init()
        pygame.mixer.init()
        pygame.mixer.music.load("recursos/Lucky_Day.mp3")
        pygame.mixer.music.set_volume(0.3)
        self.cash=pygame.mixer.Sound("recursos/cash.wav")
        self.pierdeVida=pygame.mixer.Sound(
                            "recursos/PierdeVida.wav")
<--------fragmento de código omitido ---------->
```

Los efectos se reproducen cuando hay colisiones. El efecto **cash** cuando el jugador colisiona con monedas, y el efecto **pierdeVida** cuando el jugador colisiona con las fogatas o las bolas de fuego. Cuando esto sucede, se reproduce el efecto de sonido correspondiente empleando la función **play()**.

```
def actualizaciones(self,dt):
<--------fragmento de código omitido ---------->
    if colisiones_fogatas:
        self.pierdeVida.play()
<--------fragmento de código omitido ---------->
    if colisiones_monedas:
        self.cash.play()
<--------fragmento de código omitido ---------->
    if colisiones_bolas:
        self.pierdeVida.play()
<--------fragmento de código omitido ---------->
```

Código 14.54
Reproducir sonidos

Cierre del proyecto

Llegados a este punto, se dispone de un juego con el que se pueden pasar ratos divertidos, pero con muchas posibilidades de mejora y extensiones en su desarrollo. A continuación, se mencionan algunas de estas opciones de mejora:

1. Factorizar el código para facilitar su lectura y mejora.
2. Hay dos circunstancias en las que termina el juego: cuando el jugador captura todas las monedas o cuando pierde toda la vida. En el primer caso gana y en el segundo pierde. Implementa mensajes para cada una de las situaciones.
3. Añadir nuevos objetos al juego. Por ejemplo, un cohete mochila que puede coger el jugador, y con él puede saltar aunque no esté en el suelo. O un botiquín que recupere vida perdida.
4. Implementar varias vidas.
5. Implementar varios niveles en los que se vaya complicando el juego.

14.12 Ejercicios

Ejercicios básicos con Pygame

1. Crear una ventana básica de juego que implemente el evento de salida.

2. Dibujar por pantalla algunas figuras geométricas simples empleando las funciones de dibujo de **Pygame (pygame.draw.rect(), pygame.draw.circle(), etc.)**.

3. Crear un objeto y moverlo por la pantalla empleando las teclas del teclado.

4. Crear una animación básica y presentarla por pantalla. No es necesario que se desplace.

5. Añadir música de fondo al juego.

6. Crear un juego con dos personajes y detectar las colisiones entre ellos.

7. Crear un menú de inicio simple que muestre las opciones de Play o Salir antes de iniciar el juego.

Propuestas de juegos

8. Crear un juego simple de evitar obstáculos. El jugador controla un objeto que debe esquivar obstáculos que caen desde arriba.

9. Crear un juego de disparos básico, donde el jugador controla una nave o un personaje que puede disparar proyectiles hacia enemigos que aparecen en pantalla. Los enemigos deben moverse hacia el jugador y desaparecer al ser alcanzados por los disparos.

10. Crear un juego en el que el jugador se mueva por la pantalla recogiendo varios objetos repartidos. Cada vez que recoja uno, debe sumar puntos.

APIs y Flask **15**

Objetivos de aprendizaje:

- Consumir API REST
- Conocer qué ofrece Flask
- Crear un servicio REST con Flask
- Manejar los errores HTTP
- Aprender a manejar los parámetros en las peticiones GET y POST
- Visualizar páginas HTML desde Python
- Devolver un JSON desde una API REST

Palabras clave: GET, POST, request, redirección, Postman, Insomnia, JSON

15.1 Llamadas a APIs

Una llamada a una API (`Application Programming Interface`) es una solicitud que hace un programa a un servidor para obtener datos o realizar una acción. Es la forma en que las aplicaciones se comunican entre sí a través de la web o entre diferentes de sistemas.

Por ejemplo, cuando una aplicación muestra la temperatura actual, en realidad está haciendo una llamada a la API de un servicio meteorológico para obtener esos datos en tiempo real.

La forma nativa que tiene Python para realizar peticiones a APIs es a través de la librería `urllib.request`. Con el método `urlopen()` se realiza la petición HTTP. A través del método `.read()` se lee el contenido de la respuesta. Por último, será necesario decodificar la respuesta con el método `.decode()` y con el módulo `json`.

```
import urllib.request
import json

url = "https://pokeapi.co/api/v2/pokemon"
res = urllib.request.urlopen(url)
datos = res.read().decode('utf-8')
json_data = json.loads(datos)
for pokemon in json_data['results']:
    print(pokemon['name'])
res.close()
```

Código 15.1
Llamada con urllib

En la mayoría de los lenguajes, estas llamadas se gestionan a través de métodos de asincronía. En Python, esta asincronía se gestiona internamente, siendo totalmente transparente para el desarrollador.

Lo que sí es una buena práctica es encerrar estas peticiones en un gestor de excepciones, para evitar cualquier problema que pueda haber.

```
import urllib.request
import json
```

Código 15.2
Con Try Except

```
url = "https://pokeapi.co/api/v2/pokemon"
try:
    res = urllib.request.urlopen(url)
    datos = res.read().decode('utf-8')
    json_data = json.loads(datos)
    for pokemon in json_data['results']:
        print(pokemon['name'])
    res.close()
except urllib.error.URLError as e:
    print ("ERROR",e)
```

Utilizando la librería requests

La librería **requests** es una herramienta sencilla para realizar solicitudes HTTP.

Lo primero que es necesario hacer es instalar la biblioteca:

```
pip install requests
```

A continuación, será necesario importar la biblioteca.

Para realizar una petición **GET** se utilizará el método `.get()` pasando la `url` como parámetro.

Si la información recibida tiene el formato JSON, se utilizará el método `json()` para transformar la información; en el caso que sea texto, se recupera con el atributo `.text`

El estado de la petición se recupera con el atributo `.status_code`.

Código 15.3
GET con request

```
import requests

url = "https://jsonplaceholder.typicode.com/posts/1"
response = requests.get(url)
print(response.status_code)  # 200 significa éxito
print(response.text)
data = response.json()
print(data['title'])
```

Para realizar una petición **POST** se crea un diccionario en donde se carga la información para pasar a la API. Este diccionario se adjunta como parámetro al método `.post()`.

Código 15.4
Petición POST

```
import json
import requests

url="https://jsonplaceholder.typicode.com/posts"
param={
    "title": "javi",
    "userId": 5
}
try:
    res=requests.post(url,json=param)
```

```
        print(res.json())
        print(res.status_code)
except requests.exceptions.RequestException as e:
        print("ERROR:",e)
```

15.2 Introducción a Flask

`Flask` es un framework ligero para hacer aplicaciones web y `REST` en Python. Es considerado un micro-framework porque busca mantener un núcleo simple, pero que pueda ser extensible.

Una de las principales características es su capacidad para dar total libertad al desarrollador a la hora de utilizar otras herramientas, adaptándose a cualquiera de ellas.

A su vez, es bastante sencilla la creación de rutas web, en donde se pueden asociar funcionalidades, peticiones (`request`) o respuestas (`response`).

Para evitar tener que pasar argumentos entre funciones, `Flask` utiliza dos tipos de contexto, de aplicación y de solicitud. Estos contextos hacen que ciertas variables estén disponibles durante el manejo de una solicitud.

La página oficial de `Flask` es https://flask.palletsprojects.com/en/stable/, en donde se puede consultar toda su documentación.

¿Dónde utilizar Flask?

Si se está desarrollando un juego para móviles, se necesita realizar una petición al servidor para recuperar la configuración del juego, y cuando el usuario haya acabado, se necesitará grabar la puntuación que ha obtenido. Para ello se tiene una base de datos de una sola tabla conectada con una API REST sencilla, que no va a tener sobrecarga de funcionalidad y solo necesita manejar solicitudes HTTP, autenticación básica y la conexión a la base de datos.

Flask estaría indicado para este desarrollo, ya que de manera rápida y sencilla se puede desarrollar esta API y la lógica del servidor en Python en el mismo momento, teniendo un código limpio y sencillo, en tan solo unas pocas líneas.

La ventaja que tiene respecto a otros frameworks como `Django`, es que este último posee muchas funcionalidades integradas (autenticación, mapeo de la base de datos, panel de administración…), ideal para aplicaciones complejas, pero que es una desventaja si se está desarrollando una aplicación sencilla con un control más detallado sobre cada componente. Aun así, esto no evita que, con la colección de desarrollos creados por la comunidad para Flask, se pueda extender la funcionalidad para dar cobertura a otras necesidades más complejas.

15.3 Instalación y puesta en marcha

Para iniciar un proyecto con `Flask` será necesario crear un entorno virtual. Si se está utilizando un entorno como `PyCharm`, este lo crea automáticamente cuando se inicia un nuevo proyecto.

A continuación, será necesario importar la librería. Esto se realiza ejecutando en la consola el siguiente comando:

```
pip install flask
```

Si se está trabajando con **conda**, la instalación se realiza con el siguiente comando:

```
conda install flask
```

Se puede comprobar si la instalación es correcta con el siguiente comando:

```
python -m flask --version

Python 3.13.2
Flask 3.1.1
Werkzeug 3.1.3
```

Ahora se está en disposición de crear el servicio que va a estar escuchando en el servidor. Cuando se arranque el servidor, por defecto buscará como archivo de ejecución uno denominado app.py. No es obligatorio llamarlo de esta manera, ya que se puede especificar otro nombre en el arranque del servidor.

En este programa se deberá importar la librería y crear un decorador del objeto **app** para establecer las rutas de respuesta. Estas rutas se especifican con el método **.route()**. Debajo de la ruta se escribe la función que ejecutará cuando el usuario introduce esta en el navegador. La función deberá realizar un **return** de la información que devolverá la petición al navegador.

Código 15.5
Primer servicio

```
from flask import Flask
app=Flask(__name__)

@app.route("/")
def inicio():
    return "Hola mundo con Flask"
```

En este momento se puede arrancar el servidor. Por defecto, el servidor responderá en el puerto 5000. El comando que inicia el servidor es:

```
flask run
```

En el caso de que el archivo de Python no se llame app.py, será necesario indicar en el arranque el nombre del programa.

```
flask --app <nombre> run
```

Desde un navegador se introduce la URL: http://127.0.0.1:5000/ y se verá el resultado.

Figura 15.1
Ejecución en el
navegador

15.4 Información de Log

`Flask` incorpora automáticamente la capacidad de generar un archivo de log. El objeto `app.logger` es una instancia de la clase **`logging.logger`** de Python, que se utiliza para registrar eventos y mensajes dentro de una aplicación. Este **logger** es fundamental para monitorizar el comportamiento de la aplicación, especialmente en entornos de producción, donde la depuración interactiva no está disponible.

Existen varios niveles de registro:

- `.debug`: información detallada, principalmente para desarrolladores.
- `.info`: mensajes informativos sobre el estado general de la aplicación.
- `.warning`: advertencias sobre situaciones que podrían convertirse en problemas.
- `.error`: errores que afectan una funcionalidad específica.
- `.critical`: problemas graves que podrían hacer que la aplicación no funcione.

Por defecto, cuando se arranca el servidor, solo se muestran los errores de tipo **warning** y **error**. Pero, a la hora de iniciar el servidor, se puede indicar desde qué nivel se quiere mostrar los logs.

```
flask run --debug
```

A través de **`app.logger`** se especifica el nivel y el mensaje del log que se registra.

Código 15.6
Registro de log

```
from flask import Flask
app=Flask(__name__)

@app.route("/")
def inicio():
    app.logger.debug("mensaje debug")
    app.logger.info("mensaje info")
    app.logger.warn("mensaje warning")
```

```
        app.logger.error('mensaje error')
        return "Hola mundo con Flask"
--SALIDA EN LA CONSOLA--
[2025-01-21 22:00:35,151] DEBUG in app: mensaje debug
[2025-01-21 22:00:35,151] INFO in app: mensaje info
[2025-01-21 22:00:35,152] WARNING in app: mensaje warning
[2025-01-21 22:00:35,152] ERROR in app: mensaje error
```

También se puede indicar el nivel de log en el propio programa a través de la sentencia `app.logger.setLevel()`.

Código 15.7
Cambio de nivel

```
from flask import Flask
app=Flask(__name__)

app.logger.setLevel('INFO')
@app.route("/")
def inicio():
    app.logger.debug("mensaje debug")
    app.logger.info("mensaje info")
    app.logger.warn("mensaje warning")
    app.logger.error('mensaje error')
    return "Hola mundo con Flask"
```

Guardar el log en un archivo

Para guardar la información del log en un archivo será necesario agregar un `handler` (manejador) para indicar el destino del log, e importar la librería `logging`.

Con el método `.FileHandler(<fichero>)` se determina el nombre del fichero al manejador que luego se asocia al `logger` con el método `.addHandler()`.

A su vez, también se puede cambiar el formato y la información que se graba en el log.

`%(asctime)s:` la fecha y hora.

`%(name)s:` el nombre del `logger`.

`%(levelname)s:` el nivel del mensaje (INFO, ERROR, etc.).

`%(message)s:` el contenido del mensaje.

Código 15.8
Grabación en disco

```
import logging
from flask import Flask
app = Flask(__name__)
# Configurar el logger para guardar en un archivo
manejador = logging.FileHandler('app.log')  # Nombre del
archivo donde se guardarán los logs
# Definir el formato de los mensajes
formato = logging.Formatter('%(asctime)s - %(name)s -
%(levelname)s - %(message)s')
manejador.setFormatter(formato)
```

```
# Agregar el handler al logger de Flask
app.logger.addHandler(manejador)
app.logger.setLevel('INFO') #nivel de información
@app.route("/")
def inicio():
    app.logger.debug("mensaje debug")
    app.logger.info("mensaje info")
    app.logger.warn("mensaje warning")
    app.logger.error('mensaje error')
    return "Hola mundo con Flask"
```

15.5 Routing y paso de parámetros

Atributos del objeto request

El objeto **request** representa la solicitud HTTP realizada por el cliente (navegador o aplicación).

Para utilizarlo, será necesario importarlo previamente.

```
from flask import Flask, request
```

Este objeto contiene en sus atributos información sobre la solicitud, como los encabezados, datos del cuerpo, parámetros de consulta, etc.

request.method: retorna el método HTTP de la solicitud (GET, POST, PUT, etc.).

```
request.method  # "GET"
```

request.url: retorna la URL completa solicitada por el cliente.

```
request.url # http://127.0.0.1:5000/ruta?param=valor
```

request.path: retorna solo la parte del camino de la URL.

```
request.path # "/ruta"
```

request.full_path: retorna el camino completo incluyendo la cadena de consulta.

```
request.full_path # "/ruta?param=valor"
```

request.scheme: retorna el esquema de la URL (http o https).

```
request.scheme # "http"
```

request.remote_addr: retorna la dirección IP del cliente.

```
request.remote_addr # "127.0.0.1"
```

A su vez, el objeto **request** a través del atributo **.args** contiene los parámetros enviados en la URL y los almacena en un diccionario inmutable.

```
# Para una URL como: /ruta?nombre=Juan&edad=30
request.args['nombre']  # "Juan"
request.args.get('edad')  # "30"
```

Como se ve en el ejemplo anterior, se puede recuperar el valor con el método `get()` o directamente con el nombre del campo.

También puede recibir parámetros a través de formularios. Para ello se consultarán a través del atributo `.form`.

```
# Para un formulario enviado con "nombre=Juan&edad=30"
request.form['nombre']  # "Juan"
request.form.get('edad')  # "30"
```

Nueva ruta

Para crear una nueva ruta dentro del servidor, se tiene que añadir otro @app.route() con esta nueva ruta, y debajo, la función que ejecutará cuando el usuario acceda a través de la URL indicada en la ruta.

Código 15.9
Nueva ruta

```
from flask import Flask, request

app = Flask(__name__)
@app.route("/")
def inicio():
    return "Hola mundo con Flask: " + request.url
@app.route("/info")
def info():
    return "Información: " + request.path
```

Paso de parámetros

Se pueden recibir parámetros directamente en las rutas usando **variables de URL.** Esto es útil cuando se quieren crear rutas dinámicas que respondan a valores específicos en la URL.

Para realizar esto, se debe añadir en la ruta, el nombre de la variable que contendrá esta información dentro de los símbolos **< >**. Este nombre se tendrá que introducir como parámetro de entrada en la función que responde a esa ruta y a partir de ahí utilizarlo directamente.

Código 15.10
Paso de parámetros

```
from flask import Flask, request

app = Flask(__name__)
@app.route("/")
def inicio():
    return "Hola mundo con Flask: " + request.url
@app.route("/info/<nombre>")
def info(nombre):
    return "Información: " + nombre

Petición: http://127.0.0.1:5000/info/general
Resultado: Información: general
```

Por defecto, los parámetros se interpretan como cadenas. Pero también es posible definir varios tipos:

string (por defecto): texto.

int: números enteros.

float: números con decimales.

path: texto que admite la barra (/).

```python
from flask import Flask, request

app = Flask(__name__)
@app.route("/")
def inicio():
    return "Hola mundo con Flask: " + request.url
@app.route("/info/<nombre>")
def info(nombre):
    return "Información: " + nombre
@app.route("/edad/<int:edad>")
def edad(edad):
    return f"Edad: {edad}"
```

Código 15.11
Paso de enteros

Método de acceso

En **Flask**, el decorador @app.route permite especificar los métodos HTTP que una ruta acepta mediante el parámetro **methods**, el cual recibe una lista con los métodos deseados (por ejemplo, ["GET", "POST"]).

Dentro de la función que maneja la ruta, se puede identificar el tipo de solicitud recibida accediendo al atributo **.method** del objeto **request**. Además, se puede extraer la información enviada por el cliente de diferentes formas, según el tipo de solicitud:

En una solicitud POST, a los datos enviados a través de un formulario HTML se accede mediante **request.form["<campo>"]**.

En una solicitud GET, los parámetros incluidos en la URL (por ejemplo, **http://127.0.0.1:5000/ambos?dato=javi&dato2=carlos**) se recuperan con **request.args["<campo>"]**.

```python
from flask import Flask, request

app = Flask(__name__)
@app.route('/ambos', methods=['GET', 'POST'])
def submit():
    if request.method == 'POST':
        # Procesar datos enviados desde un formulario
        dato = request.form['dato']
        return f"Datos recibidos por POST: {dato}"
    else:
        dato = request.args['dato']
        dato2 = request.args['dato2']
        return f"Datos recibidos por GET: {dato} - {dato2}"
```

Código 15.12
GET y POST

15.6 Insomnia y Postman

Insomnia y Postman son dos herramientas muy extendidas para probar, depurar y documentar APIs (Application Program Interfaces). Ambas se utilizan para enviar solicitudes HTTP a servidores y visualizar sus respuestas, facilitando el desarrollo de los servicios, ya que no es necesario crear el cliente para realizar la prueba.

Las dos herramientas realizan las peticiones HTTP a las APIs de la misma manera. Insomnia es una herramienta más simple y fácil de configurar, pero, por el contrario, tiene menos funcionalidad que Postman, que posee la capacidad de automatizar pruebas y permite crear equipos de trabajo.

Insomnia

Se puede descargar desde su página principal (https://insomnia.rest/download).

Ejecutando el archivo descargado (Insomnia.Core-<versión>) realiza la instalación, solicitando un registro de usuario al finalizar. Para ello se puede utilizar una cuenta de Google, GitHub o un *email*. Después de realizado esto, será necesario crear una nueva colección (New Collection).

Figura 15.2
Insomnia

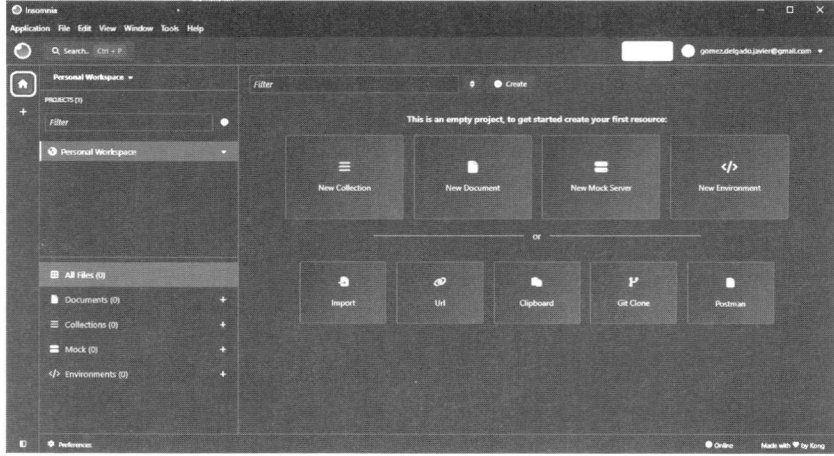

En este momento ya se puede crear una nueva request (New Request) con la URL que queramos consultar como, por ejemplo: http://127.0.0.1:5000/

Se podrá elegir el método de llamada (GET, POST, etc.) y cuando se pulse sobre el botón Send, se verán los resultados en la ventana de la derecha. Si se elige POST, a continuación, en la pestaña Body se pueden configurar los parámetros pasados como Form Data.

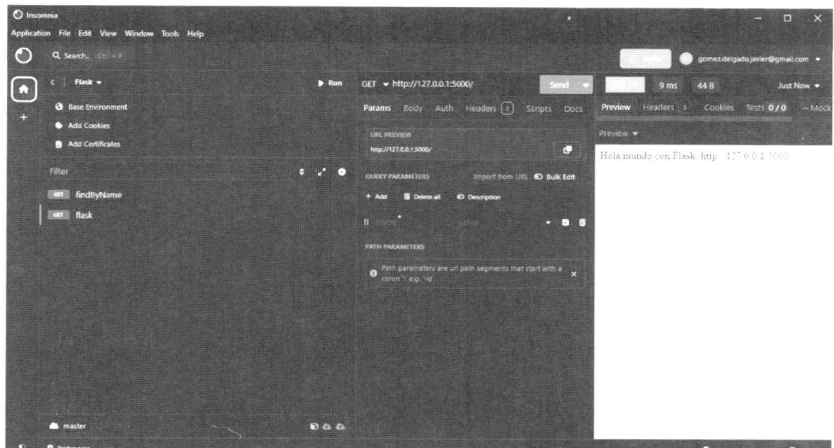

Figura 15.3
Insomnia

Postman

Para trabajar con **Postman** se accede a la página oficial (https://www.postman.com/downloads/) para hacer la descarga del instalable.

En el proceso de instalación pide que se cree una cuenta gratuita o continuar con una cuenta de Google.

Se trabaja dentro de un **workspace**, en donde se pueden tener diferentes colecciones, lo que permite ordenar las **APIs** utilizadas.

Ya dentro de una colección, se puede crear la **request** que se quiera. Se pone un nombre, la URL, el método de conexión (GET, POST…) y los parámetros que se quieran pasar, tanto como **Params** en peticiones GET o para peticiones POST en el **Headers** o en el **Body** de la **request**. En la parte inferior de la pantalla se ve el resultado obtenido.

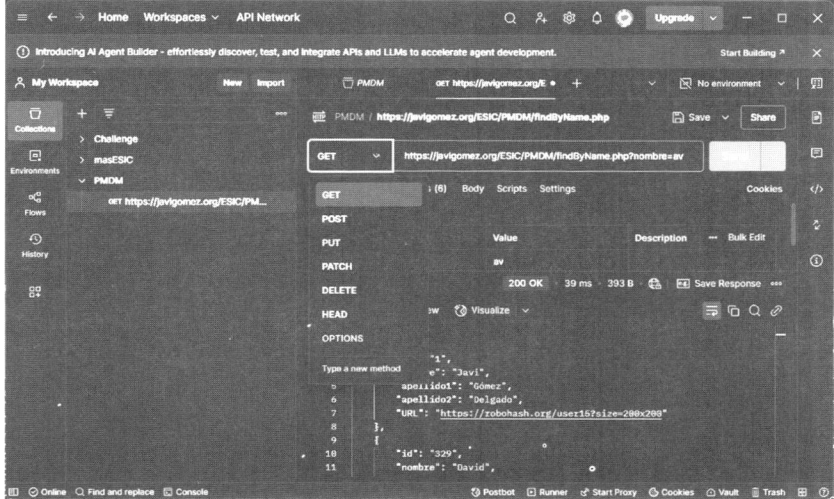

Figura 15.4
Postman

15.7 Templates

Flask proporciona, a través del motor de plantillas Jinja2, la capacidad de generar contenido dinámico de HTML.

Obligatoriamente, se debe crear un directorio denominado **templates** en donde se colocan los archivos HTML con los que se va a trabajar.

A través de la función **render_template("")** se indica la página HTML que se visualizará en el navegador.

Figura 15.5
Templates

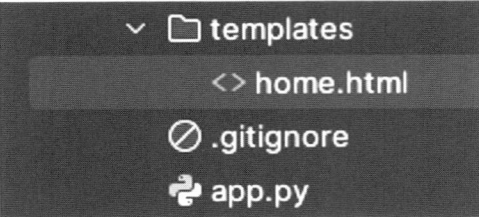

Código 15.13
home.html

```html
<!DOCTYPE html>
<html lang="en">
<head>
    <meta charset="UTF-8">
    <title>Principal</title>
</head>
<body>
    <h1>Hola mundo</h1>
</body>
</html>
```

Código 15.14
render

```python
from flask import Flask, request, render_template

app = Flask(__name__)
@app.route('/home')
def home():
    return render_template("home.html")
```

Figura 15.6
Templates

Hola mundo

A la hora de pasar parámetros a la página, estos se especifican en la llamada al template, y dentro de la página HTML se pueden obtener con doble llave {{}}.

```
from flask import Flask, request, render_template

app = Flask(__name__)
@app.route('/home')
def home():
    return render_template("home.html",info="Información")

<body>
    <h1>Hola mundo: {{info}}</h1>
</body>
```

Código 15.15
Paso de parámetros

También es posible enviar una lista a una plantilla para que sea tratada dentro de la página HTML.

```
from flask import Flask, request, render_template

app = Flask(__name__)
@app.route('/home')
def home():
    return render_template("home.
html",lenguajes=["Python","Java","JavaScript","Kotlin"])

<body>
    <h1>Lista de lenguajes</h1>
    <ul>
        {% for lenguaje in lenguajes %}
        <li>{{ lenguaje }}</li>
        {% endfor %}
    </ul>
</body>
```

Código 15.16
Paso de listas

15.8 Redirecciones

Las redirecciones se realizan a través de la función **redirect** y con el parámetro url_for para generar una URL destino dinámicamente. Ambas funciones se deben importar de la librería **Flask**.

```
from flask import Flask, request ,url_for, redirect
app = Flask(__name__)
@app.route('/home')
def home():
    return "Inicio"
@app.route('/red')
def red():
    return redirect(url_for("home"))
```

Código 15.17
Redirección

Por defecto se usa el código **HTTP 302** como redirección temporal. Se puede cambiar este estado a **HTTP 301** indicándolo en la petición.

```
return redirect(url_for("home"),code = 301)
```

Paso de parámetros

En una redirección se pueden pasar parámetros igual que se recibirían desde una URL. La función **url_for()** recibe los parámetros en formato clave=valor y de esa manera se pasa al destino.

Código 15.18
Redirección con
parámetros

```
from flask import Flask, request ,url_for, redirect
app = Flask(__name__)
@app.route('/home/<nombre>')
def home(nombre):
    return f"Inicio {nombre}"

@app.route('/redir')
def redir():
    return redirect(url_for("home",nombre="Lara"))
```

15.9 Manejo de errores

A través de la función **abort()** y de los métodos asociados al decorador **error-handler()** se pueden manejar errores y excepciones en las peticiones de la web con **Flask**.

Función **abort**

Esta función se utiliza para interrumpir una solicitud HTTP y devolver un error específico al navegador. Esta función genera una respuesta con el código de estado especificado. Su estructura es:

```
abort(código,descripción)
```

Código: es un atributo obligatorio que indica el estado HTTP que devolver.
* 404: no encontrado.
* 400: solicitud incorrecta.
* 500: error del servidor.
* 403: acceso prohibido.
* …

Descripción: parámetro opcional que puede proporcionar detalles del error. Este mensaje será parte de la respuesta.

Código 15.19
abort()

```
from flask import Flask,abort
app = Flask(__name__)
@app.route('/secreto')
```

```
def secreto():
    abort (403,"Recurso no accesible por invitados")
```

Decorador `errorhandler()`

Este decorador permite definir funciones personalizadas para manejar errores específicos, lo que facilita mostrar páginas o respuestas de error adaptadas a cada caso. Se utiliza pasando el código de error como argumento, y la función asociada se encargará de generar la respuesta adecuada.

Esta respuesta puede ser, por ejemplo, una página HTML personalizada utilizando `render_template()`.

```
from flask import Flask, abort, render_template

app = Flask(__name__)
@app.route('/secreto')
def secreto():
    abort (403,"Recurso no accesible por invitados")

@app.errorhandler(404)
def pagError(error):
    return render_template("error.html",error=error),404
```

Código 15.20
errorhandler()

```
<!DOCTYPE html>
<html lang="en">
<head>
    <meta charset="UTF-8">
    <title>error.html</title>
</head>
<body>
    <h2>Se ha producido un error</h2>
    <h3 style="color: #500">{{error}}</h3>
</body>
</html>
```

15.10 JSON

Al igual que se gestionan las peticiones que devuelven texto o HTML, es posible implementar un servicio REST que responda con datos en formato JSON.

Cuando la información a devolver se encuentra en un diccionario, **Flask** convierte automáticamente dicho diccionario en una respuesta JSON, incluyendo la cabecera HTTP apropiada **(Content-Type: application/json)**, sin necesidad de hacer ninguna operación más.

```
from flask import Flask

app = Flask(__name__)
@app.route('/mostrarJSON')
def mostrarJSON():
```

Código 15.21
Diccionario a JSON

```
        datos={
            'nombre':'Carlos',
            'edad': 23
        }
        return datos

    # {"edad":23,"nombre":"Carlos"}
```

Es más habitual que los datos no estén en un diccionario. Al obtener información de una base de datos o al trabajar con colecciones de objetos, la estructura de datos más común suele ser una lista de diccionarios (o un array de diccionarios). Para transformar esta estructura en una respuesta JSON válida, **Flask** proporciona la función **jsonify()**. Esta función se encarga de convertir la lista de diccionarios en el formato JSON adecuado para la respuesta.

Código 15.22
Lista a JSON

```
from flask import Flask,jsonify

app = Flask(__name__)
@app.route('/mostrarJSON')
def mostrarJSON():
    datos=[
        {'nombre': 'Carlos', 'edad': 23},
        {'nombre': 'Lara', 'edad': 19},
        {'nombre': 'Maria', 'edad': 14}
    ]
    return jsonify(datos)
#[{"edad":23,"nombre":"Carlos"},{"edad":19,"nombre":"Lara"},
{"edad":14,"nombre":"Maria"}]
```

15.11 Ejercicios

Ejercicio 15.1. Tenemos el archivo prov.txt con el siguiente contenido:

```
08,Barcelona
28,Madrid
41,Sevilla
46,Valencia
```

Crear una API denominada **/provs** que muestre el contenido del archivo en el navegador en formato texto.

Ejercicio 15.2. Tenemos el mismo archivo prov.txt. Crear una API denominada **/provs/<cod>** que reciba un código de provincia y devuelva la provincia en formato texto. En caso de no existir, devuelve "No encontrado".

http://127.0.0.1:5000/provs/08 -> Barcelona

Ejercicio 15.3. Igual que el ejercicio 15.1, pero devolviendo todas las provincias en un JSON.

Ejercicio 15.4. Igual que el ejercicio 15.2, pero devolviendo la provincia encontrada en un JSON.

http://127.0.0.1:5000/provs/08 -> {"codigo":"08","provincia":"Barcelona"}

Ejercicio 15.5. Crear una API **/addProv** que recibe por GET los parámetros **cod** y **provincia** y añade esa provincia al archivo prov.txt.

http://127.0.0.1:5000/addProv?cod=22&provincia=Huesca

{"codigo":"22","message":"Provincia insertada correctamente","provincia":"Huesca"}

Ejercicio 15.6. Crear una API **/delProv** que recibe por GET el parámetro **cod** y elimina del archivo esa provincia.

Ejercicio 15.7. Conectarse a una base de datos MySQL, a la tabla usuarios que tiene como campos: id (PK automática), nombre y edad. Crear el servicio **/usuarios** que muestre un JSON con todos los usuarios en la tabla.

Ejercicio 15.8. Utilizando la tabla anterior, crear una API **/usuario/<id>** que devuelva un JSON con la información del usuario con ese id.

http://127.0.0.1:5000/usuario/9

Ejercicio 15.9. Utilizando la tabla anterior, crear una API **/insusr** que reciba por GET nombre y edad e inserte un nuevo registro.

http://127.0.0.1:5000/insusr?nombre=Marina&edad=23

Ejercicio 15.10. Utilizando la API anterior, crear otra **/updusr** que si no existe el id pasado en la URL, lo cree y si existe, modifique el nombre y la edad.

http://127.0.0.1:5000/updusr?id=17&nombre=Marina&edad=25

Ejercicio 15.11. Crear la API **/delusr** que reciba un id por GET y borre el registro.

http://127.0.0.1:5000/delusr?id=22

Django 16

Objetivos de aprendizaje:

- Creación de un proyecto y una aplicación en Django
- Mapeo de un modelo de clases a una tabla en la base de datos PostgreSQL
- Creación automática de formularios web a través del modelo
- Consulta, creación, modificación y borrado de registros con el modelo
- Administración del modelo a través de la consola

Palabras clave: ORM, vistas, templates, modelo, render

16.1 Introducción

`Django` es un framework de desarrollo de código abierto que está escrito en Python y que permite la creación de aplicaciones web complejas y de alto rendimiento de forma rápida y eficiente.

Con Django se pueden realizar aplicaciones web **full-stack**, proporcionando componentes reutilizables que hacen aumentar la productividad en el desarrollo. También tiene características para ofrecer elementos de seguridad en la web, evitando ataques de diferentes tipos, como los de inyección SQL, cross-site scripting (XSS) y cross-site request forgety (CSRF).

Otra característica importante es ORM **(Object-Relationan Mapping)** que permite interactuar con bases de datos relacionales usando objetos de Python en lugar de sentencias SQL.

Cuenta también con una amplia comunidad muy activa que revisa y mantiene el *software* continuamente.

En su página oficial (https://www.djangoproject.com/) se pueden consultar toda la documentación y las últimas mejoras.

¿Por qué usar Django?

Imaginamos que se tiene la necesidad de desarrollar una tienda *online*. Esta necesita conexión con la base de datos para obtener y grabar la información y un sistema de seguridad que permita validar a los usuarios que se conectan y transmitir la información de forma segura. En un primer momento no sabemos cuántos usuarios la van a utilizar, con lo cual debe poder crecer si las necesidades lo requieren. Se quiere también una integración con redes sociales y una pasarela de pago.

Django puede ser una buena opción para realizar este desarrollo, ya que ofrece un sistema de autenticación de usuarios listo para usar, encriptación de los formularios, protección contra ataques CSRF y SQL injection, todo ello por defecto, sin que el desarrollador tenga que hacer nada. El ORM permite interactuar con la base de datos sin escribir consultas SQL complejas, lo que reduce el tiempo de desarrollo y la posibilidad de errores.

A su vez, la comunidad de desarrolladores ofrece gran cantidad de funcionalidades avanzas para incorporar en el desarrollo, como redes sociales, pasarelas de pago y análisis de información.

Por último, Django es totalmente escalable, pudiendo empezar con pequeñas instalaciones que puedan crecer según la demanda.

16.2 Instalación y puesta en marcha

Será necesario instalar Django sobre el proyecto en donde se va a utilizar. Para ello se tiene que ejecutar el siguiente comando en la consola:

```
python -m pip install Django
```

Una forma de comprobar que se ha instalado correctamente y consultar la versión instalada es con el comando:

```
python -m django --version
```

Creación de un proyecto

Para trabajar con este framework será necesario crear un proyecto. Esto se realiza a través de un comando en donde se especifica el nombre del directorio, el site.

```
django-admin startproject <site>
```

Este comando genera un directorio con el nombre del proyecto y dentro de él crea automáticamente varios archivos:

`manage.py:` permite la ejecución de la aplicación.

`asgi.py:` aparece la configuración del despliegue de la aplicación.

`settings.py:` configurar características del proyecto, como la conexión a la base de datos.

`urls.py:` configuración de acceso web.

`wsgi.py:` información para el despliegue de aplicación.

Se puede probar que todo ha ido bien poniendo en marcha el servidor. Para ello se abre la consola y será necesario situarse en el directorio donde está el archivo `manage.py`.

```
python manage.py runserver
```

Esto activa el servidor en el puerto 8000. Se puede abrir un navegador y se verá la página inicial de **django**.

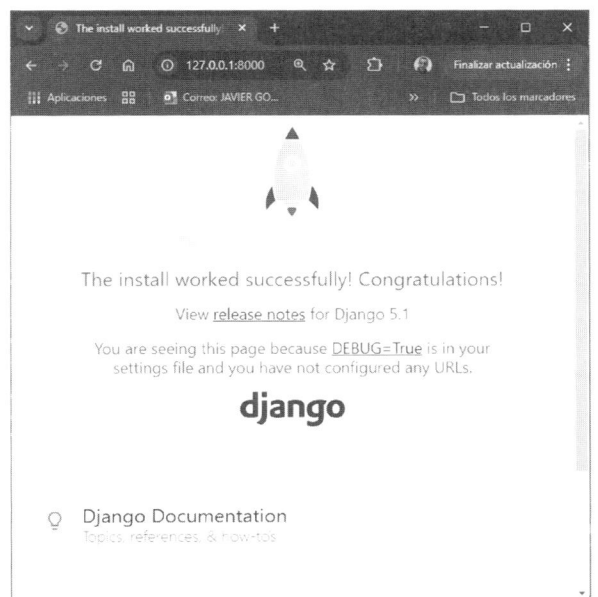

Figura 16.1
Página inicio django

16.3 Creación de una aplicación

Dentro de un proyecto se pueden crear varias aplicaciones, y cada una de estas aplicaciones implementarán diferentes funcionalidades (recursos humanos, facturación, etc.). Para crear una aplicación se utiliza el comando.

```
python manage.py startapp <nombreAPP>
```

De todos los archivos que genera, los más interesantes por su utilidad son el __init__.py, que será el constructor, y el views.py.

Después de generar una aplicación será necesario registrarla. Para realizar esto se abre el archivo **settings.py** y en la sección **INSTALLED_APPS** se añade el nombre. En la imagen se ve cómo se registra la aplicación webPython y personas.

Figura 16.2
Registro de una app

Lo siguiente que hay que hacer es definir la URL que permitirá tener acceso a esta aplicación. Esta operación se hace en el archivo **urls.py** en la sección **urlpatterns**. Será necesario definir el **path** de la URL con la función que va a ejecutar.

Código 16.1
Configuración de la ruta en urls.py

```python
from pweb.webapp.views import bienvenido

urlpatterns = [
    path('admin/', admin.site.urls),
    path('bienvenido/',bienvenido)
]
```

Solo queda crear esta función dentro del archivo **views.py** de la aplicación. A través de la función **HttpResponse()** se emitirá una respuesta al navegador.

Código 16.2
Views.py Creación de vista

```python
from django.http import HttpResponse
def bienvenido(request):
    return HttpResponse("Respuesta desde Django")
```

Figura 16.3
Respuesta del navegador

De esta manera podemos definir diferentes vistas dentro de esta nueva aplicación, esto se hará poniendo nuevas rutas en el archivo urls.py y creando las funciones en la vista (views.py).

Código 16.3
urls.py

```python
from webPython.views import *

urlpatterns = [
    path('admin/', admin.site.urls),
    path('bienvenido/',bienvenido),
    path('',inicio),
    path('despedida/',despedida)
]
```

Código 16.4
views.py

```python
def bienvenido(request):
    return HttpResponse("Respuesta desde Django")

def inicio(request):
    return HttpResponse("<H1>Página de inicio</H1>")

def despedida(request):
    return HttpResponse("<H3>Página de despedida</H3>")
```

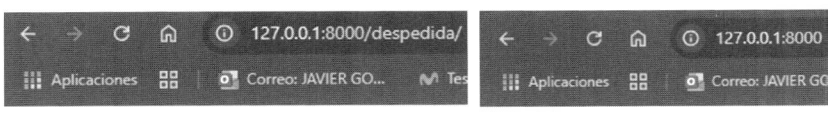

Página de despedida   **Página de inicio**

Figura 16.4
Respuestas

16.4 Conexión a la BBDD

Django ofrece una integración flexible con las bases de datos a través de ORM (`Object-Relational Mapper`). De esta manera puede interactuar con la base de datos utilizando código Python en lugar de escribir consultas SQL manuales.

Es compatible con `PostgreSQL`, `MySQL`, `SQLite`, `Oracle`, `MariaDB` y `SQL Server`, este último a través de paquetes de terceros.

Para este ejemplo se va a utilizar `PostgresSQL`.

Lo primero, será necesario instalar este gestor de BBDD. Para ello se accede a la página oficial (https://www.postgresql.org/download/) y será necesario descargarse la versión adecuada para el sistema operativo.

El proceso de instalación es sencillo. En un punto solicita una contraseña del usuario `postgres` (`admin`, por ejemplo) que es el usuario con todos los permisos que viene creado en la instalación. También habrá que confirmar el puerto de arranque (5432).

La instalación proporciona una consola para poder administrar el gestor de base de datos. Este programa se denomina `pgAdmin`.

Dentro de `pgAdmin` crearemos una nueva base de datos para utilizar desde el proyecto (`dj_bd`).

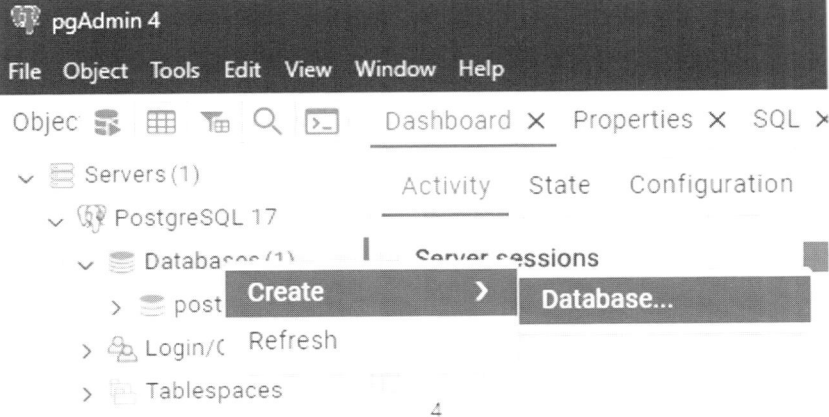

Figura 16.5
Crear una base de datos

A continuación, una vez creada la base de datos, tenemos que especificar la conexión con ella en archivo `settings.py` en la sección DATABASES.

```
DATABASES = {
    'default': {
        'ENGINE': 'django.db.backends.postgresql_psycopg2',
        'NAME': 'dj_bd',
        'USER': 'postgres',
        'PASSWORD': 'admin',
        'HOST': 'localhost',
        'PORT': '5432',
    }
}
```

Desde la consola, será necesario realizar la instalación del conector para PostgreSQL, denominado psycopg2.

```
pip install psycopg2
```

El servidor necesita realizar una sincronización con la base de datos. Se pueden ver las migraciones pendientes con el siguiente código:

```
python manage.py showmigrations
```

Para realizar las migraciones, se utiliza el siguiente comando:

```
python manage.py migrate
```

Con este comando ha creado un conjunto de tablas en la BBDD para la integración con Django.

Se pueden ver dentro de **pgAdmin**, dentro de la base de datos, en la opción de `Schemas/public/Tables`.

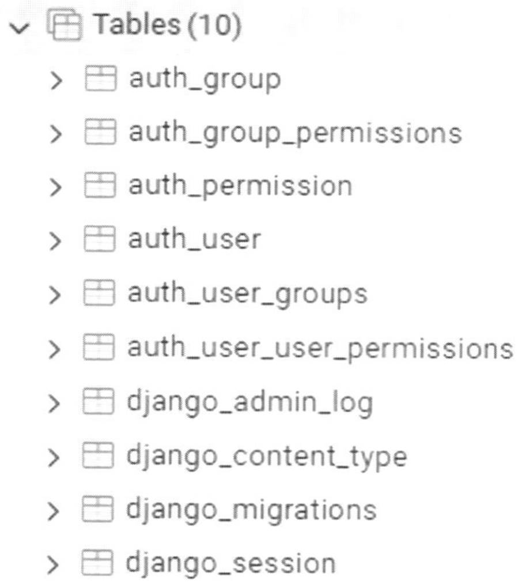

Figura 16.6
Tablas creadas

Tables (10)
- auth_group
- auth_group_permissions
- auth_permission
- auth_user
- auth_user_groups
- auth_user_user_permissions
- django_admin_log
- django_content_type
- django_migrations
- django_session

16.5 Caso práctico

En este caso se va a crear un sistema para conectarse a la base de datos y trabajar con una tabla de personas.

Crear y registrar la aplicación

Lo primero será crear una aplicación específica que se va a denominar **personas**.

```
python manage.py startapp personas
```

A continuación, será necesario registrar la aplicación creada. Para ello se modifica el archivo setting.py y se añade un elemento más dentro de sección INSTALLED_APPS.

```
INSTALLED_APPS = [
    'django.contrib.admin',
    'django.contrib.auth',
    'django.contrib.contenttypes',
    'django.contrib.sessions',
    'django.contrib.messages',
    'django.contrib.staticfiles',
    'webPython',
    'personas'
]
```

Código 16.5
settings.py

Crear el modelo

Para poder sincronizar los datos con la base de datos se debe crear el modelo de clases. Esto se realiza en el archivo models.py situado dentro de la aplicación creada.

La clase definida hereda de **models.Model** y los atributos se definen fuera del constructor, pero son atributos de instancia al ser definido desde **models**.

Para conocer todos los tipos de datos existentes se puede utilizar como referencia la documentación de Django (https://docs.djangoproject.com/en/3.0/ref/models/fields/).

```
from django.db import models
class Personas(models.Model):
    nombre = models.CharField(max_length=20)
    apellido = models.CharField(max_length=50)
    email = models.CharField(max_length=50)
```

Código 16.6
models.py

Para que se pueda crear el modelo en la base de datos será necesario hacer una migración.

```
python manage.py makemigrations
```

Figura 16.7
Creación del modelo

```
(.venv) PS C:\python\django\pweb> python manage.py makemigrations
Migrations for 'personas':
  personas\migrations\0001_initial.py
    + Create model Personas
```

Dentro de la carpeta `personas\migrations\0001_initial.py` se ha generado la codificación para crear la tabla. Esto lo hace en un lenguaje propio de **Django** que luego traduce a **Postgres** a través del conector.

Si se quiere consultar el SQL que luego va a generar, se puede utilizar el comando:

Código 16.7
Consultar SQL

```
python manage.py sqlmigrate personas 0001

--
CREATE TABLE "personas_personas" ("id" bigint NOT NULL PRIMARY
KEY GENERATED BY DEFAULT AS IDENTITY, "nombre" varchar(20) NOT
NULL, "apellido" varchar(50) NOT NULL, "email" varchar(50) NOT
NULL);
COMMIT;
```

Al no definir una clave primaria, esta se crea automáticamente.

Para crear la tabla se hace a través del comando:

Código 16.8
Creación de la tabla

```
python manage.py migrate
(.venv) PS C:\python\django\pweb> python manage.py migrate
Operations to perform:
  Apply all migrations: admin, auth, contenttypes, personas,
sessions
Running migrations:
  Applying personas.0001_initial... OK
```

En este momento ya está la tabla creada en la base de datos.

Consola de administración de Django

Se pueden administrar las clases del modelo a través de una consola que proporciona Django.

Lo primero que hay que realizar es la creación de un usuario y una contraseña, y de esta manera se podrá entrar en la consola. Para realizar esto se utiliza el comando:

```
python manage.py createsuperuser
```

Este comando pedirá la información necesaria para crear la credencial.

Ya se puede entrar a la consola iniciando el servidor, y desde el navegador acceder a la URL http://127.0.0.1:8000/admin

```
python manage.py runserver
```

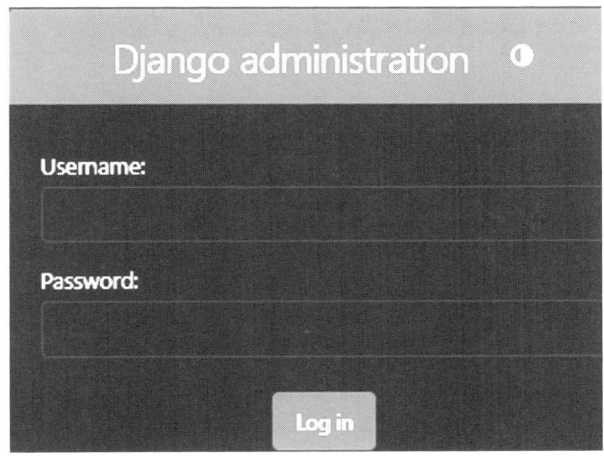

Figura 16.8
Consola

Para poder ver la clase persona correctamente, será necesario registrarla. Esto se realiza dentro de la aplicación personas, en el archivo **admin.py**.

```
from django.contrib import admin

from personas.models import Personas

# Register your models here.
admin.site.register(Personas)
```

Código 16.9
Registrar el modelo en
admin.py

Una vez realizado el registro, ya se pueden ver los modelos en la consola:

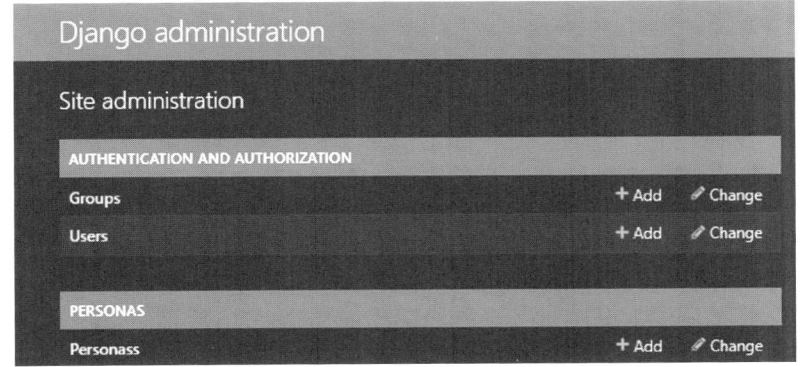

Figura 16.9
Consola actualizada

En este momento, desde aquí se podrán crear, modificar y borrar registros sin necesidad de ir a la consola de la base de datos.

Creación de otra tabla relacionada

Siguiendo con el caso, se va a crear la clase **domicilio** y un nuevo campo de información en el modelo de **persona** que sea el atributo **domicilio**. Se realizará un enlace a través de una clave foránea entre el campo **domicilio** y el registro de la tabla **domicilio**. En el caso en que se borre un domicilio, el campo **domicilio** de todos los registros de personas se pondrá con valor **null**. Si lo que se quiere es que se borre en cascada, se debe poner el parámetro **models.CASCADE**. Todo esto se realizará en el archivo **models.py**

Código 16.10
Modelo de domicilio

```
from django.db import models
class Domicilio(models.Model):
    calle=models.CharField(max_length=100)
    no_calle=models.IntegerField()
    pais=models.CharField(max_length=50)

class Personas(models.Model):
    nombre = models.CharField(max_length=20)
    apellido = models.CharField(max_length=50)
    email = models.CharField(max_length=50)
    domicilio=models.ForeignKey(Domicilio,on_delete=models.SET_
    NULL,null=True)
```

Para realizar todos estos cambios en la base de datos, primero será necesario generar la migración.

Código 16.11
Crear la migración

```
python manage.py makemigrations

(.venv) PS C:\python\django\pweb> python manage.py
makemigrations
Migrations for 'personas':
  personas\migrations\0002_domicilio_personas_domicilio.py
    + Create model Domicilio
    + Add field domicilio to personas
```

Y lo siguiente es realizar la migración.

```
python manage.py migrate
```

Por último, será necesario registrar el nuevo modelo sobre el archivo de **admin.py**.

```
from django.contrib import admin

from personas.models import Personas, Domicilio

# Register your models here.
admin.site.register(Personas)
admin.site.register(Domicilio)
```

En cuanto se arranque el servidor, se verán todos los cambios en la base de datos.

```
python manage.py runserver
```

Ahora se puede crear una nueva dirección desde la consola de Django y luego asociarla a un registro de la tabla de personas.

Figura 16.10
Alta domicilio

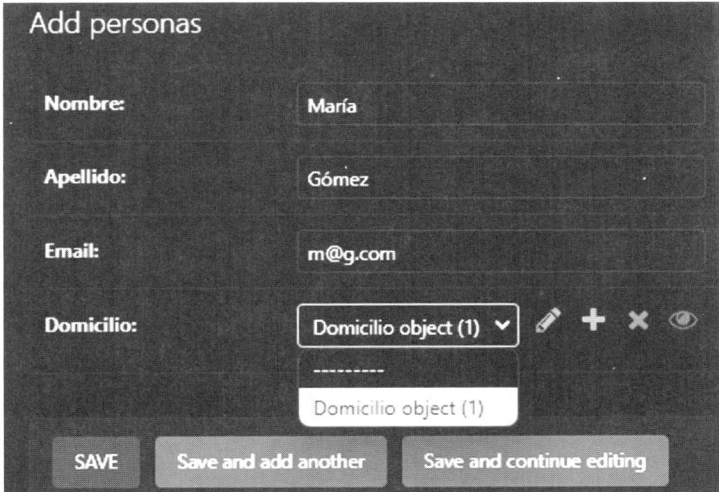

Figura 16.11
Registro de persona
con un domicilio
creado

Creación de templates

Como ya se ha visto con anterioridad, dentro del archivo `urls.py` está definida la correspondencia entre la `url` y la función a ejecutar. Estas funciones están definidas dentro de archivo views.py.

En este momento, y con lo visto anteriormente, se puede crear un punto de acceso `/personas` para mostrar una página HTML en esa ruta.

Dentro de la aplicación **personas** en el archivo `views.py` se crea la vista:

```
from django.http import HttpResponse
# Create your views here.
def personas(request):
    return HttpResponse("<H1>PERSONAS</H1>")
```

Y dentro del archive `urls.py` incluimos la ruta (http://127.0.0.1:8000/personas/)

```
from personas.views import personas
urlpatterns = [
    path('personas/',personas)
]
```

Si lo que se desea es devolver un **template** completo, es necesario crear el directorio **templates** dentro de la aplicación, y allí construir el archivo HTML con los
elementos que se quieran mostrar.

Código 16.12
Template

```
<!DOCTYPE html>
<html lang="en">
<head>
    <meta charset="UTF-8">
    <title>Personas</title>
</head>
<body>
<h1>Página principal de Personas</h1>
<p>Información</p>
</body>
</html>
```

Y se realiza un render en la función definida en **views.py**.

```
def personas(request):
    return render(request,'personas.html')
```

Paso de parámetros a la template

Dentro de la vista se puede definir información dinámica para que, a su vez, la
template o plantilla la muestre. Para ello, la función render debe enviar un diccionario con la información, y luego en la plantilla mostrarla poniendo la variable
con doble llave **{{}}**.

Código 16.13
views.py

```
from django.shortcuts import render
from django.http import HttpResponse
# Create your views here.
def personas(request):
    info={
        "msg1":"Datos 1",
        "msg2":"Datos 2"
    }
    return render(request,'personas.html',info)
```

Código 16.14
personas.html

```
<ul>
    <li>{{msg1}}</li>
    <li>{{msg2}}</li>
</ul>
```

Información de la BBDD en un template

A través del objeto `.objects` se puede conocer información de la base de datos y mandarla a una plantilla. A continuación, se muestra un código para saber la cantidad de registros en la tabla Personas.

```
from django.shortcuts import render
from django.http import HttpResponse
from personas.models import Personas
def personas(request):
    nPersonas={'nPersonas':Personas.objects.count()}
    return render(request,'personas.html',nPersonas)
```

Código 16.15
Cantidad de registros

También se puede recuperar toda la información de la tabla. Para ello, en la función se pasan todos los registros y en la template se recorrerán a través de una sentencia `for`.

```
def personas(request):
    nPersonas={'nPersonas':Personas.objects.count(),
               'personas':Personas.objects.all()}

    return render(request,'personas.html',nPersonas)
```

Código 16.16
Mostrar todos los
registros

```
<p>Número personas: {{nPersonas}}</p>
<ul>
    {% for persona in personas %}
    <li>Persona: {{persona.id}}->{{persona.nombre}} {{persona.
apellido}} - {{persona.email}}</li>
    {% endfor %}
</ul>
```

Código 16.17
personas.html

Detalle de una persona

Ahora se va a consultar el detalle de un registro concreto. Lo primero será modificar la página en donde se muestran todos los registros e incorporar un `href` hacia la página de detalle (personas.html):

```
<ul>
    {% for persona in personas %}
    <li>Persona: {{persona.id}}->{{persona.nombre}} {{personas.
apellido}} - {{persona.email}}
        <a href="persona/{{persona.id}}">Ver detalle </a>
    </li>
    {% endfor %}
</ul>
```

Código 16.18
Detalle de persona

Se debe determinar la ruta de la nueva página de detalle. En el archivo `urls.py` se crea una nueva línea, pero será necesario especificar que va a recibir un número entero con el identificador de la persona.

Código 16.19
urls.py

```
from personas.views import *
urlpatterns = [
    path('personas/',personas),
    path('persona/<int:id>',detallePersona)
]
```

Ahora se tendrá que crear la función **detallePersona** en views.py.

Código 16.20
views.py

```
def detallePersona(request,id):
    detalle={'persona':Personas.objects.get(pk=id)}
    return render(request,'detalle.html',detalle)
```

Por último, hay que hacer una nueva **template** que muestre ese detalle.

Código 16.21
detalle.html

```
<h1>Detalle de la persona</h1>
<p>Id: Persona: {{persona.id}}</p>
<p>Nombre: {{persona.nombre}}</p>
<p>Apellido: {{persona.apellido}}</p>
<p>eMail: {{persona.email}}</p>
```

Insertar una persona

Para insertar una nueva persona en la base de datos se dispondrá de un formulario que habrá que crear, donde el usuario pueda introduzca los datos.

Lo primero será insertar una nueva vista, de manera que una función pueda enlazar con una nueva plantilla.

Django ofrece una forma de crear formularios automáticamente a partir de la información del modelo, esto se hace a través de la función **modelform_factory**.

Los parámetros que recibe esta función es el modelo a utilizar y la lista de campos que no deben ser incluidos en la vista.

Dentro de **view.py** se crea el formulario y se pasa como parámetro a la plantilla.

Código 16.22
view.py

```
from django.forms import modelform_factory
PersonaForm = modelform_factory(Personas, exclude=[])
def nuevaPersona(request):
    formulario= {"formulario":PersonaForm()}
    return render(request,"nueva.html",formulario)
```

A continuación, se añade la ruta en **urls.py**.

Código 16.23
urls.py

```
from personas.views import *
urlpatterns = [
    path('personas/',personas),
    path('persona/<int:id>',detallePersona),
    path('nueva',nuevaPersona)
]
```

Por último, se crea el **template** que recibe como parámetro el formulario ya construido. Django puede generar un token de seguridad para evitar ataques **CSRF**

`(Cross-Site Request Forgery`), ataques de suplantación a la hora de realizar peticiones al servidor en nombre de un usuario legítimo. Este token es obligatorio en todos los formularios POST de Django.

Código 16.24
nueva.py

```
<!DOCTYPE html>
<html lang="en">
<head>
    <meta charset="UTF-8">
    <title>Nueva persona</title>
</head>
<body>
<h1>Nueva Persona</h1>
<form method="POST">
  {{formulario}}
  <button type="submit">Grabar</button>
  {% csrf_token %}
</form>
</body>
</html>
```

Lo que falta ahora es trabajar en los retornos y las validaciones. Django es capaz de validar los campos con la función `is_valid()`. De esta manera, si son correctos se puede llamar a método `save()`, y a continuación redirigirlo a otra página.

Antes de eso, en `urls.py` se determina cuál será la página de inicio.

Código 16.25
Define el index en
urls.py

```
urlpatterns = [
    path('personas/',personas,name="index"),
    path('persona/<int:id>',detallePersona),
    path('nueva',nuevaPersona)
]
```

Dentro de la página de detalle se especifica el redireccionamiento a esta página de inicio.

Código 16.26
Modifica la plantilla

```
<body>
<h1>Detalle de la persona</h1>
<p>Id: Persona: {{persona.id}}</p>
<p>Nombre: {{persona.nombre}}</p>
<p>Apellido: {{persona.apellido}}</p>
<p>eMail: {{persona.email}}</p>
<a href="{%url 'index'%}">Volver</a>
</body>
```

Para grabar la información, solo en el caso de que sea correcta, habrá que modificar `views.py`. Cuando dentro del formulario se pulsa grabar, se realiza una petición POST a la misma URL, a diferencia de la primera llamada a `nueva.html`, que se realiza por una petición GET. Esta diferencia permite diferenciar si la llamada viene por primera vez desde la página principal o viene de la propia página del formulario cargado.

Si la información es correcta, se redirige a la página principal; en caso contrario, se redirige de nuevo al formulario.

```python
from django.shortcuts import render,redirect
from django.http import HttpResponse
from personas.models import Personas

from django.forms import modelform_factory
PersonaForm = modelform_factory(Personas, exclude=[])
def nuevaPersona(request):
    if request.method =='POST':
        formulario=PersonaForm(request.POST)
        if formulario.is_valid():
            formulario.save()
            return redirect("index")
        else:
            return render(request,"nueva.html",formulario)
    else:
        formulario = {"formulario": PersonaForm()}
        return render(request, "nueva.html", formulario)
```

Para poder acceder a esta nueva pantalla y dar de alta personas, se hace una pequeña modificación sobre la plantilla de **personas.html** para que desde esa pantalla se llame a la plantilla de nueva persona (**nueva.html**).

```html
<a href="/nueva">Nueva persona</a>
```

Modificar una persona

Para modificar una persona lo primero es añadir un nuevo enlace en la pantalla de listado de personas para editar la seleccionada.

Código 16.27
Incluir modificar en el listado de personas

```html
<ul>
    {% for persona in personas %}
    <li>Persona: {{persona.id}}->{{persona.nombre}} {{personas.apellido}} - {{persona.email}}
        <a href="/persona/{{persona.id}}">Ver detalle</a>
        <a href="/editar/{{persona.id}}">Modificar</a>
    </li>
    {% endfor %}
</ul>
```

En el archivo **urls.py** de la aplicación se debe añadir la asociación entre el **template** y la función de vistas.

Código 16.28
Introducir la url

```python
urlpatterns = [
    path('personas/',personas,name="index"),
    path('persona/<int:id>',detallePersona),
    path('nueva',nuevaPersona),
    path('editar/<int:id>',editarPersona)
]
```

A continuación, se crea la función dentro de **views.py**. Es muy similar a la de **nuevaPersona** ya definida. Hay que incluir la entrada de un id.

```python
PersonaForm = modelform_factory(Personas, exclude=[])
def editarPersona(request,id):
    persona=Personas.objects.get(pk=id)
    if request.method =='POST':
        formulario=PersonaForm(request.POST,instance=persona)
        if formulario.is_valid():
            formulario.save()
            return redirect("index")
        else:
            formulario = {"formulario": formulario}
            return render(request,"nueva.html",formulario)
    else:
        formulario = {"formulario":
PersonaForm(instance=persona)}
        return render(request, "editar.html", formulario)
```

Código 16.29
Funcion en views.py

Por último, hay que crear la plantilla **editar.html**. Esta es la misma que **nueva.html**.

```html
<!DOCTYPE html>
<html lang="en">
<head>
    <meta charset="UTF-8">
    <title>Modificar persona</title>
</head>
<body>
<h1>Nueva Persona</h1>
<form method="POST">
  {{formulario}}
  <button type="submit">Grabar</button>
  {% csrf_token %}
</form>
</body>
</html>
```

Código 16.30
Editar.html

Borrar una persona

Para borrar un registro, se añade un nuevo enlace en la página donde se listan todas las personas.

```html
<ul>
    {% for persona in personas %}
    <li>Persona: {{persona.id}}->{{persona.nombre}} {{personas.apellido}} - {{persona.email}}
        <a href="/persona/{{persona.id}}">Ver detalle</a>
        <a href="/editar/{{persona.id}}">Modificar</a>
        <a href="/eliminar/{{persona.id}}">Borrar</a>
```

Código 16.31
personas.html

```
        </li>
        {% endfor %}
    </ul>
```

A su vez, es necesario añadir un nuevo **path** en **urls.py** para ejecutar el borrado.

Código 16.32
urls.html

```
urlpatterns = [
    path('personas/',personas,name="index"),
    path('persona/<int:id>',detallePersona),
    path('nueva',nuevaPersona),
    path('editar/<int:id>',editarPersona),
    path('eliminar/<int:id>',eliminarPersona)
]
```

Por último, será necesario definir en la vista la definición de la función que borrará el registro.

Código 16.33
views.html

```
def eliminarPersona(request,id):
    persona=Personas.objects.get(pk=id)
    if persona:
        persona.delete()
    return redirect("index")
```

Ordenar elementos

Una forma sencilla de ordenar los elementos es utilizar el método **order_by()** para recuperar los elementos, en vez del método **.all()** utilizado.

Si se quiere ordenar por varios campos, se ponen estos separados por comas. En caso de que la ordenación se quiera descendente, se pone un signo negativo delante.

```
def personas(request):
    nPersonas={'nPersonas':Personas.objects.count(),
#                'personas':Personas.objects.all()}
                'personas': Personas.objects.order_
    by('nombre','apellido')}

    return render(request,'personas.html',nPersonas)
```

16.6 Ejercicios

Ejercicio 15.1. Crear una nueva aplicación para realizar la consulta, alta, baja y modificación de productos. Cada producto tiene el campo nombre de tipo cadena de 50 de longitud y el campo *stock* de tipo entero. La clave se deja que se autogenere. Debe tener un estilo de tabla y con botones. Cuando se pulsa sobre el nombre del producto, se abre la pantalla de detalle.

Listado de productos

Nuevo producto

ID	Nombre	Stock	Editar	Borrar
4	Camisas	15	Editar	Borrar
6	Faldas	23	Editar	Borrar
1	Zapatos	5	Editar	Borrar

Cantidad de productos: 3

Detalle del Producto

Id: 4

Nombre: Camisas

Stock: 15

Volver

Nuevo Producto

Nombre: [   ]
Stock: [   ]

Cancelar   Grabar

Modificar Producto

Nombre: [Camisas   ]
Stock: [15   ]

Cancelar   Grabar

Solucionario

Las soluciones a todos los ejercicios se pueden encontrar en GitHub en el siguiente enlace o escaneando el QR:
https://github.com/jagode67/Solucionario-Programacion-Python)

Este enlace dirige directamente a la página donde están todas las unidades en carpetas. Dentro de cada unidad se encuentra el código fuente de cada ejercicio identificado con el número del capítulo y el número del ejercicio.

Bibliografía

Fundamentos de Python

Matthes, E. (2023). *Python crash course: A hands-on, project-based introduction to programming* (3rd ed.). No Starch Press.

Ideal para principiantes, cubriendo desde lo básico hasta construcción de juegos y representaciones gráficas. Está lleno de ejercicios prácticos y proyectos.

Sweigart, A. (2024). *Automate the boring stuff with Python: Practical programming for total beginners* (3rd ed.). No Starch Press.

Enseña Python aplicado a automatización de tareas cotidianas de forma práctica y accesible.

Ramalho, L. (2022). *Fluent Python: Clear, concise, and effective programming* (2nd ed.). O'Reilly Media.

Explica características avanzadas como decoradores, generadores y concurrencia.

Desarrollo Web con Python

Vincent, W. S. (2022). *Django for beginners: Build websites with Python and Django* (4th ed.). DjangoStars.

Excelente introducción a Django incluyendo proyectos como desarrollar proyectos completos (blog y bloc de notas).

Lathkar, M. (2021). *Building web apps with Python and Flask: Learn to develop and deploy responsive RESTful web applications using Flask framework.* Apress

Guía completa para construir aplicaciones web con Flask. Incluye autenticación, bases de datos y APIs REST.

Manejo de datos y visualización

McKinney, W. (2022). *Python for data analysis: Data wrangling with pandas, NumPy, and Jupyter* (3rd ed.). O'Reilly Media.

El libro más importante para análisis de datos con Pandas, NumPy y Jupyter.

VanderPlas, J. (2016/2023). *Python Data Science Handbook: Essential Tools for Working with Data* (2nd ed.). O'Reilly Media.

Aunque no se centra exclusivamente en gráficos, este libro ofrece una excelente visión general de las herramientas clave para la ciencia de datos en Python, incluyendo Matplotlib y Seaborn para la visualización de datos.